艺术设计专业"十二五"规划教材

视觉思维与设计创意
Visual Thinking for Creative Design

芦影 著

中国传媒大学出版社
·北京·

目 录

- 1 第一章 视觉媒介与设计传播
  - 1 第一节 媒介延伸与设计转型
    - 1 一、印刷时代的形式语言
    - 9 二、设计制造与流行文化
    - 14 三、网络幽灵：Web2.0 的十个关键词
  - 16 第二节 设计的媒介与传播
    - 16 一、信息、媒介与传播
    - 20 二、视觉拓展：设计"双跨"
  - 27 第三节 重构"设计—人—环境"的关系
    - 27 一、可持续的整合创造力
    - 29 二、为人的存在佳境而设计

- 31 第二章 直觉 表现 传达
  - 31 第一节 创作中的直觉
    - 31 一、潜意识与无意识
    - 33 二、直觉绘画与自由思维
    - 40 三、即兴表达与思维脑图
  - 46 第二节 视觉表现与设计传达
    - 46 一、认知设计：理解与表述
    - 50 二、主题意识的视觉呈现
    - 57 三、功能与美：为传达而设计
  - 59 创作训练 A：直觉绘画

第三章　眼睛与图像　63

第一节　视觉方式　63

一、"可见之物"　63

二、观看之思　66

第二节　观察及想象力训练　69

一、不破不立　69

二、图形联想　73

第三节　视觉语境与沟通之维　77

一、视觉语言："艺术的母语"　77

二、设计中的"通感"　78

三、沟通语境：图像与视场　82

创作训练 B：图形联想　87

第四章　创造力与设计思维　95

第一节　"头脑风暴"　95

一、关于创造　95

二、创造力的困境　97

三、谎言与童话　100

第二节　设计思维的"陌生化"　103

一、趣味化的视觉"冲突"　104

二、"陌生化"的创意体验　105

第三节　创造性的教与学　109

一、学会与会学　109

二、创意诊断与设计批评　111

三、学习创意，优化生活　117

创作训练 C：海报、综合　120

124　第五章　视觉创意与设计表现

124　第一节　意匠文字
- 124　一、表情与表意
- 128　二、汉字的形意之美
- 135　三、文案攻心

142　第二节　广告设计与品牌力
- 142　一、真实性的"症结"
- 143　二、不同凡"想"
- 145　三、以视觉演绎"绝对"之策
- 150　四、消费的鼓噪
- 155　五、品牌形象力

160　第三节　视觉营销与设计传播
- 160　一、消费之变：网络营销的视觉策略
- 162　二、界面之变：交互体验与阅读转型
- 164　三、传播之变：信息设计的动态叙述
- 167　四、空间之变：环境作为复合媒介

171　结语

172　创作训练 D：叙述性设计

184　主要参考书目

185　后记：理论的意义

第一章 视觉媒介与设计传播

第一节 媒介延伸与设计转型

设计传播的物质和技术载体的不断演变，使不同时期的社会文化呈现不同的媒介特点和传播效应，从印刷时代的表演艺术海报到电视时代的影像传播，从网络时代的流行图像到全球同步的数字化生存方式，无不影响着人们的视觉认知和审美观念。

一、印刷时代的形式语言

"平面设计"（graphic design）亦被称作"印刷设计"[1]之所以如此称呼，是其技术载体的特征所致。准确说来，以兴起于19世纪中叶欧美的商业美术（commercial art）为标志，现代平面设计已经走过了一个半世纪的发展历程。作为商业美术的辉煌代表，海报艺术充分展现了平面设计的现代性演变，其间的每一次重大转折不仅因印刷技术的革新而被赋予新的内涵，其形式语言也变化万千，风格各异。

然而今时今日，人们对海报的认知存在不易觉察的局限。海报类属广告，广告与商业的联袂总使得大众难以对其宽容。即使是叫好的广告，人们对创意的赞誉也从未升至接近艺术的地位，而广告一旦庸俗，就会被口诛笔伐，仿佛十恶不赦。人们一方面可以轻信广告所散布的享乐主义的消费快感以及空洞的幸福观，另一方面又容易忽视乃至否定广告内在的艺术性，商业也许是吊诡的溶剂，广告与之纠缠就难逃被争议的漩涡。

1. 海报的现代性与表演的先验式

海报的现代性与表演艺术有不解之缘，绘画曾是它的第一语言。一个多世纪以前的巴黎，在那个"充满幻觉的轻浮时代"[2]，现代海报设计的先驱们——劳特累克（Henri de Toulouse-Lautrec）、谢瑞特（Jules Chéret）等，描绘着从歌剧院到红磨坊的各色演出，那些画作成为兴奋而开放的、冲破禁忌的巴黎的向导，欢腾又具挑衅的形象，既是旧日腐朽生活的延续，也是都市化光景的现代预兆（图1-1）。他们不仅见证了广告行业的出现，也成为传布表演艺术的先声。

在那个挣脱束缚、寻求新文明的世纪之交，以巴黎为中心，欧洲大陆弥漫着醉人的信仰，舞蹈、戏剧和音乐演出都在渲染着另类而新鲜的时代美感。身体的解放早已从卸除女性的束腰和束胸开始，衣饰轮廓的线条被简约化，女性在社交中的角色发生转变并步入职业化的开端。比身体解放更惊世骇俗的是对观念桎梏的蔑视，以伊莎朵拉·邓肯（Isadora Duncan）为代表的"自由之舞"，彻底摒弃对古典戒律的遵从，其舞被阅读为一种文化上的逾越，拒绝约束，释放内在情感，自由成为美的必然前提。一个灵魂的澎湃激情，穿透海报，让未入剧场的观众感到震颤。

性别的尊重不单指女性解放，同性间的"畸

---

[1] 这一术语由美国设计师德威金斯（William Addison Dwiggins）于1922年首次提出。
[2] 法国人莫里斯·萨克斯（Maurice Sachs）将其在巴黎生活（1919.7.14—1929.10.30）的日记出版，名为《充满幻觉的轻浮时代》(Au Temps du Boeuf sur le Toit)，生活·读书·新知三联书店2008年版。

图1-1 戏剧演出海报，Henri de Toulouse-Lautec，1892

图1-2 《莎乐美》插画，Aubrey Beadsley，1894

图1-3 歌剧《堂吉诃德》海报，The Beggarstaffs，1895

恋"亦不再是隐晦的粗糙议题。禁欲时代的终结，更早可追溯到奥斯卡·王尔德（Oscar Wilde）的"唯美主义"，早夭的天才比亚兹莱（Aubrey Beadsley）为王尔德的剧作《莎乐美》（Salome）赋形（图1-2），宣告"爱的神秘比死亡的神秘更伟大"。

作为海报设计"黄金时代"的先期探索，"新艺术"（Art Nouveau）绽露出它特有的迷人色彩，一切都在思变，风格多元而奇异，从慕夏（Alphose Mucha）、霍塔（Victor Horta）的优雅曲线到贝加尔斯塔夫兄弟的剪影（图1-3），从"格拉斯哥学派"（Glasgow）到维也纳"分离派"（Secession）所尝试的直线延长……新旧风尚的冲突愈演愈烈。

与新艺术设计运动交相辉映的是立体派（Cubism）、未来主义（Futurism）、达达派（Dada）、超现实主义（Surrealism），这些流派更具实验先锋的姿态，更敏感于工业时代的巨轮和轰鸣。未来派的激进和冒险，以摧枯拉朽的力量，声讨一切既定的权威和经典。达达派在小酒馆里表演，念唱无意义的字词，即兴而奔放，行为催生了视觉形式，诗句被偶然之刀剪裁，在凌乱中勃发的"无序"令海报的语言充满反动和噪音。

超现实主义则提供了梦境、幻觉和"纯粹的

精神自动"的创作之源,其象征、隐喻、变异等手法对设计的影响首先是视觉经验上的,其次才是视觉语汇上的。准确说来,直到摄影的介入,海报才完全脱离了绘画的样貌,设计语言的现代性才逐渐丰富,广告诉求的"超现实"情境才逼真诱人,"拟像"造成的心理攻势才走向极致。

表演艺术对于设计的外在影响,是一种艺术形态对具有相同性质的事物所产生的观念刺激和形式启迪。其内在影响则近似"异质同构"的关系,即设计要传达、转译表演艺术的特质和气场。外在影响并非单指对个体的作用力,而是在一定时期,表演艺术独特的创新对设计产生的"整体作用",形同一种用来改造意识、形成新的感受力模式的工具。

比如歌舞升平的装饰艺术(Art Deco)时期,表演艺术充分调动起设计对装饰样式的兴致,作为纯粹形式上的但又不彻底的创新,黑人灵歌、爵士乐、百老汇歌舞剧都赋予海报一种可辨识的节奏分明的图景;俄罗斯现代芭蕾出访欧洲时以其前所未见的几何特征的舞美设计和服装道具给时尚文化耳目一新的视觉冲击(图1-4)。直到1929年经济危机的爆发,人们为逃避现实、缓解压力而躲进影院或剧场,"好莱坞风格"的剧场和海报无疑都成了梦幻天堂。

与装饰运动同步的竟然是"去装饰"的设计民主化进程。虽然包豪斯(Bauhaus)"标准化、大批量"的理念早已为人所熟知,但是作为现代主义设计教育的先驱,包豪斯为什么要开设舞台美术课?是要将不同专业的资源整合在一起,培养设计团队的协作精神。据德绍(Dessau)时期的包豪斯史料可证,那些自导自演舞台剧的大学生们,个个意气风发,恰是他们刷新了海报的现代主义语言。

表演艺术与人的情感生活相关联,它是非物质的精神需求,无论高雅的抑或通俗的表演艺术,都会成为社会生活的文化指标,海报因而成为史据可考的文献,反映出民族、地域、阶层的文化差异和直观的精神图景。最具考察价值的是,海报只有在表演艺术的领地从未失去过它无拘无束的想象力和永恒的艺术张力。

表演艺术海报的根本都是为了制造冲突、暧昧和戏味儿,无论借由扬·莱尼卡(Jan Lenica)的图形还是冈特·兰堡(Gunter Rambow)的策划摄影,"视觉诗人"们的创作语境,就是制造蒙太奇(montage)。也许是在俄国构成主义(Constructivism)诞生之初电影"蒙太奇"被界定之际,作为形象思维和结构作品的手段,"蒙太奇"就为李西斯基(El Lissitzky)和罗德钦柯(Alexander Rodcherrko)的海报设计所采用。简单而言,形象即语言,情景即意义。表演艺术的"语境"是一种想象,一种率性的智慧,它致力于乐趣、机智和怀旧。与之相关的"神来之笔"以出其不意或恰到好处的表达方式使观者受到刺激,它引发的是怦然的直觉和立刻的冲动。

表演艺术海报自身即可视作一种纸上预演,舞台经由一米见方的二维纸质空间延伸到了观者面前,即便他对即将上演的内容一无所知,也会因海报的视觉语境而预感到舞台的魅影(图1-5)。可以说,海报构成了一种关于表演的先验式,既是对广告形式的信息解读,又是对剧场效应的预先体验。即:由预见之景生成观看之欲——这是表演艺术海报的特殊力道,设计的"语境"凸显出舞台的场效应,必然转为一种预览和先验的方式。

图1-4 俄罗斯戏剧的舞美及服装设计的装饰性

图 1-5 芭蕾舞剧《吉赛尔》海报，Armin Hofmann，1959

2. 从"超平面设计"到"视觉传达设计"

印刷设计从未停止过在"平面"中尝试形式突破。早在 18 世纪的文学出版物中，就有与文本流衍的叙事过程相对应的实验性版式设计（experimental typography），比如使用空白、大面积的黑色、有纹路的纸张，以体现文字中的观念形式——时间感、夜色、对白的气氛，这种版式实验将读者的注意力吸引到对书页的视觉特征的关注上，字母与词语成为具有延展性的视觉形式，为创造和重构意义提供表述的潜能。19 世纪的文学读物更充分地体现了书籍设计如何体现文字韵律和意境的探索，传统的文本线性结构被充满动感的开放构成方式所取代。20 世纪初的构成主义、未来主义则极端主张印刷媒介的表现力实验（图 1-6），"试图从形式上寻找声音的视觉对等物和词语的相对大小"[1]，从而宣告了观念先锋和前卫美

图 1-6-1 版面设计与拼贴画、摄影的实验
Alexander Rodcherrko，1925

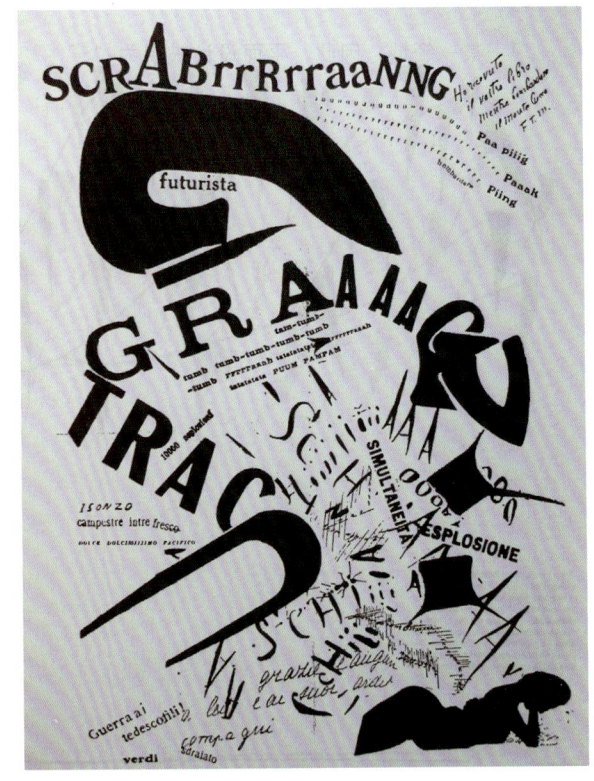

图 1-6-2 未来主义的文字版式实验

---

[1]〔美〕艾莉丝·特姆罗：《平面设计为什么？》，中国青年出版社 2006 年版，第 86 页。

学的式样范本。

"超平面",顾名思义,是一种对"平面"形式的超越,但更为内在的影响在观念的变化。20世纪上半叶,商业生活紧跟工业科技进步和大众消费需求的步伐,人们可以通过越来越多的途径接触到日益丰富的信息,商业美术更为全面地渗透到了百姓生活的方方面面。此时的日常物品除了实用功能,也开始具备阶层或群体的象征意义,这是20世纪在设计概念上发生的一场巨变,蕴含着进一步塑造并推销"生活方式"的可能。

正如20世纪颇有影响力的设计师汉瑞恩(F.H.K.Henrion)所说,半个世纪的设计生活使他亲历并目睹了设计师从"商业艺术家"(commercial artist)到"平面设计师"(graphic designer)再到"视觉传达者"(visual communicator)的转变过程。[1] 设计的范围在不断扩展,设计师的工作内容在不断扩充,经历了信息时代科技革命的洗礼,从设计工具到设计观念都在变革。设计活动越来越不局限于某一领域,因此,平面设计被视为"艺术和产业的完美联姻",不断开拓出视觉传达的无穷潜能。

热爱生活的人们一直都在运用各种装饰手法美化生存环境,从古至今"痴"心不改。现代社会,各种新传媒和新材料的登场,使平面设计的表现力大为增强,进而被运用到建筑与环境中,突破了传统的装饰作用,体现出建立有序的都市景观或创造风景化都市空间的重要性,这是超平面设计(super graphic)风格产生的灵感动机。

所谓超平面设计,是20世纪60年代以来,平面设计与建筑的结合,即设计师们在建筑设计上采用庞大的平面设计因素,特别是简单的几何图形,运用在建筑表面形成一种图形象征,"建筑表面或室内外空间能够人为地制造出生动变化的表情效果"[2]。更有一些非凡的设计师在建筑物表面创作巨幅的持久性广告,或利用超平面设计的方式对环境进行规划,显现出非同寻常的视觉功能。平面设计被运用到建筑与环境中,突破了传统的装饰作用,体现出"视觉传达设计"在建立有序而独特

图1-7 "漫画之城"布鲁塞尔的建筑外墙

---

[1] Liz McQuiston, BarryKitts: *Graphic Design Sourcebook*, Quarto Publishing plc.1987年版,第9页。
[2]〔日〕粟津洁、矶崎新、福田等雄编:(*Graphic Design of World/Enviornment Graphic*)(《国际图形设计·环境图形卷》),日本讲谈社1976年版,第199页。

的都市景观方面的重要性。比如"漫画之城"布鲁塞尔的建筑外墙处处显示出漫画的幽默生机（图1–7）。

与此同时，视觉传播方式也发生了根本的变化。海报、广告与以前不一样了，来自各个领域的艺术家们协同设计，使这些公共视觉材料具有更强的效果，以推动在商业和政治宣传上的重要作用。传统的印刷媒体与其他正在飞速成长的传媒如广播、电影等的结合，创造出了真正的现代大众传媒。电子媒体的各种技术飞速发展，给人们带来了革命性的视觉体验。进入20世纪60年代，大众传媒的影响越来越重要，电视成为新一代的主流强势媒体。设计领域的变化也十分明显：原有的平面设计所包含的种种活动和表现内容已无法涵盖一些新媒体的创作，如影像设计、视觉环境设计等等，所以，"视觉传达设计"（visual communication design）应运而生。

平面设计探讨形式的创造，追求的效果却是超平面的、立体的、延展的。视觉传达设计也不是为"传"而"传"，它应以能否被接受、被理解作为基本考量，来构想视觉形式和传达机制，唯此才能达到视觉传达的设计目的。无论是平面设计，还是视觉传达设计，视觉载体所担负的任务就是传达——通过意义的创造和理解，实现视觉沟通。"正是因为视觉的传播是直接的，因此它必定在比语言更深入、更生动的体验层次上与人们的心灵相联结"。[1] 视觉设计绝不是琐碎无用的多余之物，它能提供信息并作用于我们的情感，通过制造"知觉的尖锐化"，最终引导人们的行为，对视觉设计的解读也有助于形成我们探索周围世界的方式。

比如英国防止虐待儿童协会（简称NSPCC）的广告（图1–8），当海报被张贴在墙上时，人们发现画面中人物的嘴部被撕去，当人们翻看杂志的跨页广告时，又发现骑马钉的位置恰好"封住"了儿童的双唇，这种形式创意与广告文案所述的"如果你不能说出所受的虐待，请告诉我们"相呼应，从而加深了观者的感受和理解。

由此可以看出，视觉媒介不仅直接作用于个人，而且还影响文化、知识的积淀和一个社会的规范和价值观念。在社会生活中，媒介提供了一系列概念、思想和评价，受众可以从中选择自己的行为方向。作为信息传达与交流的视觉载体，其形式语言才如康定斯基所言："它本身是一个活着的生命，是有呼吸的。"

3. 印刷的终结：从风格自由到设计自由

"至少是从工业革命开始，人类就患上了一种群体的感觉麻痹症，唯有睿智而'尖锐'的艺术形式能对感受力的贫弱起电击疗法的作用。"20世纪

图1-8-1
NSPCC海报形式中的"撕去"

---

[1]〔日〕中川作一：《视觉艺术的社会心理》，上海人民美术出版社1991年版，第176页。

图 1-8-2
NSPCC 杂志跨页广告的骑马钉创意"封住"

60年代，苏珊·桑塔格（Susan Sontag）就已洞悉"感受力必然根植于体验——对极端的社会流动性和身体流动性的体验"[1]。作为一种传统纸质媒体的尴尬，平面设计必须面临对人类所处环境的拥挤不堪和一切事物的变化速度激增的复杂情形。

20世纪50年代，好莱坞的电影人已经清楚地意识到平面设计如何可以让影片彼此间区别开来，同时，像阿尔弗雷德·希区柯克（Alfred Hitchcock）这样的导演也渴望通过平面设计的形式对抗电视日渐强势的威胁。索尔·巴斯（Soul Bass）是早期电影字幕设计（movie titles）最重要的先驱之一。索尔·巴斯不仅让平面设计的艺术走上了电影屏幕，也令影片风格突显，影响深远。"巴斯所做的就是确认一部电影最能引起共鸣的隐喻，并为其创作出一种象征性的阐释，以作为字幕系列的基础。"[2] 他为电影《金臂人》（The Man With the Golden Arm）设计的片头和海报是极为成功的创作，也都成为了后世的经典（图1-9）。

即使是印刷媒介中的平面设计，20世纪80年代以后的实验精神也使得视觉设计越来越像一种"风格的游戏"，它关乎个性，也是设计行为中理性与非理性的调和实践。平面设计的风格又是什么？它指独特的字体选择、空间利用、色彩等方面的综合，即指整体的视觉风格。风格驱动力来自两个方面：令作品有着一致性的需求和为作品赋予价值的愿望。但与此同时，风格也许限制了选择，它排除了某些可能性，一种风格其实就是一种决策。换一个角度看，所有的风格都是自觉的结果，即它不是从内容中散发出来或自动产生的，它是由设计师选择和赋予的。

以理性为前提表明了设计有别于纯艺术，设计并不是纯粹个人化的情感宣泄和释放，设计须受到来自市场、客户、媒介等因素的限制。本质上，设计是一种在特定条件制约下进行的创造性活动。而所谓"游戏感"对每一位设计师而言，它都是不可否认的存在，在设计过程中时而清晰时而模糊，或是形式的游戏，或是知识的游戏，或是程序的游戏，或是命题的游戏……这种意识的游移显然与设计自由相关。

风格自由是20世纪80年代后期很多设计给予人的印象——那种自由如冲浪或摇滚所带给体验者的身心激荡，但它并不意味着刺激、凌乱，毫无章法或放任自我。大卫·卡森（David Carson）的设计似乎成为风格自由的最强音，并且预告了"印刷的终结"。在大卫·卡森的作品中，游戏的痕迹比理性思考的痕迹更明显，人们因此对他的作品充

---

[1]〔美〕苏珊·桑塔格：《反对阐释》，上海译文出版社2004年版，第343页。
[2]〔美〕艾莉丝·特姆罗：《平面设计为什么？》，中国青年出版社2006年版，第90页。

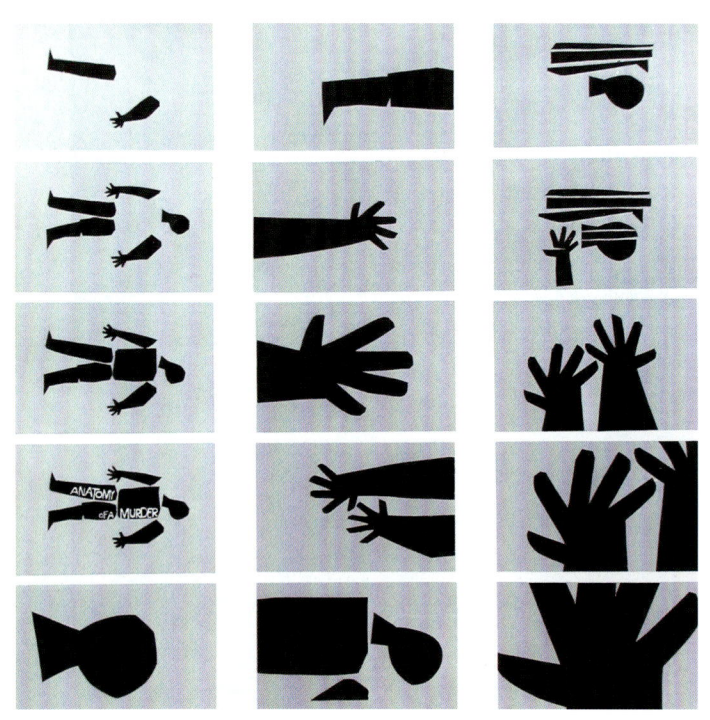

图1-9 电影《金臂人》海报及片头设计，Saul Bass，1959

满了争议。在卡森的设计中，对整体效果的把握，他相信并听由自己的直觉来安排；而在细节处理上，他却格外用心，总是在深思熟虑之后，结合自己对设计主题的认识和深入理解，才将表现重心落在细节上，将其中的趣味设计传达出来。可见，卡森设计依然讲究形式、内容和功能的统一，只是他那"离经叛道"的表现方式让人误以为他忽视了设计的可读性和视觉传达效果（图1-10）。

卡森不拘一格的作品形式常蕴藏着严谨、理性的力量，他"破坏性"的尝试，让人领略到视觉愉悦与观念波动。卡森的自由风格可能永远不会成为主流，但却代表了设计多元化时代一种积极而睿智的风格探索，与其说是风格上的另辟蹊径，不如说是挑战平面设计所遵循的世故，卡森因而成为"印刷的终结者"。

有人认为，大卫·卡森的自由风格在很大程度上是因为他从未接受过正式的学院设计教育。的确，他的作品中流动着自由的意向。有了意向的自由，创作才有乐趣可言，对于这点，毋庸讳言。古时庖丁解牛游刃有余，其中的自由即技术上的精湛与娴熟，与我们所说的设计自由不尽相同。换言之，

图1-10 音乐杂志 Ray Gun 封面，David Carson，1989

所谓设计自由有多个层面，多种含义。

自由可以分解为：自立、自主、自在。自立，是指作为设计创作个体的存在方式；自主，是指设

计个体对设计创作发展的决策性把握；自在，指不受干扰的创作过程中轻松、从容的状态。若从以上三个层面分析，目前设计师经常处于被动、听命于人、难以身心自由的状态。或许，大师可以拥有小自由。因此，像大卫·卡森这样的设计自由，其实是收放自如，张弛有度。著名的五星设计公司（Pentagram）也将这种观念大胆、设计自由的形式实验进行得更加旗帜鲜明，视觉效果令人过目难忘（图1–11）。

自由是有分寸的，它遵循作为设计活动所应遵循的艺术或游戏规则。

二、设计制造与流行文化

20世纪60年代初，"图像"（image）这个词已经广泛出现在西方的杂志和报纸上，从电视和广告中引人注目的影像，到无处不在的流行音乐和时装，都可以看到公众越来越关注所谓的"潮流"以及由其引发的时尚观念和视觉文化的探讨。

1. 图像被"波普"，流行"大爆炸"

20世纪60年代，人们对西方世界"正经受变革的浪潮而走向未来"的印象，在很大程度上是受当时各种不断涌现的令人兴奋的影像刺激所致。西方社会变革与价值的重新定位，给人们对待人造环境的态度带来了深远的影响，大部分人要求设计推陈出新、富于变化，希望得到直接的视觉满足，能从消费体验中获得及时行乐的快感。新潮流的开创者因此制造了一种不同以往的视觉审美，谓之"波普（Pop）"，意即"流行"。

英国艺术家理查德·汉弥尔顿（Richard Hamilton）将"波普"定义为"通俗、短暂、可耗、低价、量产、年轻、诙谐、性感、魅惑、商业"。"波普"提供的是可批量生产的视觉形式的活力，它制造了流行图像的"大爆炸"，即：通俗的趣味，炫目的包装与广告艺术，城市街头粗俗的琐碎，电影、音乐、电视中粗糙的却又诱人的魅惑。这是一场如此吸引流行艺术家的视觉盛宴，它植根于流行市场及流行媒体，这种"波普"的艺术本质有如一种坦率的白话，其创造者绝大多数是不出名的商业艺术家。

波普艺术有自己的规则，一种及时行乐的摩登，是广告牌与超市所喻义的新鲜感，作为一种集体以最新商品、包装、广告、流行来满足幻想感的现代。波普艺术是魅力与讽刺的双关语，它在"高雅"和"低俗"的交流中产生能量。波普文化既吸收形形色色的素材，又创造自己的波普偶像。1967年彼得·布莱克（Peter Blake）和扬·豪沃斯（Jan Haworth）为披头士（Beatles）专辑《佩珀中士的孤独之心俱乐部》（*Sgt.Pepper's Lonely*

图1–11 公共戏剧演出季海报，Pentagram

随着当代社会对设计从"生活方式"到"生活风格"的诉求转变，从"人性化"到"个性化"设计要求的演进，设计师遵循的不再是传统的理性规范，个人的想象、良性的沟通、生活的趣味更值得关注。因此，在设计中，自由的创造及想象之趣才是对时代心灵应有的回应。

必须承认，自由是相对的，绝对的自由是不存在的，对于观念成熟或训练有素的设计师而言，

Heart Club Band）设计的封套和海报成为绝妙的波普语汇，随后 Beatles 于 1968 年推出的《黄色潜水艇》（Yellow Submarine）专辑，更是以海报、音乐录影带（music video）清晰地保留了一个波普时代的特有气息（图 1-12）。

60 年代末的伦敦已经成为举世瞩目的反文化潮流的中心，"波普"潮流几乎影响了年轻人生活的方方面面——服装、发型、音乐，以及对性行为和毒品的态度，各种前卫出版物和印刷品充斥着城市的街道。在这种背景下产生的视觉造型和设计风格与专业设计的各种规范与关注焦点几乎毫无关系，迷幻海报即是一例，其传达方式是经验性的，是不可言说的，如果观者不了解吸食药物所提供的那种迷幻经验，就不能理解这类设计的形式语言。

无论是伦敦还是旧金山，迷幻的设计风靡一时，它色彩迷离，带有隐喻效果，不仅产生了一种诡异、怀旧的风格，还预示了受限于理解力的复杂图像对观者想象力的解放，它更使得最为现代的商业广告显得毫无创造性（图 1-13）。

60 年代后期，光效应艺术（Optical Art）制造了另一种流行"爆炸"，它是"利用视觉偏差构成的纯抽象几何图形绘画"，其特点是纯粹以引起视觉心理反应为目的，避免对一切内容、观念及情绪进行说明，它用几何形式和线条之间的张力以及色彩移动和空间波形作用于人的视错觉而产生"光效应"。由于它纯以视觉的新奇注目为表现目的，因此很快就被消化、吸收、应用到设计领域，

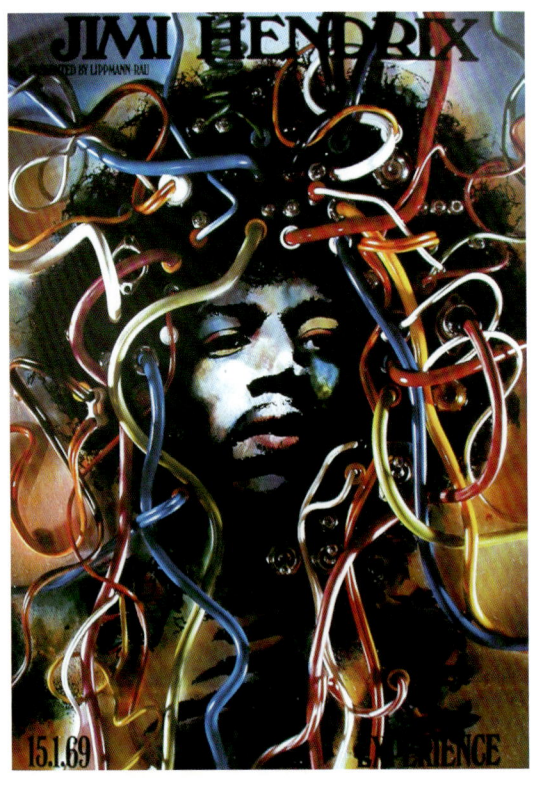

图 1-13　Jimi Hendrix 电音摇滚音乐会海报，Gunther Kieser，1969

在当时的图形设计、服装、产品包装、环境设计中都可以见到光效应的魅力。最突出的例子是 1968 年墨西哥奥运会的标志图形及延伸应用，成就了一届最具魔幻色彩的奥运会（图 1-14）。

进入 70 年代，电视对大众的影响力迅速加强，对流行文化的传播起到不容小觑的推动作用。与电视媒体有关的视觉设计作为一种商业竞争手段开始发展，设计的分类更加明晰，比如传播设计（broadcast design）。一些频道和电视网开始规划自己的形象策略，着手建立和实施特征鲜明的识别系统。一直以来，英国的 BBC2 在节目之间播放令人难忘的电影短片而享有良好的声誉，提高了观众对频道的认同。自从 1964 年创办以来，数字形象"2"几乎就是它持续不变的突出特征。最早，它是以机械式的旋转方式来处理的，从 1979 年起，其形象设计辅之以电脑技术，外观有了卡通化的趋势（图 1-15）。

到了 80 年代末，欧美各国在创意工业的推动

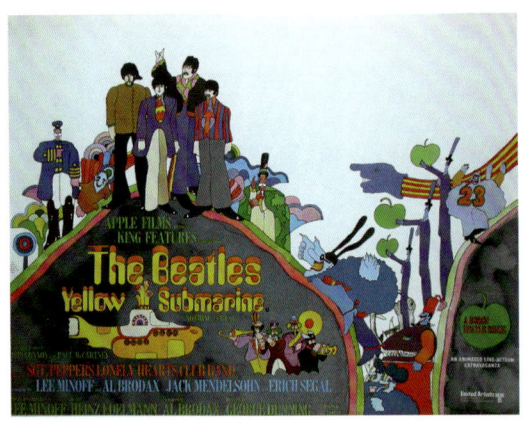

图 1-12　《黄色潜水艇》专辑封面

图 1-14　1968 年墨西哥奥运会的海报及服装设计所体现的光效应艺术

图 1-15　英国 BBC2 台电视包装中的形象之变

下，有关视觉设计"形式大爆炸"和视觉语言"清晰性"的讨论空前激烈；与此同时，影像早已不知不觉成为设计的新宠，在制造流行文化的活动中，展现出不同于静态图形的动态意趣。电脑成像方式又给图形设计带来了几乎为所欲为的表现自由，电脑开辟了新现实主义的道路，发扬了科学的幻想部分，同时"数字造影"再次为虚拟带来机会，而且，这种虚拟在不断引发新的实验性设计探索。

总之，流行的现象其实代表着足以感动当代社会大众的一种美学表现形式。21世纪是数字信息的时代，社会大众的想法将极其容易产生爆发性的扩散现象。可以想见数字时代的未来，图形设计所表现出来的非凡想象力和创造力以及对艺术媒介和视觉语言的驾驭力和表现力，将会更加令人惊叹不已。

2. 听觉被想象：音乐时尚与意趣

数字技术使电视频道的竞争更趋激烈，人们不仅可以选择录下想看的内容，还可以对观看中的"障碍"（商业广告、频道宣传）进行"切换"。因此在如何打造频道品牌方面，传播设计以不同的方式应对挑战，除了受众细分、频道专业化之外，频道的运营也十分重视形象识别系统的设计，比如探索频道、国家地理频道、ESPN体育频道，在形象推广上都独具特色。而音乐频道的出现如MTV、Channel [V]，令观众可以尽享整个频道所提供的音乐之余，还有了一种与以往不同的音乐视觉化的全新体验。

在偶然和神秘之间的某个地方，出现了想象，音乐才在听之外有了光的叙述，人们可以从另一个角度共享，那就是MV（music video）。20世纪80年代，自从MV这种影像艺术诞生以来，年轻人就立刻爱上这种被视觉化的音乐新形式，直到90年代电视为他们开辟了专门的"通道"——音乐频道，乐迷们得以在听觉享受之外，尽情欣赏世界上不同国家、不同风情的MV作品。

音乐频道的出现，使更多的观众欣赏到想象力如何绽放，赋予音乐作品以"可阅读"的感性形式。频道专业化之后，除了提供核心内容，还需要进行频道包装设计，音乐频道的特色和个性正是借穿插于节目中的宣传片——作为栏目包装的重要手段传递出来。

以Channel [V] 为例，随着观看次数的增多，观众不难发现，除了播映MV作品，那些片头片花也十分抢眼，甚至大有"先声夺人"之势。作为导览的一种特殊形式，它们很有性格地"指手画脚"，引领观众对音乐产生新的认知：异想天开的影像处理透露出对常规感受模式的美感冲击，它的进攻会让无意识的观看形成"突变"；观众突然凝神静气，细细打量，才领会那些影像中由视觉思维组合生成的形式游戏有怎样的意趣。在一个"成见沉下去，本觉浮上来"的瞬间意识到：无论什么样的影像都是有表现力的，都可成为语言，不同的只是各种影像构成元素交杂形成不同的音质、语气和腔调。

常规的节目宣传和电视片头多是作为节目性格和内容基调的交代，至多铺垫一点气氛和意境，鲜有直接作为强有力的表现手段，参与节目板块的形式和个性的塑造。音乐频道的主要收视群体为青少年，他们永远都在盼着更新的、跟过去的老八股主流根本不同的东西出现，他们有着急切的、真挚的、甚至不耐烦和谩骂式的渴望。Channel [V] 可以俘获青少年观众的心，必然有它打动人心的诸种缘由和道理，在内容和形式上投合了青少年的趣味和理解。

从电视传播的现实看，传者有心，看者无意，大众不过是各种传播媒介围猎的猎物而已。电视制作者们苦心经营，凭借精心制作的诱惑性节目突出自己的性格，否则，平庸注定要遭到埋没。Channel [V] 的影像势必具备那样一种特质，让观众可以面对多种选择时迅速分辨它的面孔，[V] 式影像张扬了一种不同于其他电视媒介的性格以表现它特有的思想和行为：[V] 世代的音乐与时尚。

什么样的影像才可表达 [V] 世代的音乐与时尚？如果说娱乐和时效是其流行的面目，那么，先锋和异端则是 [V] 式影像的灵魂。由于定位的关系，只有先锋和异端的感召力才能触动青少年对新生活的渴望与想象的那根神经，他们以收看Channel [V] 作为时尚的表征之一。其实，有个性、极端、有艺术天分才会让他们觉得过瘾，过瘾的东西才叫娱乐（图1-16）。

图 1-16　Music Video《忍者的攻击》，创作：Eric Cruz

　　Channel [V] 的影像空间贯穿了青年人所崇尚的自由意识和开放精神，影像品质多元化和开放的影像结构方式，使片头综合了 Video、动画、MV、广告、网络、电子游戏等流行文化视听特征，并鼓荡着动人心魄的节奏。有时 [V] 式影像组合并无意义，纯粹的视听元素结构成形式，形式即是内容。如"眼保健操"系列宣传片，主导理念为"保护眼睛，看 Channel [V]"。采用 DV 拍摄效果，主调为做旧的偏红的黄色调，给人以历史感、纪录感。画面上多用非对称性构图，由不同场景、不同地域、不同年龄、不同身份的人做眼保健操的镜头的零散组接而成，带有仪式性和表演性。宣传片巧妙地借用了眼保健操的原始功用，唤起了观众对于昔日时光的回忆，带有极大的亲切感。但是做眼保健操的人所处的年龄、身份、地位与其行为上的错置，又产生了陌生化效果，使宣传片带有游戏性质。观众便在这种游戏与回忆、熟悉与陌生中获得极大的视觉满足。

　　在思想方面，创作者的想法并不重要，重要的是片子播出后观众会怎么想。为什么电视画面中的影像那么怪？它们能闪烁不停，无法预感下面会看到什么，这种悬疑激起观众的关注兴趣。在创作方面，Channel [V] 的创作人极端"不守规矩"，他们总是抓住一切可能的机会去打破所有约束头脑的陈规，向习以为常的感受模式的深处发起进攻，试图把电视画面的影像冲突转化为捉摸不定的气氛，不断丰富着电视作为媒介所能运用的视听表达手段。

　　比如"非常中国"栏目的片头，因独特的视觉设计而获奖，拍摄时画家在玻璃上作画，摄像机在玻璃下方拍摄，画家每画一笔，水墨晕染开来，宣传片在视觉上层层晕染，动势优美，气韵生动，极富冲淡平和之美；动态的水墨效果的现代青年在静态的国画山水中游弋、奔跑，自然的纯净美好盈盈于天地间。画在心中印，人在画中游，物我两忘；在 [V] 式影像中，观众看到了一个不一样的中国，一个跳动着现代脉搏的传统符号及意象，它不再是贴在现代身上的生硬标签，在"非常中国"的影像里，传统才真正地活了（图 1-17）。

　　当然，在不守规矩之前，反而更需要了解规则的精要，从中寻找破格的可能。只有超越了传统影像的陈腐观念和对媒介特征的单一化认识，[V] 式影像才充满了无限可能性。正因如此，创作灵感的冲动才破茧而出，生生不息。无论用什么方式，[V] 式影像都试图达到一种极致，只有做到极致，才有深刻的效果。于是，在想象的天空下，[V] 式影像繁茂如大树，充满奇趣。

　　21 世纪是全方位进入视觉阅读的世纪，各种类型的艺术与表演，静止的摄影与活动的影视，大

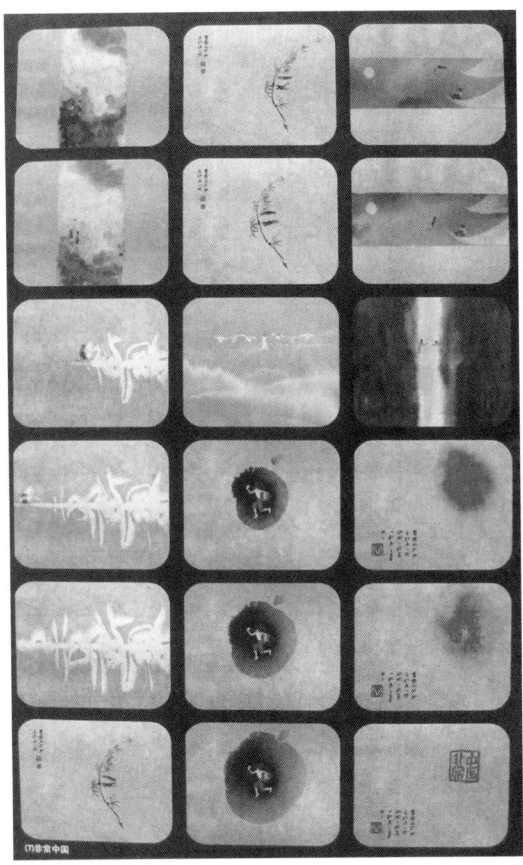

图 1-17　Channel [V] 栏目《非常中国》的片头设计

行其道的卡通漫画与流行符号，网络时代的数码图像，让今天的人类基本上生活在一个视觉喧嚣不已的信息世界中。

三、网络幽灵：Web2.0 的十个关键词

信息时代的视觉设计更加关注于信息传达的空间和形式，传媒的多样性决定了信息传达方式的多样性，人们可以通过各种媒体获取所需信息，因此，设计要快速有效地传达信息，就要在一个宽阔的视野中综合考虑新旧媒体的效应来加以利用。但我们很快发现，信息传达的目的并不是通过强烈的视觉冲击力来吸引人们注意，而是要慢慢地渗透到五官中去。在人们还没注意到其存在时，成熟、隐秘、精密、有力的传达已经悄然完成了。

Web2.0 是网络发展进入新阶段的标志，是由 Web1.0 单纯通过网络浏览器来浏览 html 网页模式向内容更丰富、联系性更强、工具性更强的 Web2.0 互联网模式发展，Web2.0 时代最核心的理念应该是"以人为本"，即以用户体验（user experience，简称 UE）为重，无论是社交网站还是网络营销，与 Web2.0 相关的产物都围绕着这个理念而生。

Web2.0 区别于 Web1.0 的最大特点就在于"交互性"，每个人在网络上不仅仅是获取信息，同时也是在发布信息，所谓"upload 时代"轰轰烈烈地到来了。每个人都是这个时代的主宰者和历史缔造者。每个 PC 用户终端在网络平台上进行交流、修改、创造甚至交易，让网络从数以万计的电缆变成一个使人们之间互相紧密相连的载体。也有人称，Web2.0 时代是一个虚拟的世界继续变得扁平的过程，世界变成一个越来越模糊的整体，虽说马达加斯加岛和格陵兰的距离仍然遥不可测，但只需要一台 PC 电脑终端就可以让这两个地方比世界上任何其他两地间的距离更近。

身为 Web2.0 时代的网络一分子，对博客（已经玩微博了）、IM 通讯工具（QQ 代表）、SNS[1] 虚拟社交网站、B2C 式的营销网站（以淘宝为代表）、网络游戏（以《魔兽世界》为代表）、自由视音频上传平台（以 Youtube 为代表）、网络恶搞及网络流行语等事物应该司空见惯了，如果用十个关键词来概括 Web2.0 时代的网络特征，会有哪些？

（1）分众与聚众：Web2.0 带来信息公用化和信息大众化，既注重人气的聚合，也注重个性的张扬。无论是聚众还是分众，Web2.0 把网络变得越来越社会化和商业化了。

（2）CSS：CSS 是用来规范 2.0 时代网页美学的。也可以说，CSS 是 2.0 时代的脸谱。这张脸谱既有约束，又有无限的创意空间。

（3）RSS：RSS 不仅仅是简单的资讯定制，从另一种角度说是个性定制。2.0 时代越来越注重

---

[1] SNS 全称为 Social Networking Services，即社会性网络服务，是依据 1967 年哈佛大学心理学教授 Stanley Milgram 的六度分割理论（Six Degrees of Separation），旨在帮助人们建立社会性网络的互联网应用服务。

个体需求。然而真正的个性定制时代或许会被重新定义为Web3.0或更高级别。

（4）体验：技术是Web 2.0的重要突破，让更多的不可能成为可能。体验营销已经被广泛移植到互联网。虽然无法与现实媲美，然而却会产生另一种效果，或是诱惑。

（5）交互：交互也是为了让用户有更好的体验。或者说把用户拉进网络世界来一起玩，谁玩得越开心谁就赢了。IM即时通讯以ICQ为开端，让人们尝试并且乐于拥有一种新的不用见面而迅速便捷的即时沟通手段。SNS虚拟社交网站（Facebook、开心网）兴起后，很多人沉迷成瘾。

（6）淘："淘"并不一定非要去淘宝。互联网海量的信息和资源以及产品需要消费者去仔细甄别，然而这种效率比现实生活中要高得多。随着Web2.0的商业化，促进了各种网站的营销性链接策略，链来链去制造的流量实际上是销量。

（7）病毒：这个"病毒"或许是乐趣的象征。只有最"优秀"的东西才有可能成为"病毒"！网络全球化让病毒更灵敏、更强大、更聪明，Web2.0时代的病毒不但在Global Network上有影响力，而且给政治、经济、文化、国家安全带来直接影响。

（8）微型：网络把世界变得很小。然而Web 2.0却把互联网变得更小。用户们开始寻找一种更加微型（如Twitter）的方式在网络里生活（图1-18）。

（9）透明：开始的透明是由Vista操作系统引发的互联网设计风潮。然而透明越来越像是Web2.0时代的一个实质特征。这个世界比你想象的更透明，因为有Web2.0；这个世界也比你想象的更污浊，也因为有Web2.0。

（10）分享：或许任何一个互联网企业最头痛的问题是用户分享。分享和免费挂上了关系。然而，没有分享的互联网已经无法呈现。Web2.0时代最重要的精神和文化，或许就是分享。以维基百科（WIKEPEDIA）为例，它是一个超文本的、属于人类知识网络系统的多人协作的写作工具，让我们可以在Web的基础上对维基文本进行浏览、创建、更改；维基使用方便及开放的特点，为维基的写作者提供简单的交流工具，并帮助我们在一个社

图1-18-1 外饱中空的"微"生活碎片，创作：朱欣意（设计2010级）

图18-1-2 我的"微"生活，创作：张卉（设计2010级）

群内共享某领域的知识。

严格说来,以上十个关键词并不能完整准确地包含Web2.0的全部特征,它们彼此间也形成了"你中有我、我中有你"的关联,网络逐步实现着一种人性化的技术支持,人类不断地追求便利,Web2.0也更便利、更简易,它让网络技术的发展围绕人的需求展开,因而和人的关系更紧密。

世界发生了巨变,人们的创造观和审美观也不断发生变化。高科技成为世界的主导力量,人们原有的审美经验随之失效,立足于过去与未来的夹缝之间,新的审美意识正在形成,设计创造正在帮助我们认识自身生活其间的世界。

第二节 设计的媒介与传播

作为改善与美化生活的创造性活动之一,设计不仅创建着与自然世界相对应的文化世界,还借由多种媒介创造出空前复杂多样的符号体系,设计传播的意义也蕴含其中,智性与想象,灵感与顿悟,传达与沟通,所有这些交汇于设计语言与媒介之中

的智慧能量,无不与文明的进化紧密相连。

一、信息、媒介与传播

阿尔温·托夫勒(Alvin Toffler)在《第三次浪潮》中指明:"一枚信息炸弹正在我们中间爆炸,这是一枚形象的榴霰弹,像倾盆大雨向我们袭来,急剧地改变着我们每个人内心世界据以感觉和行动的方式……这些形象并不是凭空产生的。它以一种我们所不理解的,通过我们与周围环境的接触所得到信息的方式而形成。"[1] 媒介影响并指导着我们了解和看待事物的方式,而它的介入却不易被注意。媒介可以提供一切信息,信息调动着我们的求知欲,我们虽已意识到信息的形式、来源、数量、速度和背景发生的变化,却无法想得更多和更远。

1. 信息环境:从"情报丧失"到"无线跑酷"

2000年,日本广告导演平井邦彦(Hirai Kunihiko)为Maxell品牌创作了电视广告"情报丧失篇"(图1-19),围绕产品——当时盛行的信

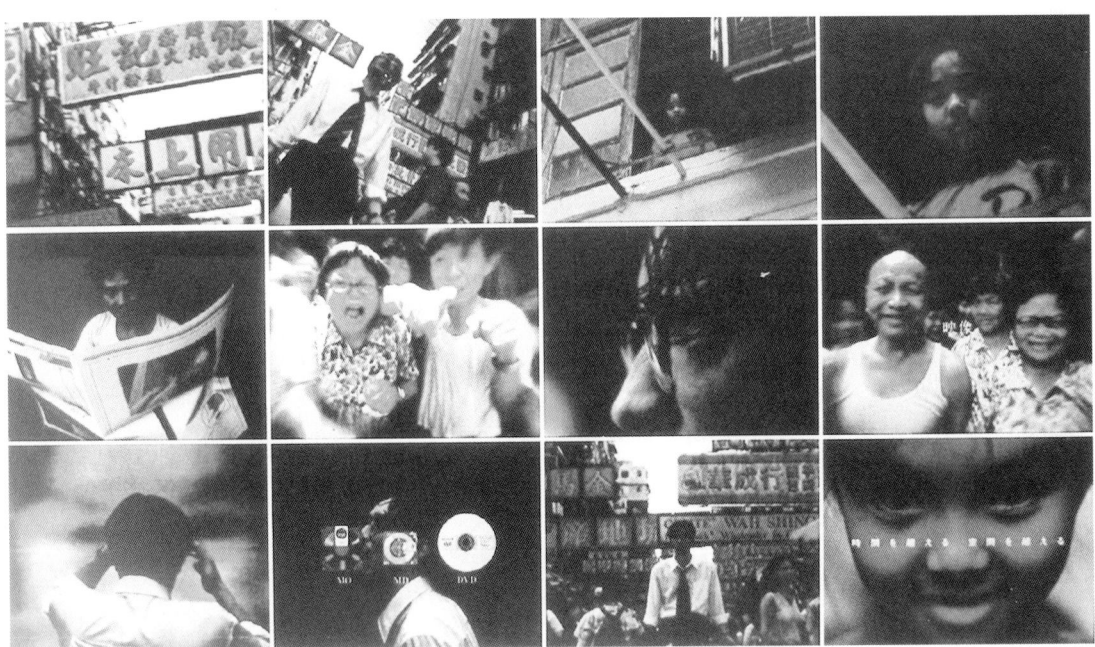

图1-19 日立Maxell广告——情报丧失篇,导演:平井邦彦,2000

---

[1]〔美〕阿尔温·托夫勒:《第三次浪潮》,生活·读书·新知三联书店1983年版,第215页。

息存储器 MO/MD/DVD 来构思创意：一位日本商人来到香港，鳞次栉比的楼宇，纵横交错的街道，眼花缭乱的广告牌和店招，置身世界上信息密度最大的城市，这位商人感到不适，心生烦躁。一位看似通灵的小女孩领会了他的心思，小施"魔法"，将商人身边的信息——声音、文字、映像——抽离。当这些一度干扰他的信息消隐而去，商人并未感到舒适，反而陷入到惶恐的境地，他被周围的人群所指责，他听到自己呼吸急促心跳加速。广告片凭借"丧失"造成的反作用，表述了信息（情报）对人不可或缺的影响。

2010 年，中国移动通讯 G3 笔记本的广告"无线上网——跑酷篇"（图 1-20），颠覆了以往的视频表现形式，具有电视媒介和网络媒介的复合特征，它的生动喜感并非来自传统的电视语言，画面

由不同信息板块构成，起联结作用的是跑酷者的"动线"，即网络浏览的路径，它其实是一种网络思维的具象化演绎。"跑酷"引导观众体验到一种跃动，从中感受到网络世界的变化多端，以此突显"无线"技术带来的无限可能。

值得一提的是"跑酷"这个词，它源自 parkour，一项街头疾走的极限运动，即把整个城市当做一个大训练场，所有围墙、屋顶都作为攀爬、穿越的对象，有"超越障碍训练场"的意思。广告借用"跑酷"这一概念，表达出前所未有的空间体验，它以一种全新的观察角度，诠释出"无线"所意味的无限——时间上的不受限、空间上的无边界、信息疆域的无禁忌。"跑酷"体现了信息世界的极大自由，同时也意味着网络时代任何一国的网上冲浪者在行为、观念、生存状态和冒险精神上已无实

图 1-20　中国移动 G3 笔记本广告——无线上网跑酷篇

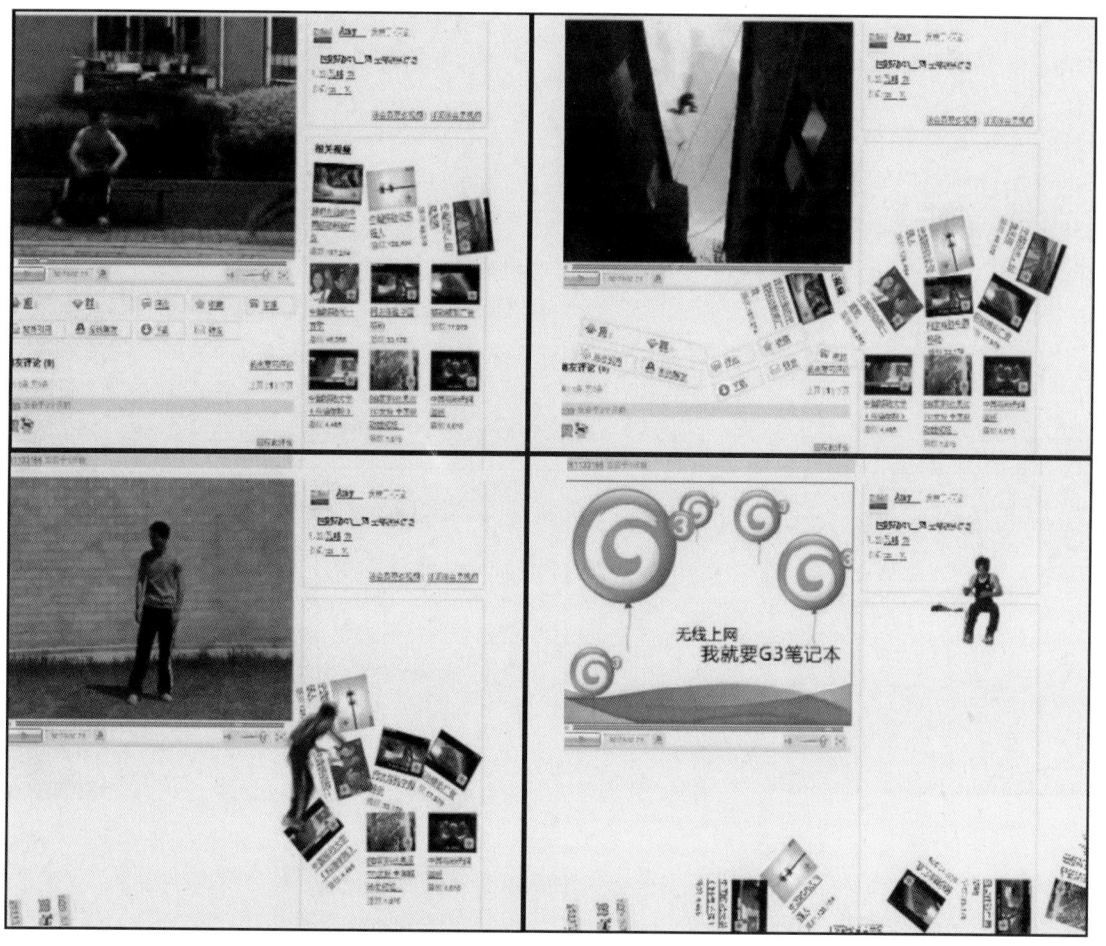

质性的差距。

21世纪的第一个十年缩影般在以上两条广告片中飞速掠过，媒介的变化为思考和表达方式提供了新的定位，"跑酷"作为独特的话语符号，重塑了信息结构的新现实。媒介让人的触角延伸至世界任何一个角落，资讯速递无所不达，"全球同步"早已不必存疑。我们是否可以骄傲地认定：因为能够轻而易举地获取并占有来自整个世界的信息，我们自身也实现了全球化？换言之，人是否因此摆脱了时空的束缚而变得无比的自由？

2. 媒介与人：从操纵式传播到分享式传播

在微电子技术出现之前，社会变化相对而言是缓慢的，人们的知识范围也相对狭窄，大部分知识的获得来自直接经验或书本。但是今天，原本通过亲历世界而获取新知的方式已被媒介传播的现实彻底改变。

2002年1月1日，日本的广告界迎来了一个历史性时刻，世界首例在国际宇航空间站实拍的电视广告在日本播映，这部由日本电通（DENTSU）策划、与俄罗斯宇航局合作、由宇航员在太空站完成实际拍摄的商业广告轰动一时，世界各大媒体均报道了这条新闻。观众可以通过电视看到该广告的策划团队在俄罗斯宇航局的地面控制中心与太空站的宇航员进行实时连线以指导广告拍摄的实况，而广告片里不仅有火箭发射的画面，还有宇航员在太空舱里饮用广告产品——POCARI SWEAT（宝矿力水特）的情景（图1-21）。

2009年11月16日，美国阿特兰蒂斯号航天飞机发射现场，100名航天爱好者兼"推手"（Twitter用户）接受NASA（美国宇航局）的邀请，到现场见证这一历史性时刻，并在第一时间通过Twitter向全世界发布他们的观看体验。两天之后，宇航员迈克·马西米诺在Twitter上发布了第一条来自外太空的微博："发射实在太棒了！我现在的感觉很好，宇宙壮观景象尽收眼底，一生难得的冒险之旅就此启程了！"这条微博迅速引发了27万人蜂拥注册Twitter，他们渴望能随时分享并感知到宇航员在太空的最新体验。

从电视到微博，每一种媒介和信息技术都会立刻对人的交往模式进行重组，Web2.0的交互特性使个人的声音和观点能够向社会延伸，微博进一步加速了同时性和瞬间性的信息交叠与扩散，信息因此变得更为细碎、散乱和易逝。如果说电视采用的是单向的操纵式传播，那么，Facebook、Twitter、微博——这些作为"社交网络"（social network）和"私媒体"（me media）的产物，推行的则是分享式传播，它让人更快捷、更频繁地参与到社会事务和信息交换的过程中，共同创造并享受着异常活跃、开放、自由的信息环境。在海量信息造成的"幻象"中，人们对自身陷入更大程度的"媒介偏倚"毫无意识。从电视到网络，从多功能的手机到最新的科技产品iPad，不仅信息的数量和密度令人叹为观止，"躲猫猫"的游戏也随之升级。

"媒介偏倚"的程度意味着人的深度参与和深度卷入究竟到了什么地步，"到处是水却没有一滴水可以喝"——柯勒律治（Samuel Taylor Coleridge）的诗句成了今时失去语境的信息环境的最为真实的写照。信息、界面的过量带给我们的是支离破碎的时间和被分割的注意力，人们混淆了现实和虚拟的界限，沉溺于信息之海却无暇思索，这便是信息过剩的恶果，"信息拥有所有的答案。但这是一些我们还没有提出问题的答案，甚至这是一些不成问题的问题。"[1]因此，只有关注和研究

图1-21　POCARI SWEAT广告拍摄于俄罗斯宇宙空间站

---

[1]〔法〕让·波德里亚：《冷记忆1》，南京大学出版社2009年版，第269页。

媒介传播与信息环境的整体结构与关联,才能明白"过剩"如何导致"丧失",信息泛滥如何注定了我们囚禁自身的可悲。

微博之"微"体现了一种信息的轻质,昆德拉的"生命无法承受之轻"就此有了新的注释:"过去的几个世纪,个体的存在从出生到死亡都在同一个历史时期里进行,如今却要横跨两个时期,有时还更多。"[1] 时间感的加速深深改变了个体的存在,信息潮涌也深刻地改变了个体赖以日常行动和处世的信息结构,人的境况由信息匮乏的焦虑演化为信息海量导致的另一种焦虑。事实上,选择的"自由"在很大程度上由外界来保证,而由不得我们做主。

当我们从虚拟的网络通道回到传统意义的生活层面,设计就呈现在街道上,呈现在我们的阅读物上,甚至呈现在我们的身体上。路标、广告、杂志、日用品的商标、手机屏幕、地铁卡,甚至超市的购物小票、饮料瓶的可回收标记、T恤衫的洗水标等,举不胜举(图1-22)。视觉设计渗透在生活的每一个角落,我们被设计所围拥,目之所及皆"信息",媒介即信息。每个人都在自觉不自觉地感知它、品味它,从而做出选择、判断和行动。

图1-22
速写本上的日常符号
收集者:陈晨曦
(设计2008级)

---

[1]〔捷〕米兰·昆德拉:《相遇》,上海译文出版社2010年版,第33页。

设计以最形象、最生动的方式展示了"日新月异"的技术更新及其催生的新事物。人们通过接触新事物和彼此间的沟通形成对生活品质的新体会，设计因而也给人们提供了新的思考方式。为了拉动现代人的消费增长，层出不穷的新产品被推向市场；为了使这些即将被消费的新产品能够流通得更顺畅，各种媒体竭力宣传，广告传播花样翻新力度加强，设计才被有效地组织到经济发展的过程中。

视觉媒介的重要性在于，它一方面使人们获得高能量的传输信息，进而做出行动的抉择；另一方面又以美的艺术性符号指向，传达种种情感的、审美的、象征的甚或是深层结构的心理意义，不断丰富人们的感知经验和接受心态。

二、视觉拓展：设计"双跨"

设计"双跨"指的是与视觉设计教学有关的创新，目的是为了整合不同学科知识，实现"专业互动"。具体说来，"双跨"是指跨媒体和跨专业，也指教学创新中的观念之跨和行动之跨。"专业互动"意味着把握专业发展之变，寻求相关领域（如广告、公关、营销和媒介）与设计的联结点，使设计的教学带动不同专业知识的打通与整合，从而为开拓学科视野提供思想上的刺激和准备，强化设计专业的适应性和生存能力。因此，"双跨"是一种理想的规划，也应成为理想的结果。

1. 为何"跨"？

丹尼尔·贝尔（Daniel Bell）和马歇尔·麦克卢汉等学者对传播、媒介、视觉文化的研究令人印象深刻，他们的观点鲜明，论调不乏忧患，如"现代美学如此突出地变成了一种视觉美学"、"当代文化正在变成一种视觉文化"、"视觉媒介将速度强加给观众"、"整个视觉文化更能迎合大众所具有的现代主义的冲动，它本身从文化意义上说就枯竭得更快。"可以说，现实的确如此，困境亦然。

视觉设计课程为何要推行"双跨"教学，为什么要实现专业互动？这是现实所需，也是现实所迫。换言之，我们需要解决的关键问题——设计（design）在一个视觉（visual）时代如何有效实现沟通（communication）。设计不单纯为传达自身的形式及意义，准确说来，设计是一种手段、一种语言，在具体的广告、公关、营销、媒介活动中进行表达和诉求，沟通是其终极目标。一旦脱离开"为谁传达"的核心、"怎样传达"的策略和"能否沟通"的目标，设计就会单薄得空有其表而很快失效，因此，设计教学也无法背离这样的要旨。

中国的设计和设计教育在近20年间受市场经济的刺激，发展非常迅猛，数字化也成为这一进程的关键词。设计教学在硬件上更新换代日趋国际化，在教学观念上的升级却没能显出"不甘示弱"的竞争架势。艺术类院校考试扩大招生的规模不仅让国际同仁叹为观止，师生比、师资的专业化程度、教学与市场的疏离等因素也都加剧了设计教育的泡沫现象。

面对设计学科的转型，设计教学究竟能提供什么样的新内容，它给设计专业的教师带来了什么新课题？新媒体对视觉设计有何影响？品牌构筑时代视觉设计怎样传达营销策略？对这些问题的思考随着教学实践而展开，我们首先要意识到：实现设计学科转型的根本前提就在于专业教师必须完成自身观念上的转型，随着媒体环境和传播方式的变化不断更新对设计的认知，从观念上走出"就设计论设计"的局限，才能使教学上的创新思维逐渐明朗化。

在"双跨"设计的教学构想中，"双跨"的轮廓是逐步清晰的，"专业互动"的效果也是逐步显现的。"双跨"涉及的课题研究有：跨媒体与广告新形态、品牌策略与视觉表现——事件营销（危机公关与视觉形象改良）、概念营销与视觉传达、体育营销与形象设计、声音设计与音乐视觉化、电视频道的包装（频道专业化的视觉形象整合）等，由此不断开拓学生的专业视野，使其专业知识得到进一步的深化与整合，这是"双跨"设计教学创新的重中之重。

2. 怎样"跨"？

与视觉媒介拓展有关的"双跨"设计教学，内容体系的成型贯穿了笔者多年来在教学实践中循序渐进的思索和相关研究，重要的是，由于授课对象涉及不同的专业（艺术设计、广告学、公共关系等），就需要用"跨专业"的眼光来调整内容编排，把握设计课程与不同专业的关联性，突显设计在不同领域的作用和价值。

(1) 跨媒体与广告新形态

当今的社会生活对网络和手机的依赖让人始料未及，"跨媒体和广告新形态"通过手机族群化的审美体验、网络广告与媒体拓展型设计两部分内容，引导学生从观察和分析自身的生活怎么因网络、手机的使用而发生改变开始，深入思考媒介的变化如何影响了新设计、新功能的研发，从设计的角度考量广告新媒体的开发潜能和利用价值。

移动电话在技术上经过模拟信号、数字信号、多媒体技术、"绿色环保"技术等的不断升级，由早期的商务用途转变成普及化的个人媒介，手机作为广告新媒体的前景依赖于功能设计的完善，从听声、看文、读图到彩铃、彩信、游戏、音频、视频、上网，手机呈现灵活多样的视听"语境"，这不仅为研发手机广告的形态打下了基础，还为手机升级为功能强大的个人移动媒体提供了优化设计的可能，如亚洲区 Nokia 手机铃声下载网站（www.nokia-asia.com）广告（图 1-23）。

与手机不同，网络天生就是一个抽象思维和形象思维、天马行空和精确执行的"矛盾"结合体。新媒介带来设计的新领域如网页设计、网络动画、网络游戏、网络广告、网络出版、网站形象等等，媒体拓展型设计创意的很多方面都融进了网络

图 1-23 "寻找摇滚铃声，上 Nokia-Asia 网。"

"互动"意识和"体验"思维。网络设计中艺术和技术必须用不同的思路同时应对、解决同一个问题，新的技术是为了使其应用更加人性化，用户体验成为网络设计至关重要的利益增长点。网络令世界变平，在其充满无限可能性的平台上，既催生了新新人类的族群，又驱动了网络营销的势不可挡（图 1-24）。

图 1-24 Houra 网络商店广告："以前可费劲了！"

一方面，商业网站对 WI（web image）艺术性的认识和要求逐步提升，对专业化、高品质的设计需求越来越大，这使得网络广告新形态除了结合商业传统固有的模式和手段之外，也更加注重网站设计与企业业务联系的直接性、易用性和商业潜力扩张效果。另一方面，与数字营销相关的视觉设计也显得无孔不入、无微不至。以网络错误的显示页面"404 页"为例，当用户输错、点漏的时候，这个大家熟悉也讨厌的"404 页"就出现了，是否可以将错就错，用活"404 页"，把用户体验做得更好，甚至发挥它的商业价值呢？一个公益组织"气候保护者联盟"在某网站买了一个"404 页"推出 banner 广告[1]，反对使用哪怕是纯净的煤炭，以防燃烧产生的热空气导致全球变暖。可见，一流的数字营销者常常是疯狂的，不放过任何一个接触点做创意推广。

(2) 品牌营销策略与视觉设计

体育营销、事件营销、概念营销都不只是简单利用视觉媒介或设计的视觉效果做营销，而必须

---

[1] http://www.washingtonpost.com

结合一定的行业背景来进行策略规划，实现品牌宣传和推广。

"体育"所具有的极高的关注率及其价值被企业看好，并希望借助于体育的影响力来扩大自身的品牌形象在世界范围内的认知度，于是，在体育和商业之间就有了体育营销（sports marketing）。奥运会、世界杯、F1和环法自行车赛等都是最重要的体育赛事，也就被视为品牌大战的最佳阵地，世界知名品牌都热衷于在各种大型体育盛会上张贴自己的标签。体育为它们提供了在商业市场以外引人瞩目的机会，体育营销重整资源、重构品牌的战略之一。不但各种品牌会竞争赛事赞助商的资格，也让运动明星成为新一轮营销战的形象代言（图1-25）。

围绕着每一次赛事活动都会产生一系列设计，从标志到形象物以及具体的应用开发，大量的设计内容配合着每一届各不相同的活动呈现在人们面前，逐渐形成印象和影响，正所谓"景观体育"，形象高于一切！电视媒体使体育的存在离观众更近：电视诉求于"视觉和听觉"的现场性，高速摄影和高清晰镜头的采用使体育节目更加趣味盎然，网络及通讯卫星的发达使体育节目的转播覆盖全世界。"体育"经由各种各样鲜明的形象塑造才从头到脚光彩照人，从场内到场外都魅力无限，甚至可以改变和影响国家、城市形象的可读性。

已有逾百年历史的环法自行车赛，每一年比赛线路的设定、揭幕战的地点选择都关系到这些赛段城市的形象营销，比赛历时近一个月（七月常为欧洲人的休假期），车迷们既可根据赛程选择去现场一边旅行度假，一边观赏比赛，也可以通过电视转播，在观看激烈赛事的同时，欣赏以法国为主的各地风光。无论是车队的形象还是自行车的装备、骑行服、头盔等，都与设计密切相关。比赛专设的荣誉衫也是以颜色和图形作为标示，黄衫是由总积分排名第一的选手穿着；绿衫属于"冲刺王"，即冲刺积分第一的选手；红色圆点衫属于"爬坡王"；白衫则属于25岁以下总积分第一名的青年骑手。环法赛的终点赛段设在巴黎，比赛结束之后，各个参赛车队都将绕香榭丽舍大道进行荣誉骑行（图1-26）。

事件营销（event marketing）是企业通过策划、组织和利用具有名人效应、新闻价值以及社会影响的人物或事件，引起媒体、社会团体和消费者的兴趣与关注，以求提高企业或产品的知名度、美誉度，树立良好品牌形象，从而达到广告的效果；它是集新闻效应、广告效应、公共关系、形象传播、客户关系于一体，为新产品推介、品牌展示创造机会，建立品牌识别和品牌定位，形成一种快速提升品牌知名度与美誉度的营销手段。

有一类突发事件的处理更需要聚合公关、广告和设计三方之力来影响受众对品牌形象的认知，涉及危机公关及视觉形象改良设计。在企业的跨国经营和品牌发展过程中难免遇到风险或在激烈竞争中遭遇危机，企业和品牌面对一个紧要的转折关头，必须在极短的时间内作出反应和决定。如何有效实施危机应对机制，直接影响到企业或品牌的生

图1-25　去往里斯本——2004年欧洲杯赞助商Adidas广告

图 1-26　2010 年环法自行车赛巴黎终点赛段荣誉骑行（英国天空车队），赛车和选手骑行服集各种品牌标志于一身

存和未来。危机，也意味着危险和机会同在，重新调整战略、妥善解决所暴露的问题，需要借助于视觉形象改良设计来告知公众，传达出企业或品牌管理意识的改变和行动上的信心（图 1-27）。

（3）视听联觉——关于声音的设计

视觉是设计最主要的媒介和作用方式，却并非唯一的。当影像成为独特的设计语言，人们的认知从"平面设计"迅速而微妙地向"视觉传达设计"过渡，不少设计者的观念犹如经历了一次头脑风暴。一个常常被人们忽略的事实是：听觉——声音传达对视觉设计的介入。

影像成为设计语言，打破了单一的信息传达途径而代之以视听双向作用，但听觉元素对视觉设计的介入却被人忽略。声音设计一直被当成视觉表现的附属品，"听"是"视"的次媒介。如果我们能够给予声音设计和视觉设计同等的关注程度，无疑将有助于拓展影像传达的视听表现空间。其次，通过声音设计的研究，可以提供给学生另一种了解设计的方法，也就意味着找到不同于以往单一视觉思维的创作途径，培养学生们对声音的敏感度使其逐步形成声音设计的观念，这对更好地从事创作有切实的帮助。

从宏观上看，音画关系存在于一切影视、网络、多媒体作品的创作中，因此，声音设计研究把网络和手机广告的声音设计、电影电视片头等内容纳入进来，深入考察声音作为独立的元素如何应用于设计创意，力图更为系统、详实地阐述声音与设计的关联。

音乐是声音类型中非常特殊、最具艺术表现力的一种，不少人谈及声音首先就想到音乐。从设计的角度考察音乐可以视为是探究声音与视觉关系的一种延续，也是探讨视觉营销的典型例证，音乐能否视觉化、如何用视觉语言（静态的图形和动态的影像）表现抽象的音乐成为这项研究的关键问题。

音乐视觉化的可能性建立于人的"通感"，即视觉、听觉、触觉、嗅觉、味觉彼此打通，因此，颜色有温度，声音有形象，冷暖有重量，气味有质感。音乐的视觉划分为音乐产品 CD 的包装设计和音乐录影作品 MV 的音画创意两部分。音乐本身的发展是影响音乐视觉化形式的根本原因，如大众流行文化的渗入带动音乐制品的市场推广，另类音乐和摇滚音乐借助视觉形式张扬个性理念等。音乐

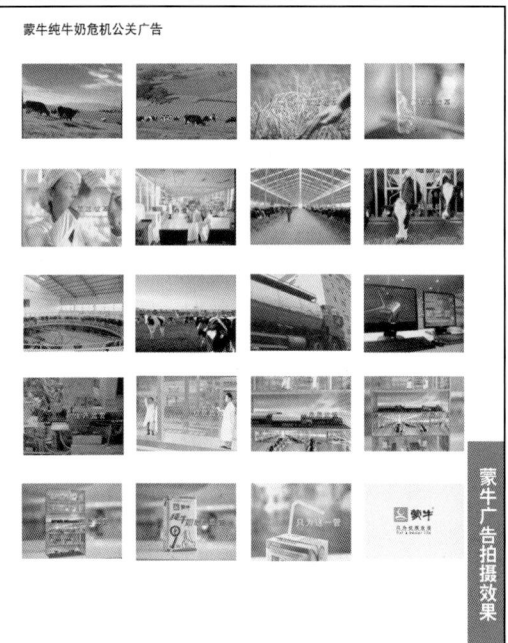

图1-27　蒙牛危机公关广告分镜，绘制：王圣飞

（设计研究生 2006 级）

设计的视觉思维就是巧妙地运用图形（线条、色彩、体量等）和摄影蒙太奇处理将音乐的旋律、风格和意境呈现出来（图1-28）。

从胶木唱片时期的简易牛皮纸包装到今天更强调整体性的音乐包装，设计理念不断变化。无论是封套摄影、内页插图和版式、配套宣传品设计、相关的音乐衍生产品的开发，都从过去单一的发行唱片到如今不得不采取多渠道的媒体推广活动策划，所有变化无不显示出"眼球经济"所追求的利润和效应，与听者依赖网络下载音乐而不再轻易购买有形 CD 的严酷现实相抗衡。

MV（music video）的兴起破坏了"耳朵"与音乐间的纯粹关系，其音画创意注重视觉形式构成元素和抒情元素的美感追求，注重画面的节律与叙事结构，从而使音乐给视觉的享受丝毫不亚于它带给听觉的。MV 的创作从录像到电影拍摄到三维制作再到 FLASH 动画 DV 合成以及高清数字制作，历久弥新，与时俱进，那充满多维表现可能的画面

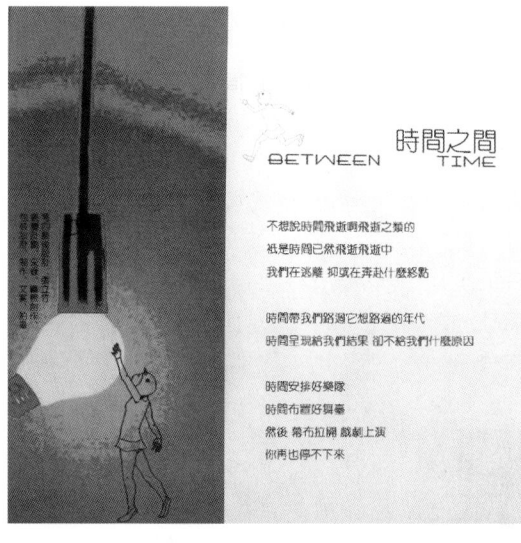

图1-28　《时间之间》声音作品包装，设计：张立竹

（设计 2004 级）

图 1-29 《草上是天空》MV 包装，设计：周舟（设计 2002 级）

赋予音乐以新的想象和解读，使音乐主题拥有足够的诠释与释放的空间（图 1-29）。

20 世纪 90 年代，为音乐演出制造现场视觉效果的专业设计越来越多，借助新的硬件和软体技术，如使用动漫、影像和混音的结合，制造炫丽热烈的现场气氛。最为人们熟知的 UVA（United Visual Artist），他们能在现场即兴发挥，可以根据音乐和观众的情绪及时做出反应。如 UVA 为 U2 乐队做"晕眩全球巡演"（Vertigo Tour）的视觉效果时，就与展示设计师一起使用了可编程的 LED 幕布，像一面巨大的数字瀑布在乐队后边熠熠闪

图 1-30 U2 乐队演出的舞台数字瀑布效果

耀，半空中还悬吊着 4 个 I-Mag 视频屏幕，将 U2 的特写传送到对面的宽银幕上（图 1-30），这种幕布由一种很小的 MiSphere 的 LED 球状模块制成，64 块悬挂成一串，共有 189 串，当这些球体不处在瀑布状态时，艺术家朱利安·奥佩和凯瑟琳·欧文所处理的图像就会传送到上面，观众从 360 度的各个方向都可以欣赏到。

（4）频道包装——专业化的视觉形象整合

电视包装早已不是新概念，它是电视产业自身的窄播化发展、受众市场的分众化发展的需要，是电视节目、栏目、频道成熟稳定的一个标志。电视频道整体包装（total package）指的是电视频道的全面包装设计（overall package design），包括"在播"（on-air）和"离播"（off-air）两方面的众多内容。所谓在播包装，是指非节目、非广告的那部分电视播出片的设计与应用，即电视营销组合里"宣传"中的音视频宣传部分，是一种利用电视自有媒体进行的营销行为，它是电视频道品牌个性的体现，决定着电视频道的外观、口吻以及观众对电视节目的期待。离播包装，是指非广播媒体的报纸、杂志、电台、网站、信笺、名片、促销礼品、户外广告等等的设计，它实际上是传统 CI 中 VI 部分的非电视应用。例如图中所示 ESPN 频道的广告与滑雪栏目的片头就分别属于离播包装和在播包装（图 1-31）。

前文提到的英国 BBC2 台的频道形象在 2005

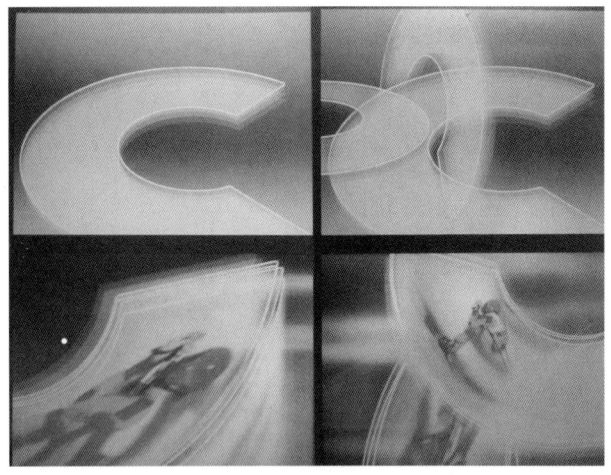

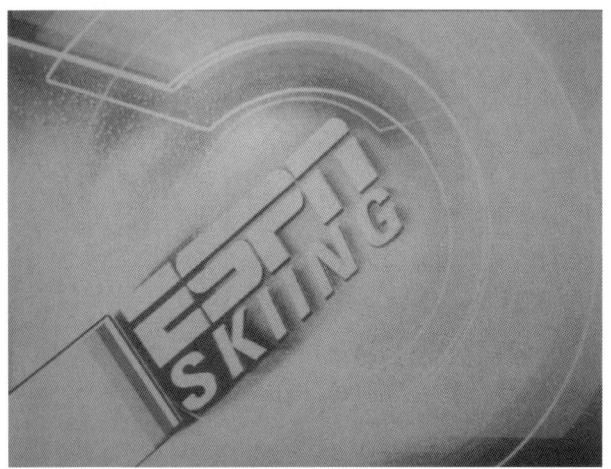

图 1-31　ESPN 频道包装及广告：对于运动瘾，人类尚不能有效治疗

年夏天又做了新设计，在此之前，人们所看到的 BBC2 台的"2"总是在一个封闭的工作室环境中，但在新推出的品牌设计中，"2"变成了一个蓬松的提线布袋木偶，它可以在真实的世界里，与人互动，如公园里"2"正与动物戏耍。在交互技术越来越发达的今天，传播设计师对观众选择做出应对的方式就是为电视建立一种互动设计观念，以提高影像品质。

中国电视经历了 20 世纪 80 年代的节目制作时期，90 年代的栏目管理时期以及近十年的频道品牌经营时期。从设计的角度研究电视包装所关注的是电视媒体的视觉形象整合，即：频道的整体性与形象的可识别性，频道/栏目内容、形象及整体风格的内在统一。尝试结合电视媒体的特征进行设计创新。然而，视觉设计早已越出了电视平面的范围，向更纵深的现代科技领域寻求发展，如多媒体技术（multimedia）、界面（interface）设计。21 世纪的视觉设计不仅仅是处理平面的问题，它还同时要处理声、光、动画形象等，"非物质设计"的数字虚拟甚至"开辟了新现实主义的道路，推动了科学的幻想部分。"[1]

进入 20 世纪 90 年代后期，网络迅速兴起，各门户网站的蓬勃发展刺激了相互间的竞争，网站形象识别受到重视，为了把板块内容做得更细化更专业，门户网站分设出各种类型的频道，与电视频道专业化的发展相似，各频道在构建内容的同时也不断强化自身的视觉形象，以吸引更多的用户，同时利用网络营销平台，设计各类线上线下的活动，增进"圈子"的社交黏度以及用户与频道的关联（图 1-32）。

综上所述，设计的现实发展会不断调整我们的视角和观点，"双跨"设计教学的内容架构将随着每一个分支的专题研究逐渐深入而进行必要的"新陈代谢"，即：以课题研究来充实和更新教学内容，不断调整自身的知识结构和教学思路，以期在不同课程之间实现一种配合和互动。简言之，设计教学寻求和培养的是一种整合资源的设计创意。

---

[1]〔法〕莫尼克·西卡尔：《视觉工厂》，湖南文艺出版社 2001 年版，第 260 页。

第一章　视觉媒介与设计传播　27

第三节
重构"设计—人—环境"的关系

每个社会都设法建立一个意义系统，人们通过它们来显示自己和世界的关系。人与社会的关系一定程度上也体现了人对现实环境的需求与设计的互动关系。

一、可持续的整合创造力

世界因人类的非凡创造力而日益精彩。数字基因开启了前所未有的网络时代，现实以目不暇接的频率迅速变化，如加西亚·马尔克斯在《百年孤独》里写道"世界太新，很多事物还没有名字，必须伸出手指去——指认。"如果心中的愿景催生了迈向未来的力量，设计师将责无旁贷地扮演引领者的角色，而浸淫在神奇设计中的人们也将释放出想象的能量，选择创意生活。

信息传播活动渗透到社会的每一角落和人类的每项活动中，成为社会结构中巨大而无形的黏聚力量。设计正是凭借这种力，"对人的外在生活和内在精神不断地渗入和影响，形成一种综合质的文化现象"[1]，它拓展了人们的经验领域，极大丰富了人们对世界的知识把握，改变着人们的审美趣味。

从 20 世纪 20 年代起，以包豪斯为代表的现代主义设计先驱为顺应工业化时代的发展，倡导革命性的"标准化设计"；而到了 60 年代的"丰裕社会"，"标准化"就成了新崛起的购买主力眼里的"灾难"；短短 40 年，现代设计曾经捍卫和造就的"标准化"审美就被后现代的蓬勃个性所驱动的"另类"需求一再质疑，直至彻底颠覆。

自从以标准产品的大批量生产为基础的现代产业造成"廉价"商品迅速普及，市场导向借由广告"对人们大力灌输均质化的合理性和标准性等一系列观念，并将这种观念以近乎宗教信仰的方

图 1-32　搜狐网体育和音乐频道形象海报，设计：刘肖男
（设计 2003 级）

---

[1] 李砚祖：《装饰之道》，中国人民大学出版社 1993 年版，第 177 页。

式，深深地植入到人们心中，使其对所遭受的均质化待遇及种种现象变得习以为常。"[1] 这就使得多样化的消费群体非常被动地以某种既定的、规格化的消费概念去简单适应被标准化了的商品。然而，这种相对稳定的商品标准化和消费者均质化的现象必然限制了社会的可持续发展。原本进步的现代主义设计在得到极端发展后竟然逐渐僵化，一如我们在卓别林的经典影片《摩登时代》中所见，流水线的高速运转为的是追求利润的最大化，无视任何的差异存在，人们从标准化、批量化的设计产出中看不到生活的丰富趣味，最终陷落到了物质形式的"禁欲时代"。而事实是，每个人都有自己的偏好和需求，标准化产品再也无法获取更长久的认同，这也许是工业经济时代的悲歌。

以均质化的消费者作为目标对象的设计方式即标准化设计思想遭到否定之后，人的独特性备受重视。设计的切入点从寻求细微差异到制造极端化体验，这是后工业时代的福音，个性化正意味着更多的市场空间和盈利点。因此，今天的人们期待的商品将不再只是呆滞的物品，而是具有生命、能够使人与环境达成融合的一种有机媒介。设计既被视为一种能够带来经济利益的活动，也是一种以人们的生活环境为创造场所的"艺术创作活动"。消费者不再盲从，他们找出许多可以表现自我和个性的途径，生命和周边环境的律动因消费者对设计品的选择而产生更直接的关联。所以，有人形容设计是创造一种"缘"，关系到"物—人—环境"良性发展的"善缘"。

所谓创新，其实就是人们描述未来远景的一种方式，而设计师的任务则是借助本身的直觉能力去发掘与构筑世界的新价值，并且具体地予以视觉化表现。这种新价值既是对未来愿景所做的假设，也是一种预言。苹果公司秉承"不同凡想"（Think different.）的设计理念不断推出"预言"般的产品，它们正是针对现有社会的要求以及潜在的不易觉察的社会需求给出的具有前瞻性的解决方案（图1-33）。2001年，苹果公司推出第一代iPod，

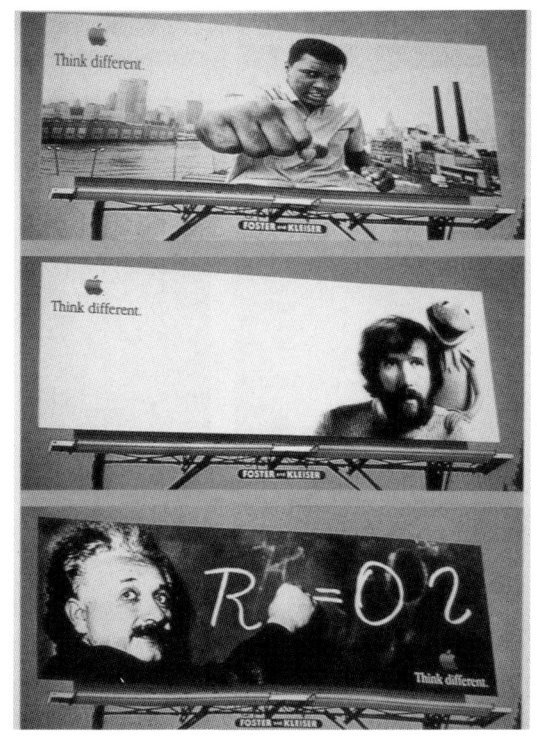

图1-33　苹果电脑广告"不同凡想"，1997

在Macworld大会上，乔布斯（Steve Jobs）描述了手机、音乐播放器等数字设备的发展，预言苹果将成为"数字生活方式当中的技术核心"。在iPod问世时，MP3播放器有许多种，但iPod将消费产品、软件、内容串联在一起，建立网上音乐购买系统，"要是只能带一万首歌去荒岛怎么办？"对于iPod，这已不是问题（图1-34）。苹果以其天才的创造力推出了"后PC时代"的革命性产品，并很快影响到电脑、移动互联网、消费电子、音乐、出版、娱乐等多个产业。

进入后工业或者说信息社会后的非物质设计，使设计的存在形态更为丰富，它不仅实现了自身，而且揭示了物质设计中早已存在的非物质性。从物质设计到非物质设计，反映了设计价值和社会存在的一种变迁：即从功能主义的满足需求到商业主义的刺激需求，进而到非物质主义的生态需求（合理需求、人性化需求）。人们对设计的认识上发生了

---

[1]〔日〕黑川雅之：《未来考古学》，上海人民美术出版社2003年版，第184页。

群作为设计的思考对象，而且必须从多样化的基本观点上去澄清旧有的观念，设计规划出可以适应各种生活形态的多样化商品，实现个性商品的设计生产与生活形态多样化的需求之间的对应以及社会可持续发展的理想。

图 1-34　纽约街头的 iPod 户外广告牌

图 1-35　iPhone4"视觉中国"版外壳，设计：颜冬

一系列变化，随着人与物、人与环境、设计与制造等关系问题的深入探讨，以可持续发展意识为主导的设计观最终得以确立，这意味着当设计用各种形象性的特定语言增塑出人类生活中的环境关系时，将更加关注人的本性与未来社会的健康发展。从物性与人性、物能与社会的有机构成上重新思考设计，也意味着未来设计师非但不能漠视或厌弃这种"设计—人—环境"之间所形成的复杂关系，还应该更充分地加以发展及运用，让自己更有能力去准确把握这种复杂秩序中所隐含的种种矛盾，从而发展出良性的共生关系。

乔布斯曾经说："很多人以为设计就是产品的样子，但如果能更深一步，设计其实是一个产品如何工作。"正因为有这样的理念，苹果推出 iPhone 时被喻为"电话被重新发明"，而从 iPod 到 iPhone、再到 iPad，无一不意味着一种新的使用方式，苹果产品表现出对用户体验和细节需求的尊重与满足。的确，面对开始享有自由思想和自然生活的社会大众，设计师必须努力地为其带去更多的充满感动的事物以及由此构筑的令人愉悦的生活形态。如"视觉中国"（www.ChinaVisual.com）版的 iPhone 外壳设计，"苹果树下"的穿 Windows 衣服的安卓（Android）小人被苹果砸到，利用其图形所暗含的诙谐情境，令 iPhone 更添新意和个性（图 1-35）。

设计师不但要以多样化的、彼此不同的消费

二、为人的存在佳境而设计

设计与其说是一门学科，不如说是观察世界和使世界结构化，并使之日趋美好、进步的一种方法，它联系着人类物质文明和精神文明的创造，联系着生活质量和生活形式的变化。设计渗透到人类衣、食、住、行所有生活层面，既创造着美好的现实世界，更代表着一个理想的未来空间。

"为人的设计"在 20 世纪 90 年代开始出现微妙的变化，设计考虑的对象由过去的"消费者"转变为当下的"生活者"，相应的设计目标也从关注市场转向关注生活文化，以洞察生活中人的细微需求为前提。设计和广告的联手作用，促使物对人的意义在消费层面上发生显著变化。确切地讲，物是消费中的价值性筹码，物的"设计含量"借助广告效应成为一种可令现实生活得以改观并能满足更高层次生活欲望的消费价值。生活者所追求的远不只是物质性的商品，而是商品背后的精神意义和文化附加值，物质消费因此升华为情感消费或文化消费，进而影响到生活方式的改变，体验经济时代随之到来。

时代不同，价值的判断标准也不同，同样一件商品，因为经济形态的变化而迥异：从最初萌发交换的自由贸易的"质量"，到工业经济的"价格"，再到服务与体验经济的"感受"；从自然经济时期的质朴、本分到后工业经济时代的个性张扬，从需要决定价值到欲求决定价值，同样的一种商品在各种时代被赋予了不同的角色和品格。如果一件商品没有"自然禀赋"的优势，那就去发觉"获得性禀赋"来创造比较优势，广告可以充当造物者的角色并重新设计和输出关于商品的"新意"，目的就是制造生活者直觉体验中的心理差异。

根据凯恩斯的"需要"与"欲求"理论：人类的需要大体分为两种——一种是人们在任何情况下都会感到必不可缺的绝对需要（needs）；另一种是相对意义上的，能使我们超越他人，感到优越自尊的那一类欲求（wants）。第二种满足人的优越感的需要，很可能永无止境。体验经济从市场需求的角度强调了人的无限需要中的"体验"类需求的兑现，如何制造体验价值，就是企业以服务为舞台，以商品为道具，以消费者为中心，创造能够使消费者参与、值得消费者回忆的活动。关于"体验经济"更美妙的说法是："更人性的经济"，由此也可以推论"体验经济就是美学经济"。

现代社会人际交往日益频繁，依托于网络超强的聚合力，人与人的相互影响不断增强，人们在观念上更易接受新事物，在互通有无的经验融合中，人们对现实需求越来越复杂多样，但目的都是希望不断提升生活质量，不断改善自身的存在境域。更高层次的需要其实是人为制造出来的，设计的结果不同程度地表现了人们不同层次需要的内在规定性，因此，设计不仅是造物活动，它实质上也提供了一种日常生活的操作方法。作为对日常文化进行挑选和评价以后得到的结果，设计能充分体现设计师对人类的生存和生活问题的考虑，在不断创造"人的存在佳境"的同时，让人们体验到生活幸福指数的提升。

我是谁？我从哪里来？我到哪里去？人类对自身的追问，在不同的生命阶段寻找自己的方向，无论哪一种设计，都无外乎是为人的存在佳境而设计。建筑设计创造着城市环境；室内设计创造着居住、工作、社交环境；工业设计创造着物的使用环境；服装设计创造着每个人的"贴身"环境；平面设计创造着信息环境等等，设计在物—人—环境的关系中开创了一个内容丰富、充满刺激性和新鲜感、复杂而又极富生命力的社会。

设计是一种文化，这种文化既包含了审美经验和审美价值的积淀，又为人们提供了思考和感受事物的新方法。为人的存在佳境而设计，既是指建构美好形式的过程，又是指这一过程的产物。设计创造了物的形态和类别，同时又不同层次地关系到人的存在状态。本质上，设计始终是人类对生存方式、生活样式以及美好未来的设计。这样说来，设计师必须是那样一种人：能勇于面对永无止境的变化，有相当的统合和控制力；面对各种互相矛盾的价值观，能兼容并蓄、从混沌中找到秩序，为设计的具体存在和未来发展找到依据。

第二章　直觉　表现　传达

第一节　创作中的直觉

直觉是什么？直觉就是不明显地依赖分析而直接抓住问题的结构、意义和意思。教育是什么？教育力求发展学生的思维能力和敏感性。而创作中的灵敏往往来自一种直感力。

一、潜意识与无意识

每种视觉式样都可以被看成是一种陈述，任何一种有组织的式样都是意义的传达者，人的意识制造这些形象的思维机制大都是在直接的感知中进行的。

直觉方式能够迅速产生假设，它与人的潜意识有关。美国插画家R.O.布莱克曼（R.O.Blechman）常用一张图来启发学生的创作思维，图上有九个点，纵横三行三列，间隔均匀，他要求学生一笔串连上九个点，不能断线。而学生们往往拘泥于这九个点构成的边界，这种边界束缚是观看者自己设想出来的，是假设。没有人要求或是规定过必须在点构成的正方形中画线。可见，这就是所谓的"认知障碍"，也是思维上的束缚，我们时常受制于自己的认知局限，而不能解放自己的思维，一旦跳出边界的束缚，想象便开始涌动（图2-1）。

美国广告鬼才乔治·路易斯（George Lois）初学设计时接受资格考试，要求考生在18×24cm的纸上以长方形为基准做设计。他立刻想到一个好点子，整堂课他就双手抱胸，两眼盯着画纸，什么

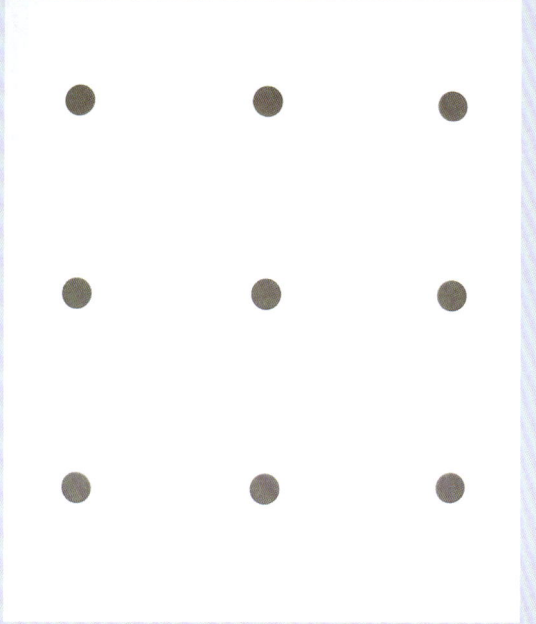

图2-1　何为边界？何为想象？插画：荣念真

都没画。考试快结束时，面有愠色的老师站在他背后，催他赶紧交稿。最后几秒钟，他拿起笔在考卷的右下角签上名字。老师非常生气，他被淘汰了。但这样的结果在乔治·路易斯看来无关紧要，因为他知道自己已经表现了一个好点子：一张18×24的白纸本身就是长方形最终极的设计形式。他的直觉没有错，这是一种"有预见性的有效惊异（predictive effectiveness）"[1]。

乔治·路易斯这位"顽童"，后来成了纽约广告公司汇集地——麦迪逊大道上的坏孩子、最顽固的淘气鬼，广告界的莽夫。他在创作生涯中一直遵循着——戏剧化地呈现出惊人的点子这一原则。有一次他接受电视节目主持人大卫·沙肯（David Susskind）的采访，被问到"广告究竟是什么？"这位鬼才的回答语惊四座："广告是一种有毒气体，它能让你流泪，搅乱你的神经，再把你弄得神魂颠倒。"[2] 不错，"有毒气体"即是一种直觉判断，仔细想来，广告对人的影响的确如此。

在观念间联结的价值被认识之前，直觉方式能够产生一些有趣的联结。比如日本设计师深泽直人的创作十分突出地体现了他对人的观察入微以及如何利用人的直觉实现设计功能的传递。他的设计作用于人的无意识领域，简而言之，深泽直人审视人们的潜意识行为，并为之设计。他设计的壁挂式 CD 机，看起来就像我们在厨房常见的排风扇，拉一下开关用的绳子，CD 盘就像风扇一样转起来，扎根于我们头脑中的以往关于风扇的经验和记忆会令我们产生错觉：向我们飘过来的不是风，而是音乐。基于我们对排风扇形式的熟悉，那根垂下的绳子似乎具有一种"唤起"我们下意识地拉动它的暗示性，设计中所用的这种思维方式在设计心理学上被称为"给予性"（affordance），即指一件物品根据其物理性能而提供给人的行为的可能性。我们不难发现：物品的预设用途为用户提供了该如何操作的线索。深泽直人在他很多设计中都发挥了这种"给予性"效应，使人们在操作上不感到陌生，同时他赋予了相似形态以新意，人们又在使用中获得了因创意而带来的愉悦感。又如深泽直人设计的系列果汁包装盒（香蕉形），形式上采用了人们熟悉的利乐包装，软角显露出与握着一根香蕉相同的感觉，打开饮料包装就像剥香蕉皮一样自然（图2-2）。

在使用日常物品时，因果关系心理在起作用。人的下意识行为不仅反应快，而且是自动进行的，也可以说，"下意识思维是人类的一大优点，它是一种模式匹配过程，它总是在过去的经验中寻找与目前情况最接近的模式。"[3] 唐·诺曼（Donald A.Norman）在其《设计心理学》一书对此做过分析：设计优秀的物品容易被人理解，因为它们给用户提供了操作方法上的线索。设计拙劣的物品往往让用户很沮丧，因为它们不具备任何操作上的线索，或是给用户提供了一些错误的线索，使用户陷入困惑，妨碍了正常的解释和理解过程。所以，注重可视性，给用户提供正确的操作线索，让用户得到操作动作的反馈——这一设计原则构成了心理学的一个分支——研究人和物相互作用的方式。

当然，人的意识所达到的范围，远远超过了眼睛在某一瞬间直接接受到的东西，因为它总是运用记忆提供的无数种意象工作。因此，设计的可视性，意味着要传达出正确的信息，供观看者在视觉心理上做出解读和判断。然而，思维需要意象，意象又包含思维，系统的视觉训练可以提升人对感性形式的本能反应。在艺术教育学者、视觉心理学家阿恩海姆看来，"视觉思维需要的是一种把视觉形状看为支撑我们整个存在的力的作用模式的意象的能力，这种力的模式处处可见，不管是精神活动、身体活动、机器活动，抑或是社会和观念的结构，都有着自己特定的力的作用式样。"[4]

目前中国的许多现代艺术和设计存在的问题，实际上都与教育有关。学校在传授给学生知识、技

---

[1]〔美〕杰罗姆·布鲁纳：《论左手性思维——直觉能力、情感和自发性》，上海人民出版社2004年版，第20页。
[2]〔美〕乔治·路易斯：《蔚蓝诡计》，海南出版社1998年版，第9页。
[3]〔美〕唐·诺曼：《设计心理学》，中信出版社2010年版，第154页。
[4]〔美〕鲁道夫·阿恩海姆：《视觉思维——审美直觉心理学》，四川人民出版社1998年版，第423页。

图 2-2
深泽直人的设计

艺、方法的同时,也把种种束缚、戒律给了他们。有人提出,是否可以在设计教学中开设一门游戏课,以解放学生的思维,让艺术的直感力得以释放。直觉也可以是一种游戏形式,它取决于对活动过程价值的信任,而并不总是取决于正确答案的重要性。如今的学生聪明异常,信息量最大,头脑灵活,不能否认,在某些方面正是他们的反应启发、带动了教学。如果教师和学生共同参与游戏,共同体验心灵解放后灵感闪烁的快乐,它就一定能活跃思维、启迪心智、寓教于乐、教学相长。

正如我们所知,在传统上左手代表直觉能力、情感和自发性。可惜的是,多少"左手"在使用时被禁止:早在幼年,左手就开始被告知它受到限制,这意味着直觉力、情感的自发性受到了限制。而事实上:左手不是不好用,而是我们没去用。学习设计和广告,都是在接受创意思维的启迪,或许它提供了这样一个机会:给学习它的人用来开发一次自己,提供一个视角,给学习它的人向内窥视自己、发掘自己、肯定自己。其实,人人都可以学设计,人人生来就是设计师。

二、直觉绘画与自由思维

创造力是一个相当个性化的东西,有时它可能来自于一个人的脑子里一瞬闪过的直觉。凭直觉作画并充分流露思维的自由性,这在儿童身上最为鲜明。儿童无拘无束的天性使他们喜欢"无中生有",一看到原先空无所有的地方忽然冒出某种东西就立刻兴奋好奇,尤其是那些强烈的色彩和奇特的形式最能刺激他们的感官;他们极易被动感和节奏所感染;他们模仿力超强,不仅模仿成人的言行,还喜欢模仿自己在其他地方看到的景象;他们天生就是"破坏狂",喜欢拆解、撞击、毁坏某些东西,试图以自己特有的方式了解世界的秘密。

所有这些特征都在儿童的绘画作品里留下痕迹,这些特征使他们的绘画并不总是自己思想的忠实复制物。我们常常发现儿童描画事物时,只是大体上把事物的总体形状"概括/抽象"出来,尽管他们并不知晓什么叫"概括/抽象"。他们这样做或许是因为缺乏技巧,或许因为他们并不认为绘画中逼真有多重要。笔者曾在纽约中央公园遇到一次别开生面的户外美术课,一班七八岁的小朋友被老师领进公园,围了一圈坐在草坪上,每个孩子都在纸上尽情地描画大自然——我注意到,孩子们描画的结果并不是看谁画得有多像,而是看谁画得有多快乐(图2-3)。这时候,绘画成为一种真实情感的流露,成为对自然的一种自由的抒发。视觉概念在儿童的描绘中,既是"在直接经验的驱使下创造出来的,却又通过形状、关系和功能中的某些特征达到对题材的抽象性体现。"[1]

儿童绘画中的直觉、自由思维以及所呈现的独创性很值得深思,他们对原型的某些特征做了变通,绘画不仅描述的是儿童眼里所见的情形,也是来自他们对感性世界的敏锐观察和解释。如儿童画《五官》(图2-4),它展示的不仅是心灵对所要再现的主题情感特征的自由发现,还展示出她如何运用"线条"和"平面"等媒介来传递这些情感特征,从而传达了某种意义。"美"并不是一种附加的装饰,而是整个画面描述不可分割的一部分。画中的每一个方面和每一种性质,都与这个儿童所理解的和感受的达到了完美的一致。

直觉绘画并非设计教学中的新生事物,早在包豪斯时期(1919~1933)的课堂上,形式导师们如约翰尼斯·伊顿(Johannes Itten)、保罗·克利(Paul Klee)都曾在教学中引导学生从直觉体验着手,深入理解艺术造型中的视觉思维。伊顿要求学生必须通过严格的视觉训练,对平面、立体形式、对色彩、肌理有完全的把握,并通过绘画分析,找出视觉规律(图2-5),他的代表著述《设计与形态》(*Design and Form*)就是他多年坚持"体验—感受—实验能力"的教学实践和设计研究的开拓性总结。表现主义大师保罗·克利在其绘画教学中强调不同艺术之间的关系,比如对比绘画与音乐的关系,鼓励学生对色彩、形式进行大胆的想象力试验。克利认为最高层次的视觉感受是神秘的、不可教的,他更想提示给学生感受与创造之间的联系,强调各种形态之间的融会贯通与

图2-3 纽约中央公园的一堂美术课,摄于2008年

---

[1]〔美〕鲁道夫·阿恩海姆:《视觉思维——审美直觉心理学》,四川人民出版社1998年版,第344页。

第二章　直觉 表现 传达　35

图2-4　儿童画《五官》，刘心语（4岁）

图2-5　分析绘画《女孩们》（*Girls*），Johannes Itten，1922

转化（图2-6）。

"我的教学方法是以如何实现自己的目标这一直觉为基础的。在教学方面，我努力创造一种吸引力，让学生对我在课堂上提出的东西有充分的准备来进行观察、探讨。充满热情的教学和那种预想的、有条不紊的教学全然不同。我最好的学生是那些在自己直觉的灵感激发下，标新立异、另辟蹊径的人物。"[1] 伊顿引导学生感受艺术的方式是多种多样的，正如另一位包豪斯大师奥斯卡·施莱莫（Oskar Schlemmer）描述的那样：伊顿首先展示的是一座哥特式的雕像，然后是格吕内瓦尔德（Grunewald）的作品《哭泣的街道，抹大拉的玛利亚》（*Weeping Street, Mary Magdalene*），学生们十分艰难地从这幅非常复杂的构图中分离出那些重要的因素。伊顿巡视这学生，大声吼叫："如果你具有艺术家的一点感觉，你肯定不会在这一象征这世界的悲剧，深刻表现了悲哀哭泣的作品面前动笔作画了，你只会坐下来痛哭流涕！"[2]

伊顿这位穿着自己剪裁的僧袍的光头老师，强调物质的特性必须要被体验并且被表达出来。在一次练习绘画的课上，他要求学生画出柠檬的酸味，他用刀把柠檬切开，要求学生尝一尝柠檬，他说："体会到柠檬的味道了吗？你们的画上要表达出你们所体会到的酸味道——必须表达你所感受到的事物的本质。"在伊顿看来，他的基础课目的是为了让学生的整个人格全面发展。

美国麻省艺术学院的迪安·尼莫教授（Dean Nimmer）也开设了"直觉绘画"这门课，他还应邀来中国讲授直觉绘画的意义。他强调直觉的重要，引导学生在游戏般绘画状态中表达心灵最直白的情感，激发学生灵动的创作思维，以寻求表达艺术感觉的最大可能性。在没有具体客观参照物的情况下，靠直觉和想象力的驱使作画，看似信笔涂鸦，轻松自由，幽默诙谐，事实上，直觉表达意念，把看来不相关的事物联系起来，反映现实中事件与人的思想情绪的变化。

直觉绘画用纸、用笔都十分随意，表达方式也十分随心，并不局限于纸上的创意，而是更关注心灵的流露。因此直觉绘画的意义在于唤起一种冲动，以寻求自己思想的扩展和解放，这指出了某种发现灵感的方式，以唤醒创造的主观性。比如一次

---

[1]〔瑞士〕约翰尼斯·伊顿：《设计与形态》，上海人民美术出版社1992年版，第7页。
[2] 同上，第43页。

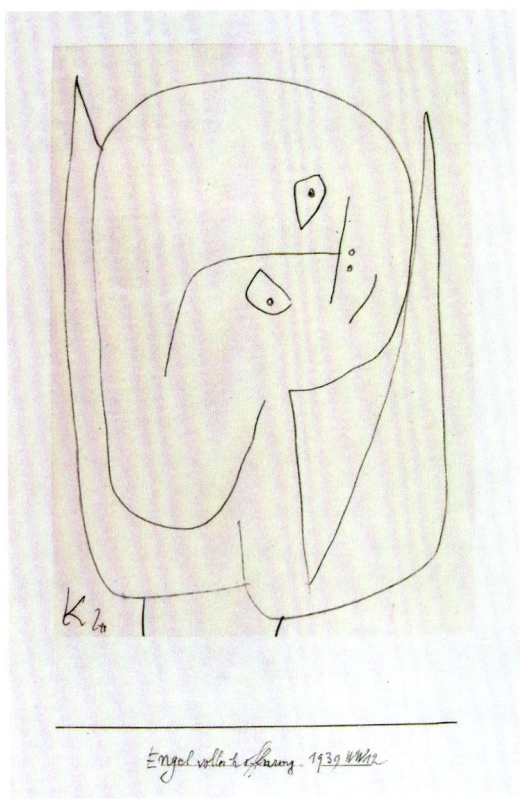 

图 2-6 绘画《天使》（*Engel*），Paul Klee，1939

课堂直觉绘画的要求是把自己对所用手机的感觉画出来，一位学生几笔就完成了，那是一个信封也是手机短信的符号，他解释说：我基本不打电话，手机对于我就只意味着"短信"。（图 2-7）

由于完全转向超越目的的目的，直觉绘画被给予了交流的新可能，我们因此才能感受到作品中越来越多对事物和自我的展现的自由，一种忠实于直觉的方式所饱含的创造力的自由。有一个特例就是用直觉绘画的方式来治疗精神病患，玛格丽特·纳姆堡（Magritte Naumburg）在其《精神病人的艺术》一书（*The art work of mental patients*）中提出了一种"草书"技术——一种鼓励病人在一张大纸上自由挥洒，创出以曲线和锯齿线所构成的随意舞动的形式——不仅能使潜藏心底的无意识之流得到解放和发泄，而且有助于恢复人的本能的形式感受力，以改造那种没有真切感受为基础的做作性很强的绘画创造。[1]

法国建筑大师保罗·安德鲁（Paul Andreu）[2] 在

图 2-7 直觉绘画《手机即短信》，易畅（公关 2003 级）

---

[1] 参见〔美〕鲁道夫·阿恩海姆：《视觉思维——审美直觉心理学》，四川人民出版社 1998 年版，第 352 页。
[2] 保罗·安德鲁的建筑设计，在中国落成的有中国国家大剧院、上海浦东国际机场、上海东方艺术中心。

他建造中国国家大剧院期间创作了一部充满诗意和象征的小说《记忆的群岛》（Memory Islands），沉思、冥想的图景，少年梦、老年与死亡的恐惧，全都凝聚在他对时间和空间的叙述体验中，他的小说插画像是对视觉意象的一种直觉捕捉，如"我正想着一个名字究竟意味着什么，突然间，阳光从一面墙跳到了另一面墙上。""森林可以与城市一样空旷，一样秩序井然——成为一片令人放心踏实的沙漠。"[3]图画像文字一样，共同构成了谜一般的创造。透过文字和绘画，我们可以确信，如安德鲁自己所言：写作、图画、建筑，都是为了遵循同一种来自内心的需求，遵循同一种探索的欲望。

芬兰海报大师卡里·碧波（Kari Piippo）20世纪末来到北京，对于四处兴建的高楼大厦印象深刻，他几分钟勾画出自己的感受，城市特有的节奏和状态随之跃然纸上（图2-8-1）。在很多人眼里，北京是中国的首都即政治中心，城市的规模极大，由过去的皇城扩建为如今的五环、六环"围困"成的"首堵"之城（图2-8-2）。

在具体的教学实践中，我们尝试从看、读、听三方面展开思维训练来发掘直觉表达的自由意识：如何看到和感受到比一般人更多或不同的东西——以此为出发点，对原本视而不见的存在，能否从中体会到质感、美和新价值？对于复杂的情绪，如何将文字的感受通过抽象形态和线条表现出来，并且反思：为什么我们学会了"看"，却失去了想象？把声音、音乐转换成视觉的形式，进一步说，对每时每刻接触、眼观、聆听、体味的感受，是否可以通过视觉形式准确表达出来？从学生们关于音乐、家、城市、同学印象、网络生活、梦、状态等主题的直觉绘画表达中（图2-9、10、11、12、13、14），我们可以感受到自由意识和创作的冲动。

设计教学的目的就应该努力去发掘这些潜在的创作才能，并设法协助他们充分发挥出来。正如如雅克·马利坦（Jacques Maritain）所言：创造

性直觉今天是，已经是，而且将永远是可靠而更新的最初力量。

图2-8-1　速写《北京印象》，Kari Piippo，1999

图2-8-2　直觉绘画《北京印象》，宋麒（设计2003级）

---

[1]〔法〕保罗·安德鲁：《记忆的群岛》，上海文艺出版社2008年版，第14、70页。

图 2-9 直觉绘画：聆听音乐，付彧（设计 2001 级）

图 2-10 绘画：某同学印象"他一直在努力地攀登却没想到顶端竟然是汪洋一片"，吴玥（广告学 2000 级）

图 2-11

直觉绘画：北京印象："灰、浊、拥挤、既大又小"，胡曼喆（设计 2003 级）

图 2-12　直觉绘画：今天的状态，甘露（广告学 2000 级）

图 2-13　直觉绘画：家就是温暖、满足、安稳的地方，方乐（公关 2002 级）

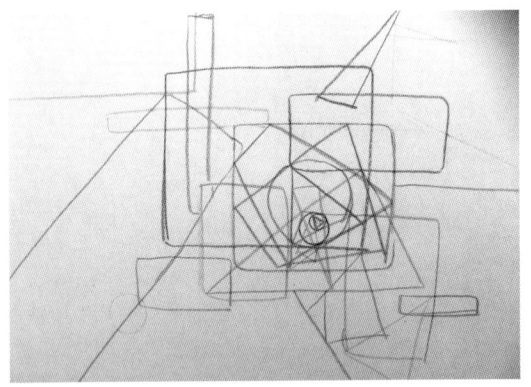

图 2-14　直觉绘画：网络像五花八门的，不断跳出的，未知的"万花筒"，高珊（设计 2001 级）

三、即兴表达与思维脑图

直觉绘画是一种即兴表达，以创造性、主观性的直觉表达某一当下的情绪或瞬间的灵感。同时，直觉绘画又是一种唤醒创造灵感的方式，那么，是否存在一种思维工具，它能给我们的思维以自由，能让我们按照自己的思维方式去自由地思考？

艺术大师达·芬奇在他的笔记中经常使用图形、代码和连线，这些"涂鸦"使笔记变得生动活泼，让人联想与想象：在这些"暗示"或"闪现"的图形符码背后，达·芬奇的思维是怎么变化运作的呢？任何一种有组织的式样都是意义的传达者，艺术家往往是视觉样式方面的专家，他了解形式的多样性变化，以及创造这些多样形式的技巧，他们习惯将复杂的东西视觉化，喜欢以视觉形象来构想现象和问题。对此，我们可以获得何种启示？

被誉为英国"记忆力之父"的东尼·博赞（Tony Buzan）发明了"思维导图"这一工具教人们如何使用大脑。在博赞的工具构想里，"思维导图"能应用于人类所有的日常活动，而且能够遵循大脑自然的思维方式，使人们从自由的思维工具中获益。

在博赞的思维工具——导图里，把信息"放进"大脑，或是从大脑中"取出"信息。思维导图是最简单的方法，它是一种创造性的有效的记笔记的方法，能够用文字将想法"画出来"。从形式上看，思维导图都使用色彩、线条、符号、词汇和图像来建构，可把一长串的枯燥信息变成彩色的、容易记忆的、有高度组织性的图，与我们大脑处理事物的自然方式相吻合。从功能上看，思维导图就是存在于"神奇的大脑中的巨大图书馆里的出色的数据检索和存取系统。"它令信息分类变得有序，使用思维导图时，每一条新信息都会自动地与已有信息相链接，互联越多，就越容易勾出想要的更多信息。因此，思维导图被视为是"终极的组织性的思维工具"。[1]

在设计教学中，思维导图则是一种大脑中自然的、充满图像的思维过程及思维能力的反映。我们可以运用视觉思维的要素——图像来展开联想的脉络，绘制不同主题、计划和目标的思维导图。根据博赞的提议，绘制脑图应注重由中心向外发散，强调的是思维的多向发散，自由地表达自己；用图像表达中心思想，发挥想象力，图画越有趣，越能使大脑兴奋；颜色能给思维导图增添跳跃感和生命力，为创造性思维增添能量；不断建立链接，标注关键词，扩展脉络，自始至终使用图形。这些方法都可以借鉴到设计思维脑图的创造中，以理清思绪，找到问题的要害，挖掘"解题"的创意源。日本广告创意人铃木健一先生的脑图既体现了绘制者头脑中重要事物的构成，也可看做是世界观的一种呈现（图 2-15）。

在课堂上，我试着引导学生绘制脑图，并要求他们至多只能用十个字来"定义"自己"我是谁？"。以下脑图是学生所画，他们逐个向大家讲述画面里的事物对于自我的意义，每个人都不敷衍，认真地分析自己，讲述自己的性格、向往，以及心里的秘密。好多学生的话与画都打动了我，让我越来越后悔没用 DV 记录下来，他们的声音里有不加掩饰的生动，而那一堂课不可复制，无法重来。十年后，再看他们各自的成长轨迹，更是叫人无限感慨（图 2-16、17、18、19、20）。其中，阎岩所画的思维脑图（图 2-20）以"满"的构图形式

---

[1] 参见〔英〕东尼·博赞：《思维导图——大脑使用说明书》，外语教学与研究出版社 2005 年版，第 3、10 页。

第二章 直觉 表现 传达 41

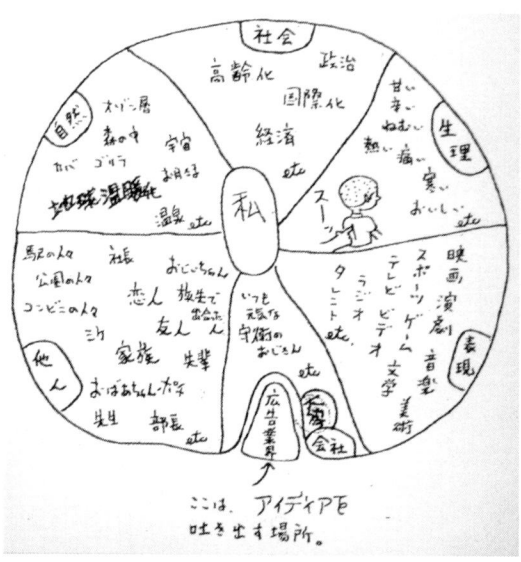

图 2-15 日本广告人铃木健一的脑图

来表现自己对所处的现实之思,并用浑、茫、禁、走、创、寻、左、慰八个字概述了自己的状态:

　　浑:有时候照镜子,突然觉得昨天是模模糊糊的,如果是模模糊糊的便也可以心安理得,只怕是

图 2-16 "我跳跃的思维",牟歌(设计 2000 级)

图 2-17 直觉绘画《我是"我"》,赵雯晶(设计 2000 级)

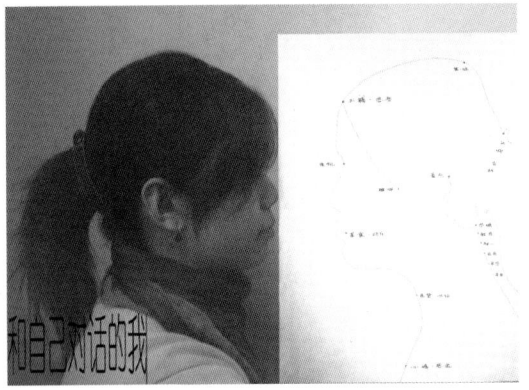

图 2-18-1 "和自己对话的我",马驰(设计 2000 级)

图 2-19 "把脑袋放进搅拌机里",创作:党子硕
(设计 2000 级)

创:一条绳子从两面拉可以产生力,从四面拉便产生了美。

寻:美是曲线,或者是平淡的发现。

左:后来等着为设计定位,在吃午饭时开始偷偷地把叉子换到了右手,在无聊时开始收藏出租车发票,在周末时开始练习在只有一条中轴线的椅子上伸出双手平稳地坐着。

慰:如果迷惑是气味,冲破它大概是一种趣味吧。

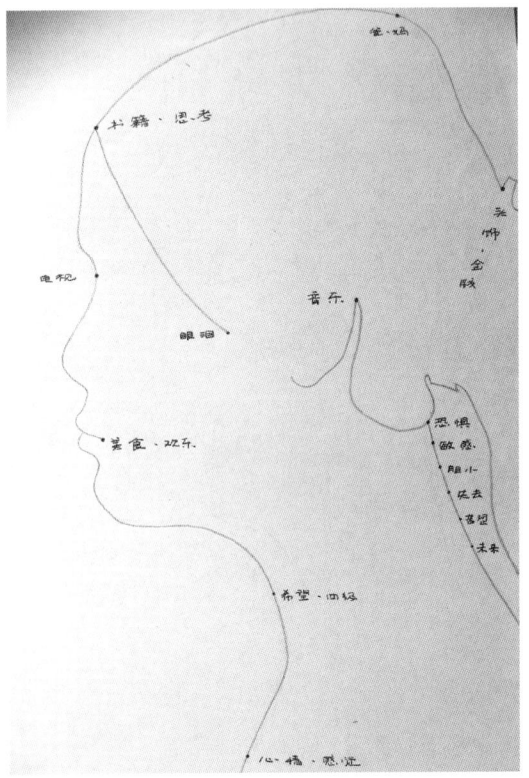

图 2-18-2 脑图 "感官与兴趣的对应",创作:马驰
(设计 2000 级)

清晰得没有声音。

茫:于是从一个点左顾右看。

禁:电脑的屏幕总是让我闭嘴,我的笔尖便用线条开始哀骂。

走:匆匆地,匆匆地走过,匆匆地认识了,在不经意间凝固或是升华。

根据维克多·帕帕纳克(Victor Papanek)在他的《为真实世界的设计》(*Design for the Real World*)一书中的定义,设计是"为赋予有意义的次序所作的有意识和有动机的努力(design is the conscious and intuitive effort to impose meaning order)",我们可以从"有意识"和"直觉"两个角度去认识和解读设计如何"构建有意义的次序(impose meaning order)","有意识的努力(the conscious effort)"是指为解决问题实现设计功能的尝试;"直觉的努力(the intuitive effort)"是指设计创意的灵感驱动。

因此,直觉绘画的训练,与捕捉灵感进行设计创意有关,而"有意识"则是围绕目标所展开的一种针对性的思考。在比较下边两图后不难发现,《一天的轮廓》是以时间为线索记录和归纳了一天的生活轨迹,而《课程表再设计》则是理性而严谨地用颜色和地图标明了课程时间和课堂位置,视觉

图 2-20　思维脑图，创作：阎岩（设计 2000 级）

传达清晰而且实用（图 2-21）。

有意识的思维和前文所说的"下意识思维"区别很大，它是一种缓慢而又费力的过程，在作出判断或决定之前，需要反复斟酌，认真考虑各种可能性，比较各种不同的选择。如哲学家萨特所说：每一次主动的大幅度的选择是创造人生精彩的唯一道路。有意识和下意识这两种思维模式在人类生活中都是必不可少的，正是由于它们，人类才会有创造性的发现和知识上的飞跃。设计之所以需要投入一种有意识的努力，是因它的本质决定，即设计要解决问题。与此同时，设计还需要所谓"直觉的"努力，说明创意发想过程中感性思维所触动的灵感。

电脑普及后鼠标取代了笔，一切都在键盘上录入完成，造成如今很多人都不再用笔书写，时不时发生提笔忘字的现象，针对用笔书写这一行为，以及书写对于汉字的意义的反思，笔者要求学生体验一段文字的书写过程，并将自己的感受设计为主题海报。有的设计者用三代知识分子对书写及文字的感情来做设计（图 2-22）；有的比较电脑字库里的字形与书法体的"风骨"；有的则反映出电脑时代对文字传播的影响，文字书写对于人类文化传承

图 2-21　绘画《一天的轮廓》，董镝飞（广告学 2003 级）

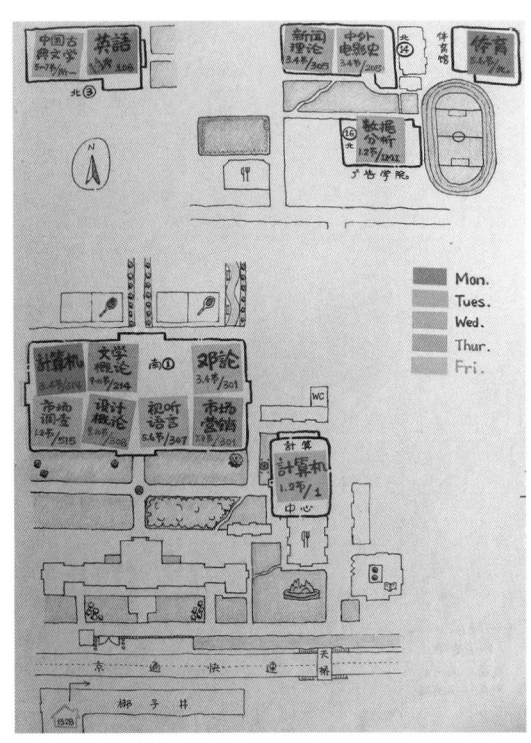

图 2-22　课程表再设计，创作：陈珏、刘彦（广告学 2002 级）

的意义（图 2-23、24、25）。

思维所需要的东西绝不仅仅是形成概念和运用概念，它还涉及对某些关系的"接通"和对某些难于捉摸的结构的揭示。"意象"的创造则可以使人懂得这个世界。也许，设计是一种理性的游戏，它可能是形式的游戏、知识的游戏，也可能是程序的游戏、命题的游戏。游戏的因子作用于意识的游移，催生灵感，刺激发想，表现为丰富的感性思维。然而设计中的自由思维是相对的，没有绝对的自由。

设计的理性根基在于它本质上是一种在特定条件制约下进行的创作，客户要求、市场调查、媒介分析、消费者洞察等因素决定了策划的方向，左右了创意表现的空间，所以说"广告是戴着脚镣的舞蹈，其实手也不能闲着，要左右招架竞争对手的拳脚，还要出手还击，与之竞争，在这百忙之中，还不能忘记面对观众保持一张可爱的笑脸。"广告之父奥格威（David Ogilvy）说过"除非你对广告所抱持的兴趣甚于其他，否则别轻易踏入这一行。"

第二章 直觉 表现 传达　45

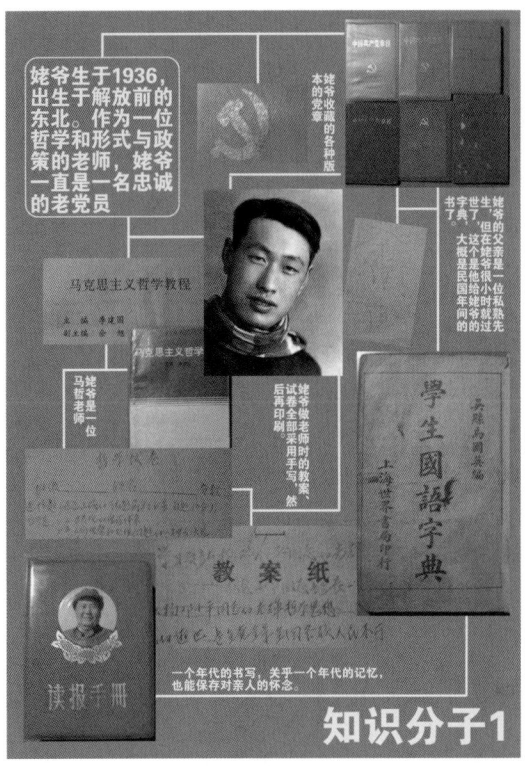

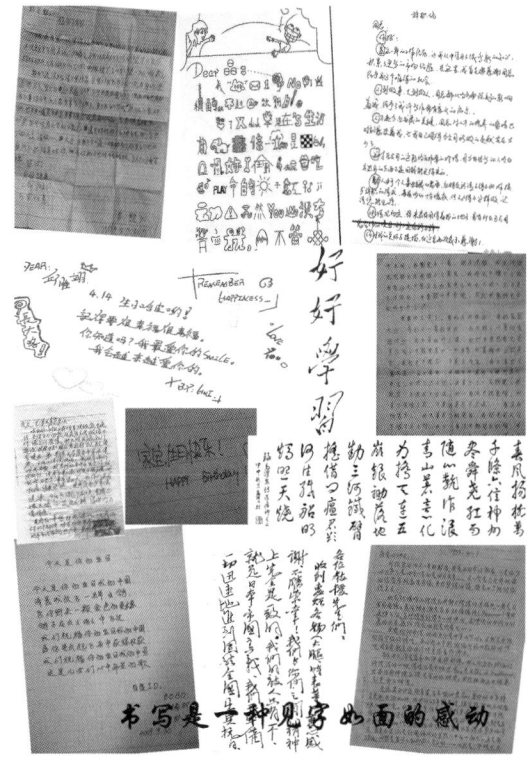

图 2-23 《三代知识分子的书写》，设计：刘永畅（设计 2008 级）　　图 2-24 "见字如面的感动"，设计：周吉（设计 2008 级）

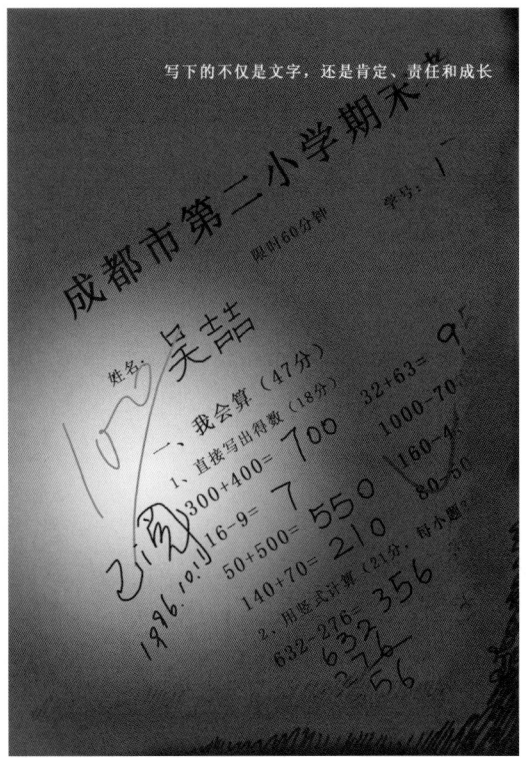

图 2-25　海报"书写的意义"，设计：吴喆（设计 2008 级）

第二节　视觉表现与设计传达

设计应以一种开放性思维探索新的经验，以一种全新的观点看待熟悉的事物，从而创作出独特的形式来传达创意。好的形式，必定由好的意念造就而成，创意令形式生动，形式在展现意义上才变得主动。

一、认知设计：理解与表述

理解设计需要不停地去看。我们生来就是阅读者。抽去"设计"这一内容，"现代"就无从谈起。如果我们拒绝设计，就无法生活。反之，我们懂得设计，生活的乐趣便会发生质的飞跃，因此，追寻设计、阅读设计能让我们更好、更正确地读解自己的生存空间。

以下"十问"是一次现场问答，要求学生把自己对作品的观感用简练的文字表达出来。"十问"所涉及的知识点，有助于学生形成对视觉语言、视觉形象、视觉思维的初步认识。在此列举的四组答案，分别来自四位学生对同一组作品的判断，其表述不仅包含了各自对设计的理解，也融入了每个人的最直接的情感。

1. 民间座椅（图 2-26）。如何理解这些老百姓的设计？

A.（罗光远）：用最易得的材料构建苟身之所，看似想象丰富实则贪懒。

B.（宋暖）：想起小时候在床上用棉被搭建自己的城堡，简陋但是温暖，或者充满生气。

C.（韩伟）：简单、方便、物尽其能，这样的设计源于最平常的生活。

D.（郭韡）：简陋但能满足人的必要需求，有如耶稣出生的那个马厩。

2. 马厩设计（图 2-27）。如何评价墨西哥建筑师路易斯·巴拉更（Lius Barragan）的设计？

A. 与其天天上山放马，为何不试想着将"天地"搬入马厩呢。

B. 海阔凭鱼跃，天高任鸟飞。色彩明亮愉悦，马下辈子继续做马。

C. 抢眼的色彩使本来平凡的马厩焕然一新。但形式大于内容。

D. Barragan 只需一个馒头就能吃饱，然而他买了一个昂贵的汉堡。

3.（图 2-28）如何看待公共空间的设计？

A. 在公共场所提供个性安栖、舒展、交流的地方。环状圈给我的感觉是包庇，而连通的设计则便于交流。

B. 像灾难忽然发生，所有人被困在一条隧道中。即使它是红色。我们相依为命。

C. 能让人们在公共场合尽可能舒适，将个性带入整体。

D. 我感到窒息和刺眼，因为对隧道或类似的东西十分恐惧。

4.（图 2-29）评述菲利普·斯塔克（Philippe Starck）的设计风格。

A. 磐石系于一线的感觉，如坐针毡。灵感要榨才出来。

B. 生活需要淘气、天真的小细节。像孩子一样快乐。

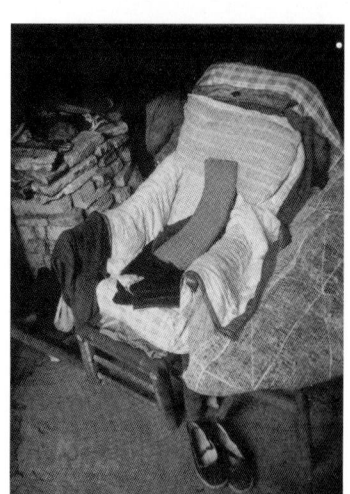

图2-26 《坐在中国》,拍摄: Michael Wolf

C. 不符常规、错位的设计使人有新鲜感,但无法理解。

D. 设计师说:"担心椅子背会滚开去?无知得可爱。"

5.(图2-30)如何看待网络广告之虚拟实景体验?

A. 我握着鼠标的手无论如何不会自我麻醉地以为自己握的是方向盘,正飞驰在通往美好未来的路上。

B. 面包摆在桌上。看上去芳香柔软,但人们还想用手捏捏它才决定是否吃下去。

C. 新科技使人们与展示内容产生了互动,是之前未能达到的。

D. 人总是不容易满足的,谁认识到这点,谁就成功。

6. 耐克(Nike)广告(图2-31)。评价其广告摄影的表现。

A. 时至今日,Nike很少迫切地做产品广告。其一向的风格,追求极致的运动理念。

B. 线条与速度。身体优美,融化在空气中,拉出彩虹一样的轨迹。

C. 强烈的色彩加富有动感的流线,造就了Nike运动品牌的意味。

D. 颇有动感,可惜看不清。

7. 李维斯(Levi's)使用老年人作为广告形象(图2-32),如何评价其视觉说服力?

A. 叛逆、前卫,透过赋予老人活力的牛仔裤,Levi's告诉我们,牛仔就是活力。

图 2-28 公共空间的设计

图 2-29 椅子设计,Philippe Starck

图 2-27 马厩设计,Lius Barragan

B. 我 80 岁时,要穿红色旗袍,吃果仁巧克力,听同样老去的周杰伦。

C. 穿上 Levi's 使年老的人们又有了活力,体现品牌内涵的创意。

D. 你想返老还童吗?买吧。

8. 如何理解从体验中寻找灵感做设计?(图 2-33)

A. 实践检验真理。从目的出发来指导设计,或许能让设计少走弯路。

图 2-30 路虎(Land Rover)汽车网站广告

B. 如果体验过不依赖任何工具飞翔,人人都会倾尽所有去装一对翅膀。

C. 体验使现实中固定的角色在设计中有全新

图 2-31　绚烂的广告摄影创意

的感受，满足人的心理。

D. 让梦想变成现实，让现实幻化为梦乡。

9. Bonaqua 矿泉水广告（图 2-34）中的视觉思维？

A. 所谓爱不释手，表现在视觉上就是一双双陶醉的手。

B. 像被紧紧拥抱着。我喝它，因为我想被紧紧抱着，如此而已。

图 2-32　Levi's 广告的老年人形象

图 2-33　"装饰杂志上有的，这儿都有"（家装设计中心广告）

C. 将容器置换成情人的拥抱，以期引起受众的共鸣。

D. 美酒如佳人，很美国味。错了就当我没说。

10. 奥妙（OMO）广告（图 2-35）中何谓视觉语言？

A. 语言是沟通的承载物，视觉也可以，也有自己的语法。与语言不同的是，视觉语言一般只开一个头，剩下的你自己去想，像个深沉的哥们儿在说话。

B. 把奥妙广告带到原始部落，即使他们没有文字，也会想方设法买袋奥妙洗衣粉。

C. 用画面讲故事，事物不一定相符，但从意境上要一致。

D. 用图像传达信息，不用多说废话。

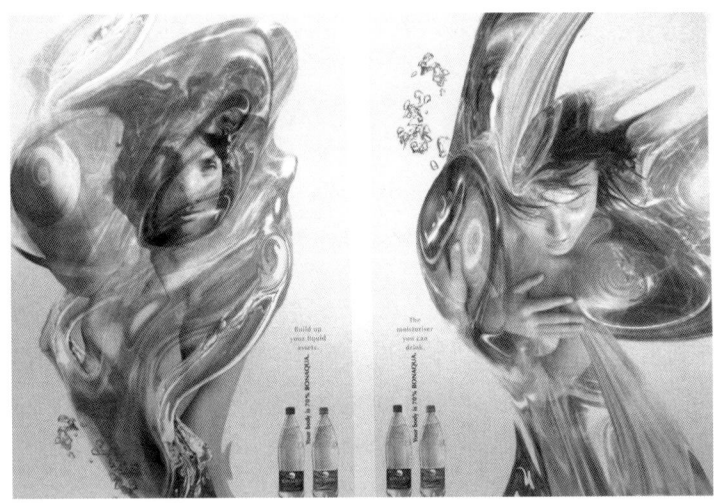 

图 2-34 Bonaqua 矿泉水广告："留神，小心蒸发"

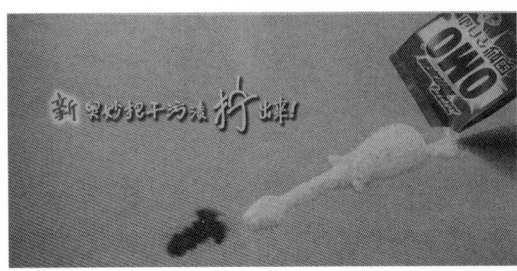

图 2-35 奥妙洗衣粉广告

出年轻人源自生活经验的敏感和率直，在一定程度上也反映了"视觉思维"的种种特质。我们生活在设计中，生活本身就是设计的起源地，我们睁眼即看，无论有无主动意识，也总在进行着视觉思维。对于什么是视觉设计，什么是视觉思维，概念并不重要，从直觉出发，由感性认识到理性认识，根据我们所尝试的创造活动，总结自己的体验，都可以试着给"设计"下定义。

二、主题意识的视觉呈现

"形式最宽泛的意义是指任何特定事物的所有感知特点的结合，形式是多种可视因素的总结构。内容及意念是缘由，它存在于外在形式之中。"[1] 意念融于形式之中，而意念之创造来自想象力丰富的头脑以及自由而有意识地使用、处理感觉经验因素的能力。

设计形式是感觉的结果和内心观念的产物，设计上的灵感，就是如何把所要传达的信息转换为可视化的创意。若把人类寻求美的思想注入形式之中予以具体化，我们就仿佛进入了一个充满情感、智慧和灵性的读图世界（图 2-36）。

视觉语言有自己的修辞和语法，但并不仅限于平面设计，一切涉及视觉传达的设计都需要视觉语言。比如设计的媒介可能是材料，材料也会成为

这"十问"不存在标准答案的预设，每位学生对设计的理解生动而具体，所见所感都真实流露

---

[1]〔美〕杜安·普雷布尔、萨拉·普雷布尔：《艺术形式》，山西人民出版社 1992 年版，第 22 页。

令读者联想到这个峡湾国家的湖光山色,波罗的海的水波涟涟。图案严谨简洁,所用的打褶面料产生了一种独特的纺织审美模式:微微波动的仿若海风吹过,而褶皱相叠中色彩的空间感向内延伸,若隐若现的虚实关系相映成趣。她们像织机诗人,在经纬的纵横交织中表达着自己的艺术理想和信念,用崭新的艺术语言和表达方式实现着对实用与审美关系的新超越。挪威纺织艺术设计趋向朴素极简,许多艺术家通过抽象的艺术语言表现自我,创作出风格细腻而严谨的静谧诗篇般的作品。

简单地说,形式就是我们所看到的视像,内容则是我们对可视形式意蕴的理解。赋予各种意念、情感和经验以具体的形式,是拓宽我们意识范围的一种手段。设计的创意具有一种神奇的特性,它使已知物和未知物融合在有益的和谐之中。

直觉绘画命题:快与慢,15分钟,再将其设计为"快与慢"的主题海报。在直觉绘画的表现中,可以见到以箭头示意快的速度;以短促的线条

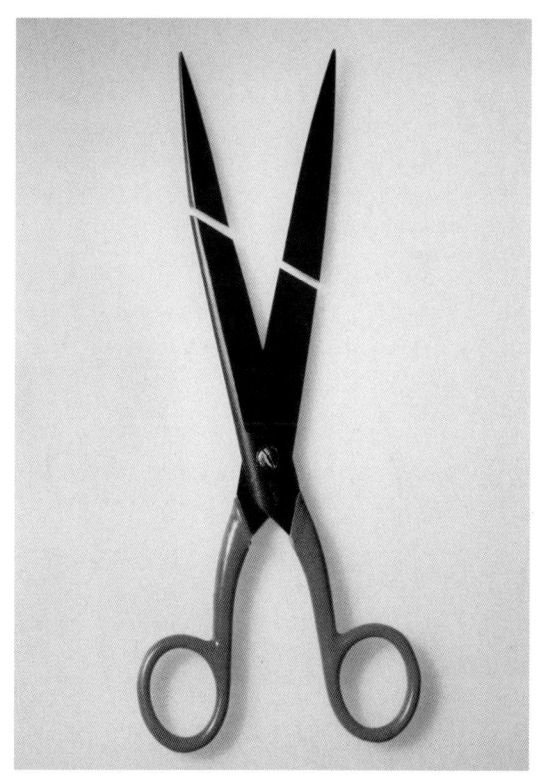

图 2-36　剪纸艺术海报,Günther Kieser

一种视觉语言。材料始终是一位合作者,与设计师共同分担创作过程。设计师独具慧眼,能理解或感觉到材料的特征与特性,并充分加以创造性探索,那么,材料在设计作品中必将引入新颖的、有趣的鲜明特色,从而成为最有表现张力和艺术感染力的设计语言。如挪威的纺织艺术家通过对现有织造工艺的不断探索和考察来寻求艺术的表现手法,他们受东方艺术中折纸、型染以及扎染手工艺的影响,创作出一些在染色和打褶工艺上颇具新意的装饰作品。

伊娃·圣伯尔格(Eva Schjolberg)具有精湛的手工技艺及强烈的艺术敏感,她受到日本文化艺术的熏陶,借鉴挪威民间服饰的设计技巧,创作了软雕塑《书法》(图 2-37)。书法艺术那种高度自由性和不确定性的特点,墨色浓淡、用笔疾涩,笔力轻重等表现都被她凝聚于立体的打褶的软雕塑中,让人静思后顿悟,因心领神会而倍感惊喜。安娜·克瓦姆(Anne Kvam)的挂毯作品《大海》(图 2-38),受挪威民间艺术的影响,充满幻想色彩,

图 2-37　织物"书法",Eva Schjolberg

图 2-38　挂毯"大海",Anne Kvam

勾勒一个绿色的"快"字表达春意盎然的心情；以穿丝袜这个动作来显示慢；以火箭和便秘者的形象构成快与慢的对照；用高锰酸钾制氧气的化学方程式来彰显催化剂的威力；或者用密密麻麻的"慢"字凸显单独一个"快"字的快意；又或如梯子与墙洞，仿佛是对快与慢的诘问；还有的学生用刀片在纸上划出一道一道，这显然是一个快的动作，然后，又把裁处的纸条编结起来，但编织无疑就慢多了（图2-39~46），最终的海报设计又由直觉绘画的启发而来（如图2-47~50）。

对视觉概念的选择和应用实则是一种"解题"活动。"解题"事实上是知觉本身的一种智慧。知觉到某种东西，就意味着在这种东西中发现了较为简化的和易于理解的形式。从而是问题得到一种新的"答案"。[1] 同样是表现"快"之意，美国西联（Western Union）货币汇兑广告，是如何体现"全球最快捷的收款之道"的呢？在货币形象上体现一种（图2-51）"风速"即可，而寿司快递的广告，则以备用"寿司"轮胎在错觉中体现服务之快的内涵（图2-52）。

意念是灵魂，形式是躯体。优秀的设计，不仅透过形式来表现意义，还可以主导和控制观者的欣赏角度，这使作品的意义在得到完整呈现的同时，也防止了表现意图被曲解、误读或忽略的可能性。从设计者的角度看，形式必须依据特定的情境（设计的情感诉求及定位）和表现的媒介进行设计构思；形式绝非简单的图形描述，而是在一个互动的"完形"场效应下，做创造性的"发明"，否则，设计的创造就无法产生独特的形式或有意义的感受。从受众的角度看，形式是面对设计作品时直觉反应与视觉智识的融合，对创意的领悟将直接影响视觉效果。如西班牙旅游广告，形象之中包含情境，印记即为特色（图2-53）。

视觉设计不仅赋予各种观念、情感和经验以

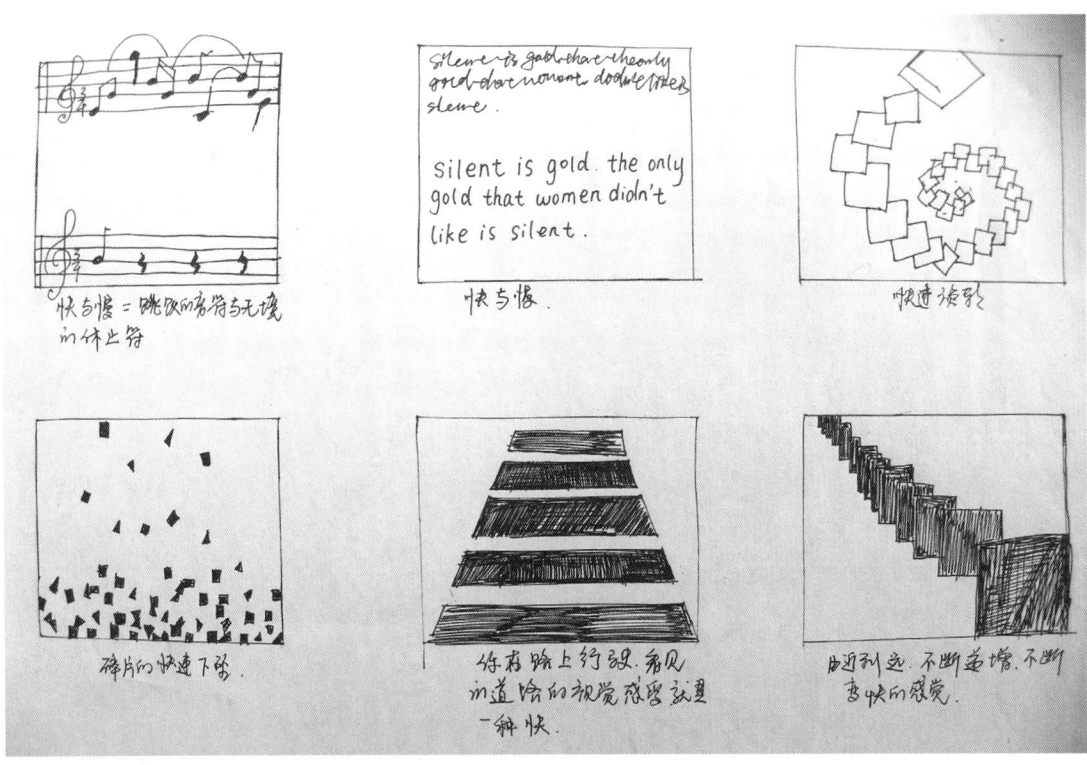

图2-39　直觉绘画《快与慢》，丁怡（设计2002级）

---

[1]〔美〕鲁道夫·阿恩海姆：《视觉思维——审美直觉心理学》，四川人民出版社1998年版，第345页。

图 2-40　快写绿意，严洁睿（广告学 2001）　　图 2-41　慢脱丝袜，刘娅婧（广告学 2001）　　图 2-42　快速发射，王晓瑛（设计 2002）

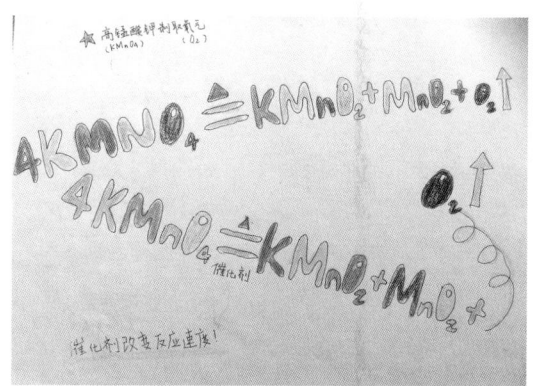 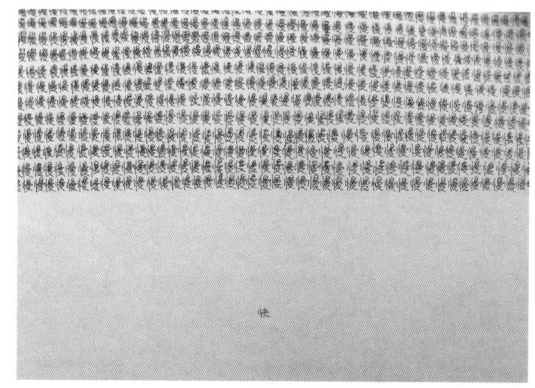

图 2-43　催化之快，章淡宜（广告学 2002）　　图 2-45　快慢之比，张屾（设计 2002）

 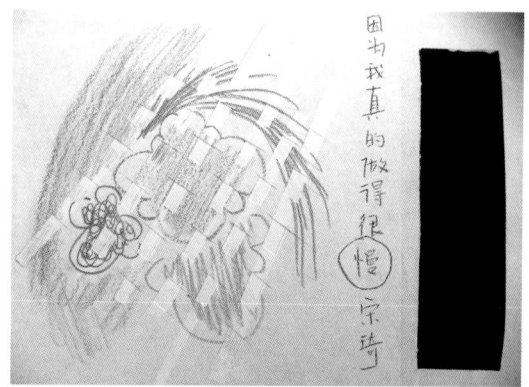

图 2-44　快跑慢爬，周舟（设计 2002）　　图 2-46　划得快，编得慢，宋琦（广告学 2001）

具体的形式，还提供了直接而强烈地感受事物的途径，更有甚者把我们的感受扩展、提升到超越普通的意识，令我们获得一种开放性思维来探索新的视觉体验，并以一种全新的观点看待熟悉的事物和我们自身的存在，与其说这是形式的力量，不如说这是情感对形式的升华所至。

　　视觉设计可以看做是编制表现性符号的创造性过程，而表现性的视觉符号所传达的东西既是模糊的又是丰富的，观众从中获得信息虽大致相同却又因人而异。例如，将你认为的设计所涉及的重要

图 2-47 海报《fast》，丁怡（设计 2002 级）

图 2-49 海报《快与慢》，王扬帆（设计 2002 级）

图 2-48 海报《F@ST》，王晓瑛（设计 2002 级）

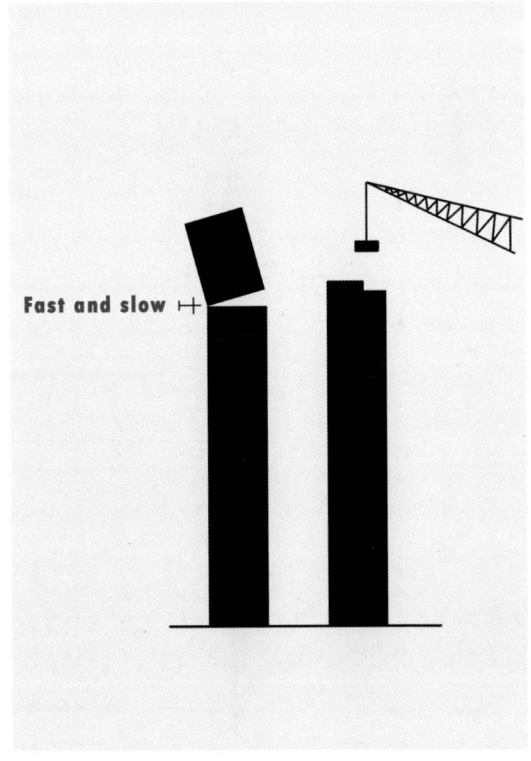

图 2-50 海报《快与慢》，周舟（设计 2002 级）

图 2-51-1　西联银行货币汇兑广告

图 2-51-2　西联银行广告：全球最快捷的收款之道

图 2-52　寿司速递广告

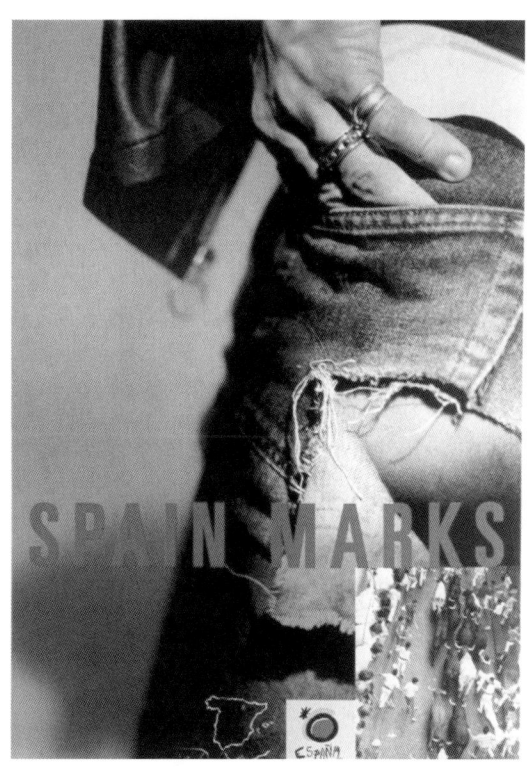

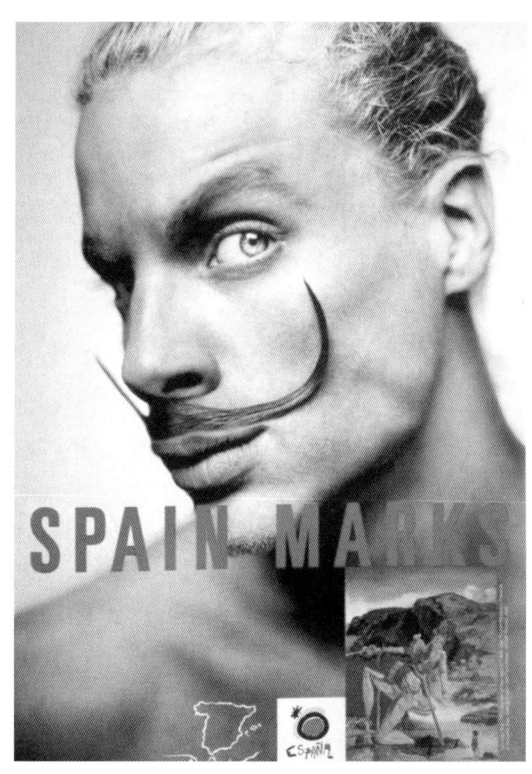

图 5-53　旅游广告"西班牙印迹"

问题图示出来，借助图形符号和文字来进行表述（图2-54）。现代结构主义符号学的理论认为：任何事物的内在变化与规律都能以可视的外观表象来表现、记忆、延伸、联想、理解与交流。所以，作为信息外观表象的视觉元素就被转化为设计中的信息符号，用来建构图形语言；换言之，视觉传达是一个以人为起点，把信息通过视觉媒介传达给人为终点的过程，视觉设计的效果评价首先取决于信息传达的好坏。

视觉设计完全是由存在的意义元素的再使用、重铸、再结合而构成的。在设计中，信息的释放并非设计师一味主观地自我表现或"自说自话"，它必须把客观的目标受众作为诉求目标，以信息的可视性作为传达设计的前提，编制信息符号，创作图形语言，将所要传达的信息转换成易于理解、耐人寻味的创意。人类的传播和接受行为本身并不是简单地发送和接收，而是视知觉在所有层次上参与相互交融和相互影响的无限交换。

图形是人造的，更是为人创造的。视觉设计必须突破一般视觉所习惯的东西，力求以符号化的形式表现深刻丰富的内容，通过高度精练的图形语言和易于理解的构图秩序传达预想的意义，如碧浪洗衣粉的户外广告，直接留白，两端加以衣夹，把它"晾晒"于建筑物的顶端，形式即为信息（图2-55）。在图形语言中创造出视觉呈现与信息沟通的乐趣。那种审美经验准确地说就像欣赏音乐一样，既不在

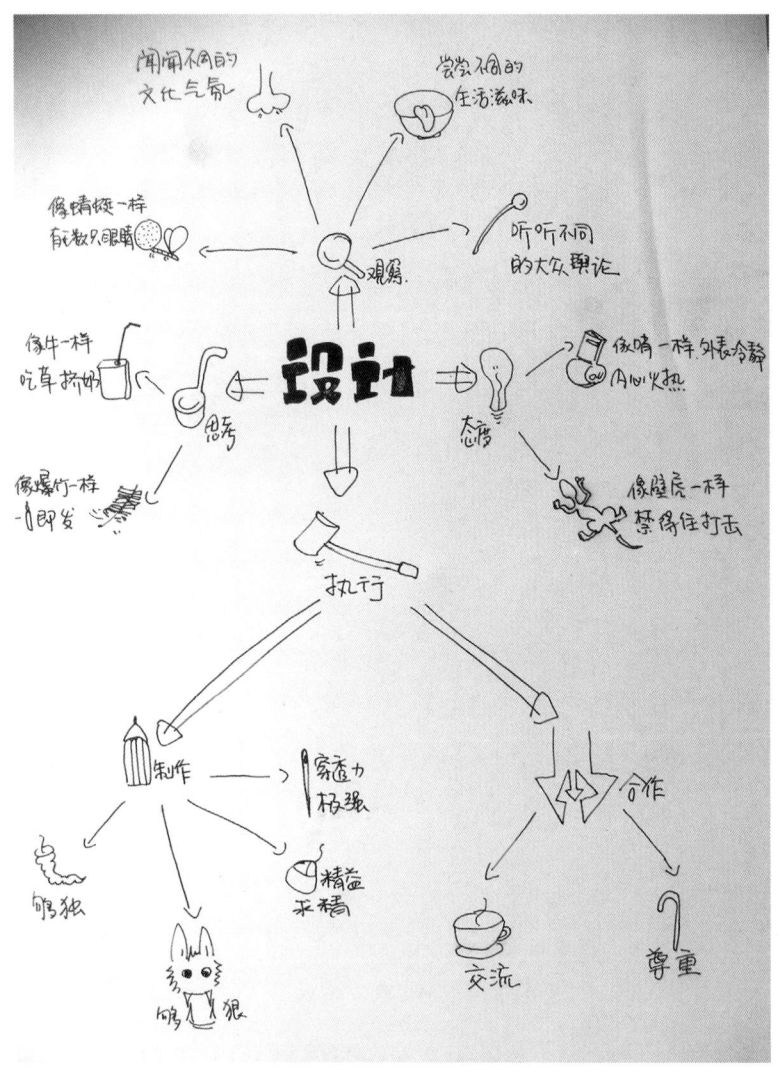

图2-54
图示"设计所涉及的最重要的问题"，张立竹（设计2004级）

图 2-55 碧浪洗衣粉广告牌"晾晒"

听者也不在欣赏对象,而是在这两者之间的交互作用中。

三、功能与美:为传达而设计

在平面设计史上,早在 20 世纪 20 年代,关于功能追求与美学追求的争议之声就已浮现。书籍设计师德威金斯(William Addison Dwiggins)认为:"设计之初,你要忘记艺术,只需运用常识。设计师的唯一职责就是将信息清晰地传递出来——将最重要的信息放在最前面,然后是次要的信息,这样才不会有疏漏。"排版印刷师弗朗西斯·梅内尔(Francis Meynell)则表示"只用 26 个铅兵,我征服全世界!"在梅内尔看来:从有形世界与自然的万事万物到人类心智不可蠡测的情感运动,它们的高度、深度与广度,全都可以被包围、限制、规范在一堆微不足道的字母之中。只需 26 个符号!连小孩子也懂得在这其中构筑语义和表情(图 2-56)。

以艺术和设计要服务于政治的极端之例是俄国构成主义的表现,其设计代表人物李西斯基认为:对现代广告或现代的形式的阐释者来说,个人因素——艺术家的"自我感知",绝对是无足轻重的。以理性和功能为追求的包豪斯,其第二代大师赫伯特·拜耶(Herbert Bayer)也认为设计不是表现自我,而是基于它必须要传递的信息,完成一项服务性的艺术。美国的设计大师保罗·兰德(Paul Rand)则坚持认为:"平面设计最终是与观者交流的,要有说服力,要传递信息,设计师因此要面对两个问题:既要预测观者的反应,又要符合自我的美学追求"。

可见,在设计理念中一直存在着两种基本对立:一种观点认为,设计本质上是一种功能性的活动,最重要的是对委托人负责。对立的观点则认为,设计的审美意义重大,应突出和探索其充满表现性的潜能,即功能与美学的可能性相结合。直到今天,设计师们都在不断与这两种模式角力,设计师究竟是要超越他人给定的目标这一世俗之物,经由充满

图 2-56 意大利儿童画中的涂鸦字体,摄于米兰,2004

独特性的过程，并冒着失败的危险来完成作品？还是只运用"常识"，将创新放在次要的位置，通过可靠、成功地完成每项委托而获得自我的满足？又或者可以尝试一种折中之途，在设计意识上履行设计师的使命在先，美学理想位居其次？

客观说来，设计是效率概念的产物，没有清晰表达的内容，设计就什么都不是。设计师的工作不同于艺术家的创作，设计是有明确目的的，其美学风格的表达受限制于目的，在委托的权限之内，以信息传递为设计要务。因此，设计的第一要务是"表达清晰"，即：信息首先要被看到；其次设计要"创造差异"，即富有独特性，容易识别，让设计具有"抢先"被看到的竞争力；与此同时，设计对"原创性"的坚持，将推动设计语言的不断更新，它驱使设计师不断追寻创作表现的新方法和新形式，构造出新的视觉语言，这种语言注定了要不断地衍化和扩张。

视觉设计在各个领域"为人们提供各种视觉资讯"，具有实用的功利价值和艺术的审美价值。其艺术价值并不表现为单纯的审美意义，而必须以实现信息传达的媒介功能为基础，创造一种为人乐于接受和容易识别的视觉形象，目的是为了"告知"，并想方设法"动之以情"，"引导"人们改变观念。因此，视觉设计的根本是"为传达而设计"。

作为"劝说的艺术"，视觉设计向人们传递信息、创意和生活态度，伴随着人们的心理活动而引起的情感变化，对于视觉认知和视觉信息的理解意义重大。事实上，在信息爆炸的年代，人们对于过量的视觉资讯往往感到疲累，以至于在心理上容易采取视若无睹的态度。我们需要重新思考设计在何种语境中被制作，意义如何被创造，它与前人、与传统的关系如何？优秀的视觉设计常常给人以情绪上的感染，这体现了视觉语言的精神功能，在情感性的构思中，设计师会根据信息的内容和主题进行富有想象力的创作，把技巧、知识、直觉和感情与素材融为一体，转化为鲜明生动、精彩奇妙的视觉语言，即以形式为诱导因素进行形象思维的"情感设计"（图2-57）。

人们的生活空间不同、境遇不同，不同的时代文化背景所产生的思想意识、生活习俗不同，文化艺术的生产方式也不同，也就决定了人们视觉经验的差异，人们对同样一件作品的感受才会各不相同："共有的是符号，而不是含义。含义始终是属于个人的，是个人根据自己的经验得来的，是反应的总和。"[1] 视觉设计一定要考虑到传达对象的视觉经验的差异，要根据不同受众的视觉经验、不同的接受程度来进行设计构思，从而确定信息传达的形式与方式。也就是说，要面向接受者，具有高度自觉的"以接受者为中心"的创作意识。"这是一

图2-57　洗涤剂广告"使之舒适"

---

[1]〔美〕威尔伯·施拉姆、威廉·波特：《传播学概论》，新华出版社1984年版，第71页。

种以接受者为中心的艺术,一种相信接受者而不迷信自己的艺术。"[1] 其中包含着对接受者经验、悟性、良知的确信。

各种视觉经验共同存在于人们的记忆中,它们互相依托,互相补充,设计师在利用这些视觉经验时,要有意识地利用创意去调动目标受众的注意力和感受力,使信息传达更直观、更快速,也更有效。设计师在编制信息符号时,不能忽略情感性因素对于信息传达在理解与认知方面的作用,着力于与之相伴的深层次的文化与情感性因素的挖掘,将符号诉诸于人的感官,进而诉诸于人的内心情感和文化心理。面对创意编制的符号,只有当人们乐于去"破译"、去"解码",信息传达才容易被理解和接受。

为传达而设计就意味着传达、理解、造型这三者在其相互的有机关联中,生成"文化图形"的意义。"文化图形"既是视觉语言的形态特征,又是一种方式方法,它准确鲜明地体现着设计的创作主张和艺术追求。视觉设计借着大众传播的力量作用于人的视觉方式,由于视觉设计的传达活动并不仅仅是一个单向、线性的传播过程,而且是一个涉及社会系统、人类整个文化体系的问题,因此它必然有着特殊的品质和文化意义。

创作训练 A:直觉绘画

A-1 绘画:"反复出现的梦境——骑行在海底的铁轨上",周古月(设计 2000 级)

---

[1] 周绍馨:《中国审美文化》,百花洲文艺出版社 1992 年版,第 236 页。

A-2 直觉绘画：网络印象，周萌（设计2001级）

A-3 网络印象："连线与断线"，齐萌、王维（公关2001级）

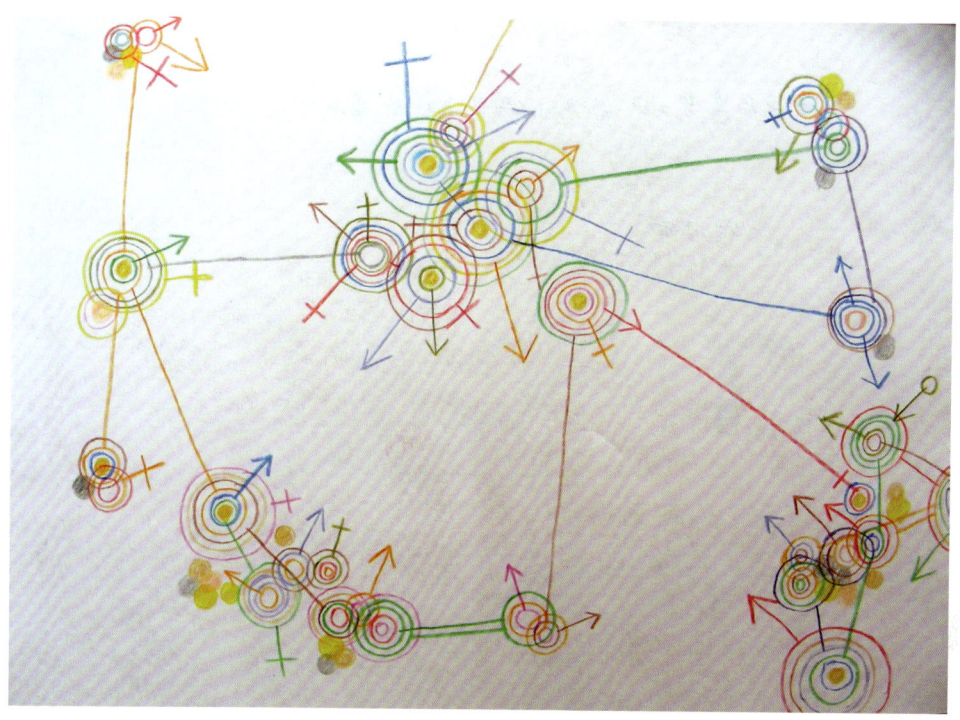

A-4　直觉绘画:"网络中的男女总是不满足自己的圈子",李楠(公关 2001 级)

A-5　地铁印象:"漩涡",陈建(公关 2002 级)

A-6　地铁印象:《北京东西》,插画:蔡曾谙(设计 2006 级)

第三章 眼睛与图像

第一节 视觉方式

要想对人的心灵有所触动，首先必须向眼睛作出清晰的呈现。

一般说来，"看"意指我们以纯机械的方式睁开眼睛，观察面前的一切，"看见"是看的延伸，其结果是感知。观看先于语言。儿童先观看，后辨认，再说话。视觉的东西，永远无法完整无缺地翻译成语言。

一、"可见之物"

观看确立了我们在周围世界的地位；我们用语言解释那个世界，可是我们见到的与我们知道的，二者的关系从未被澄清。

一张白纸上，四道线勾出一个四方形，这便是"可见之物"。约翰·伯格（John Berger）在阐释这个可见的"方框"时说，如果你把现象设想为一个边界，就可以说，画家搜寻的是那些穿越边界的消息——那些来自可见世界后方的消息。不是因为所有画家都是柏拉图主义者，而是因为他们尽心尽力地观看，这样的看超越了一般人的"看"，对观看对象的感知就不一样。"当观看的密度达到一定的程度，人们就会意识到同等强烈的力量，透过他正在仔细察看的现象，向他袭来。"[1]

约翰·伯格的"可见之物"让我们想起上一章谈"直觉"时提到的广告鬼才乔治·路易斯的"空白"试卷。本质上，他们的"所见"一致。究竟"看"与"所见之物"之间有着怎样的联系？

我们以为，"看"太普通了，事实上我们并不像自己想的那样了解观看行为，以至于忽略了"看"所包含的意义。下边，让我们从认知活动最基本的行为——"看"开始分析。

《青椒30号》（图3-1）是美国"纯粹摄影"派的代表人物爱德华·韦斯顿（Edward Weston）拍摄于1930年的作品，他的摄影哲学就是观察事物、在凝视中发现潜藏于其中的生命真实。我们从韦斯顿的照片中看见的图像暧昧、抽象、多义，因为它完全超出了主题意识的范围，

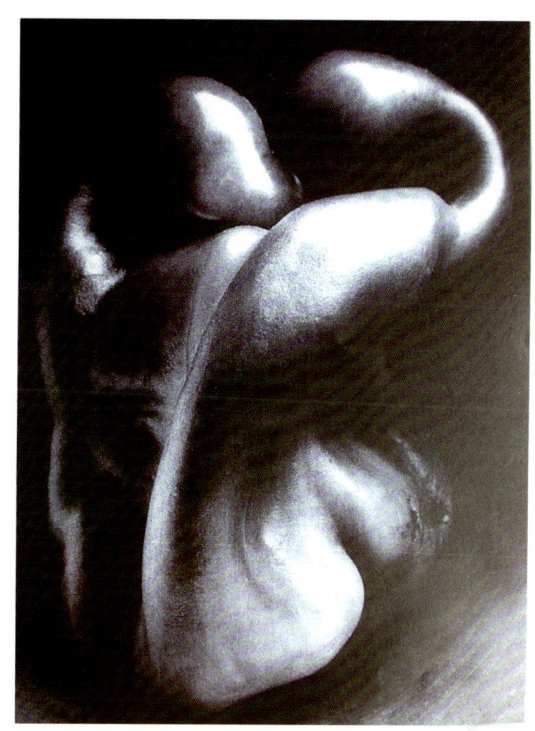

图3-1 摄影《青椒30号》，Edward Weston，1930

---

[1]〔英〕约翰·伯格：《约定》，广西师范大学出版社2009年版，第147页。

把我们带到了习惯思维所认识的世界之外。若不知道这是青椒的话，从图片里能看见什么？可能会猜测它是拥抱的人体、背部、耳朵、树干、皮夹克、石头，等等，是不是青椒并不重要，这不存在辨认的对错与否的问题，重要的是，我们在"观看"的同时进行了判断，这是不可否认的事实。

对于青椒这样极普通的事物，换一个新的角度观察，就会变得十分奇异，摄影师以此表达对生活的理解。而我们无论从"青椒"中看见了什么，其实都是我们调动起自己的生命经验去进行解读和判断的结果，这是一种视觉认知的提炼。因此可以获知：人眼具有这样一种判断能力，它与观看同时发生，而且是观看活动本身不可分割的一个部分；视知觉是一种天赋直觉，它不仅仅是眼睛简单的观看活动，而且是人的整体心智所感知、理解事物的手段。

和暧昧的摄影"青椒"不同，勒内·马格利特（Rene Magritte）的绘画《意象的不忠》（The Treael of Images）（图3-2）虽画有烟斗却在下边写了一句"这不是一只烟斗"，从而与现实发生矛盾，成为超现实的一种指向：对事物的想象不能与事物的实体或真实混淆，所有的事物并不是它外表呈现的那样。马格利特的画作常把表象的观看引向一种对定义的探问和思考，借此向规则化的社会发起挑战，也向人们已经接受的看和想的方式发起攻击。

假如摆在眼前的是有着明确物形的红苹果，我们的观看会有何不同呢？这"可见之物"会让我们想到什么呢？联想的结果出人意料：水珠、法拉利、iMac、毛毛虫、啤酒肚、食欲、笑脸、上甘岭战役、花样年华、电脑、牛仔服、牛顿、白雪公主、回家、宁静的燃烧、中苏关系破裂、新概念作文大赛……明明只是红苹果，怎么会想到这么多？这说明人们对客观对象的认知会因事物、环境、心理或境况不同所见各异。再换一个角度，如果面对的是苹果公司的标志，对其进行图形想象（"苹果，怎么啦？"课堂练习/15分钟），结果又如何呢？（图3-3）视觉思维涉及诸多方面，如质感联想、色彩联想、水果属性联想、字

图3-2 《意象的不忠》，Rene Magritte，1928~1929

面意义联想、内在的情感比喻、个人经历、学识修养等。

可见，每个人都有自己的感知方式，这在很大程度上取决于我们的视觉经验和文化心理，对视觉形象的解读与观看者的思想准备、智力以及生理、情感状态密切相关。人们的联想朝各个方向延伸，说明了视觉对象物、对人的知觉和理解力的刺激作用是全方位的。因此，对设计者而言，分析受众的视觉心理有助于使设计形象贴近目标受众。

再来看一个鲍勃·威尔楚伦（Bob Verchueren）的装置作品《土豆皮》（图3-4），展示大厅里呈现一片漂亮的装饰地面，走近细看，猛然发现地上的图案竟然由土豆皮构成，上面还粘着泥土，让观众的心理坠入到"看上去很美又似乎不那么美"的矛盾冲突中，审美活动出现了一个"间歇"，难道这脏脏的土豆皮是艺术？它美吗？这其实是视觉思维的一个正常转折。作品《土豆皮》的创作目的不是表达事物的美或丑，而是揭示出美与丑在人的视觉和生理感受中一瞬间的转变。有时候，美是十分脆弱的。

我们被对象物所"捕捉"，并从中进一步认识了自己，当我们意识到审美的"间歇"是如何作用于我们的心理时，我们就明确了一个显而易见的事实：当观察的距离、角度、注意力将会引起视觉效果和审美意义的变化时，这样的结果反差究竟怎么去看待。这是方式方法的问题，亦是观念问题，它涉及到创作和观看的要害。比如纽约

第三章 眼睛与图像

创作：付丹枫（设计 2010 级）

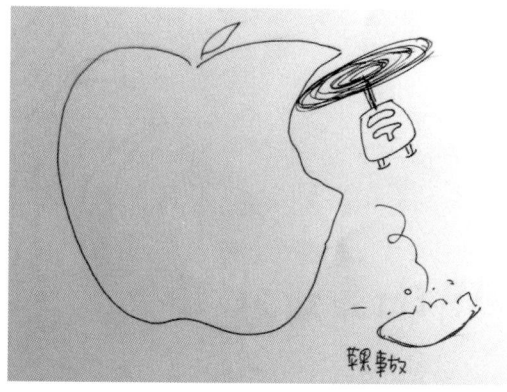

创作：张芃（设计 2010 级）

创作：王媛（设计 2010 级）

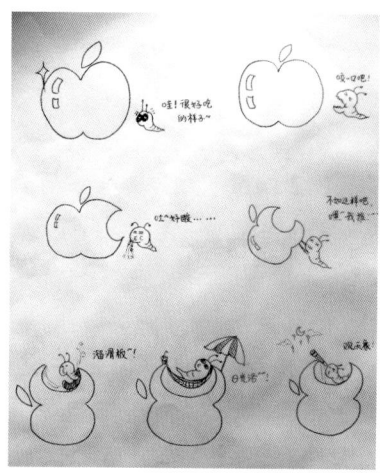

创作：朱欣意（设计 2010 级）

创作：杨帅（设计 2010 级）

图 3-3　以苹果标志为原型，进行图形想象"苹果，怎么啦？"

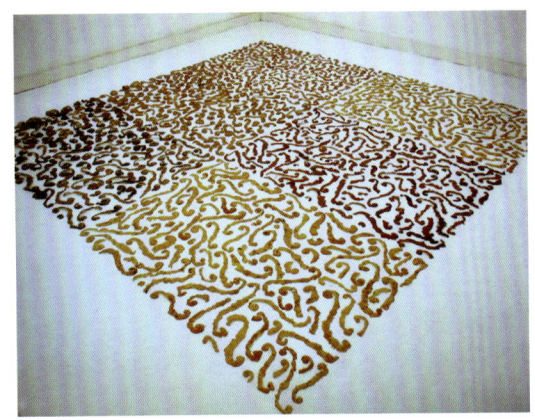

图 3-4　装置《土豆皮》，Bob Verchueren，1995

2×4 设计工作室为芝加哥 IIT（Illinois Institute of Technology）会议中心进行视觉环境的规划设计，为了表达建筑大师密斯·凡·德洛（Mies Van der Rohe）对学校的贡献，2×4 将密斯的头像设计在中心入口的滑动门上，所有人是从密斯的嘴里进入的，而密斯的头像其实是由学生们在校的各种各样的行为、活动的图符组成的（图 3-5）。

对于从事视觉创作的人而言，"看"是何等重要！如何看到和感受到比一般人更多或更不同的东西，这是设计师进行创作的出发点。在插图设计"艺术家的视野"中，我们看见了超现实的景象：梯子凭空而立，影子与之分离，一个人站在梯子上用望远镜观望远方……这样的景象恐怕只能在想象中完成。如果画面表现了艺术家的视野，那它更隐喻了这种高而远的视野的获得有赖于想象、有赖于对世界的关注，也只有具备了高远的视野，才可能创作出与众不同的作品（图 3-6）。

因此，从分析观察行为的基本特征入手，我们揭示了与视觉活动相伴发生的思维活动的特点及规律，我们对视觉行为的本质理解，将有助于我们对设计形象化过程的把握。

二、观看之思

所谓"视知觉"，是指人的正常视觉在感知客观对象物时在心智上的正常反应功能。"观看"与"判断"同时发生，人的整体心智都参与到感知和

图 3-5-1　IIT 密斯墙纸（纽约 2×4 工作室设计）

图 3-5-2　局部图形

理解事物的视觉思维活动中。然而，我们却忽略了这样的事实：在许多时候人们通常只是在看，却什么也没看见。

鲜活的存在。何以见得？人们在成长过程中学会并习惯把感觉到的一切都转化为概念，把经验到的独特因素加以概括、归类并命名，这一过程逐步建立起了所谓的"认知系统"。认知系统为我们的感知提供了包括基本价值观在内的一个框架，使我们受制其中。

我们局限于概念，不用直接地感受更新我们的意识，只凭概念公式去观察、辨别事物，导致我们看不到事物本身。比如我们看到了"树木"、"春天"，却不是这棵树、这个独特的春天，我们看不见它们之所以特别的独到细节，致使认知活动仅停留在判断的表层，无法深入至审美的层次。所以说，观看有待于深入，感知有待于升华。只有打破认知局限，才可能进入独特的审美体验。于是，我们不仅看见了"春天"，还看见"春天的树叶是透明的"，看见"阳光在树叶上跳舞，熠闪一树光芒"……这就已超出一般的感知范围，而是在欣赏感受本身，在进行审美体验了。

如我们熟知的这首诗：

图 3-6-1　插画《艺术家的视野》，Chris Hyde

断　章

你站在桥上看风景
看风景人在楼上看你
明月装饰了你的窗子
你装饰了别人的梦[1]

这首诗或许会让我们对"看"和"装饰"产生一丝亲切的新意。不知不觉中我们成为别人视野里的一道风景，在看与被看，欣赏与被欣赏之中，感知彼此的存在，也正是在这样的观照中实现审美理想。窗格里的明月是"观看"的想象，装饰的关键意义就在于怎么发现。不然，你又怎能升华了梦境，成为别人所追求的美好意义之所在呢？在传达与感知、交流与共鸣的活动中，观看方式无疑很重要。

图 3-6-2　关于蓝色的想象"泳池"

反观自己就能证实这一点：我们的观看处于"屏蔽"的状态。我们看见的是被自己分类并加以概括命名出来的物类或现象，而不是具体、真切、

16 世纪意大利画家阿奇姆波多（Giuseppe Arcimboldo）的绘画喜欢用水果和蔬菜组成他画中的人像，同时，也习惯用壶、盘甚至工作器具制

---
[1] 卞之琳：《鱼目集》，浙江文艺出版社 1997 年版，第 10 页。

造出怪异的形象，如画作《夏日》(Summer)（图3-7），近看恍若菜贩子的梦境，离远一点看，却浮现出一个人的侧像。画中内容全部是夏天的水果蔬菜——梨、桃、葡萄、樱桃、李子、荔枝、黄瓜、朝鲜蓟、西葫芦等。这种视觉双关的创作手法令观者大感兴趣，不少画家模仿他，并被超现实主义画家引为同道。

如果说普通大众的视觉行为具有普遍性、惯常性的特点，那么，设计师则应保持必要的视觉敏锐，这种特性表现在他如何看待生活中的事物并力求挖掘其异质点、平凡中的不凡。在日常的观察中的创造性发现，暗含着想象的力量，创意牵动人心。具有创造力的人总能够在表面的无形之中看到有形，从混乱之中创造出秩序。因为"视觉不是纯粹度量和辨别的工具，而是通过形象表达概念，从所见事物的外观中发现意义"，"视觉形象永远不是对于感情材料的机械复制，而是对现实的一种创造性把握，它把握到的形象是含有丰富的想象性、创造性、敏锐性的美的形象。"[1]

"青年导演奖"的海报设计，与希区柯克和昆汀·塔伦蒂诺（Quentin Tarantino）神似的孩童形象如灵光一现，令观者喜出望外（图3-8）。海报创作中经常使用这类视觉双关的理念进行策划摄影，制作广告图像，引发观看的趣味。通过想象，设计者把个人的感受和视觉传达功能完美地结合在一起，作品既表达了主题内容，又展示了自己的感性思考，令诗意的作品常显露出开阔的气质，独具视觉想象的意境。

观看活动是外部客观事物本身的性质与观看主体的本性之间的相互作用，对于不同的人，观看的结果是被看对象和观看者双方之间交流的结果。观察本身的创造性源于人的视知觉不仅是简单的观看活动，它还伴随了人的心智参与其中的思维活动，大脑察觉不到的东西眼睛是看不到的。"观察

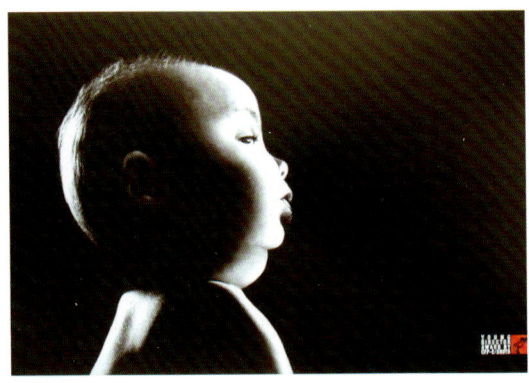

图3-8-1 青年导演奖海报——希区柯克篇

图3-7 绘画《夏日》，Giuseppe Arcimboldo，1573

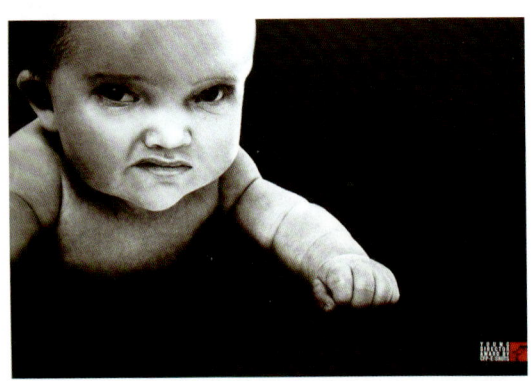

图3-8-2 青年导演奖海报——昆汀篇

---

[1]〔美〕鲁道夫·阿恩海姆：《艺术与视知觉》，中国社会科学出版社1984年版，第5页。

本身是一种创造性的工作，是颇费气力的"，观察本身的创造性体现在对视觉对象的创造性把握上，尤其是涉及想象的那部分，更是创意的源泉。比如喜力（Heineken）啤酒超细瓶装新上市广告（图3-9），因为瓶身细，几个彪形大汉举瓶仰首畅饮之际，都不禁翘起了小手指，这个很自然的本能举动一经提炼，其细微之处就成了绝妙的创意。我们看了会觉得幽默，它的精彩来自对生活的用心、对平凡的体察。

因此，视知觉是一个从生理到心理的过程，外界的刺激（形、光、色）对人的视觉器官进行刺激，在知觉产生的同时，会产生某种积极的、消极的或中性的情感体验。假如是积极的，也就是对知觉的对象产生某种喜悦、爱好等情感，对它的形式条件构成的整个形象觉得悦目，产生审美知觉，并再进一步提高已被引起的情感体验为"美的情感"体验，即产生美感。当一个人的视觉经验得以扩展，具有了审美知觉时，他从环境中的视觉形式中得到的美感也就越多，他才能理解视觉语言的内涵并得到美感享受。

怎么看？怎么发现？如何才能看到比一般人更多或不同的东西？这无疑需要视觉主体的积极观看和灵动的想象。这是一个万物有灵的世界，需要的正是善于发现的眼睛，因此，学会观察是设计者必先具备的能力。著名战地摄影师罗伯特·卡帕（Robert Capa）曾经说"如果你没有拍到好照片，请不要去埋怨，那是因为你离战场还不够近"，我想如果设计者没有好的创意，那恐怕是因为他距离生活还不够近。

第二节　观察及想象力训练

触摸事物，就是把自己置于与它的关系中。我们从不单单注视一件东西，我们总是在审度物我之间的关系。我们的视线总在忙碌，总在移动，总是将事物置于围绕它的事物链中，构造出呈现于我们面前者，亦即我们之所见。

一、不破不立

历史上没有任何一种形态的社会，曾经出现过这么密集的视觉信息，在当今的城市文化景观中，我们时常会遇到大量千篇一律的程式化形象，而大众传媒的积累作用常因视知觉不堪重荷而减弱，当我们的感觉超载时，感知过程就会受到阻塞。于是乎，我们接受视觉信息的整个系统，便如接受气候中的某个因素，我们习惯了在一种漠然的状态下对周遭的信息和形象视而不见。

事实上，观看并非一种对刺激所作的机械反应。注视是一种选择行为，注视的结果，将我们看见的事物纳入我们意识能及的范围内。如《人行道上的裂缝》（*Sidewalk Cracks*）（图3-10-1），显然是长期风吹日晒的结果，人们来往其上而不屑一顾，即使稍微注视一下，也是淡漠无感的，根本谈不上什么美的发现。视觉艺术家布洛迪（Sheldon Brody）却注意到路面上裂痕所造成的图形是那么生动，于是摄下。类似这种"机遇效果"（chance effect），灵感完全来自视觉方式的敏锐，慧眼独具识天然。

每一个事物都具有自身的形式，或者是通过我们的感知而赋予一种形式，"人行道上的裂缝"不具任何象征意义，也没有说明的意味，更不含浪漫的气息；在视觉上，它最大的特征在于质地的构造及微妙、细致的调子变化和那充满舒展、流畅的线条组合。虽然，这种偶得并非设计，却具有不凡

图3-9　喜力啤酒超细瓶装广告：给生活添一点风格

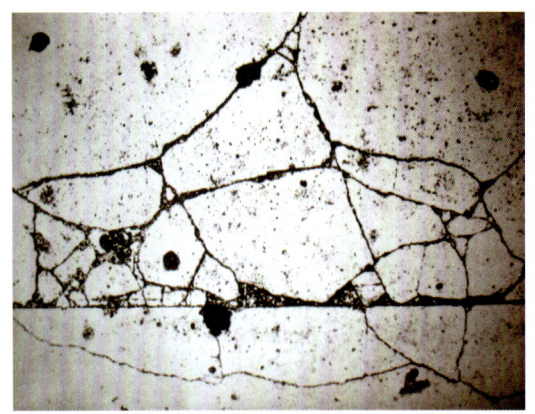

图 3-10-1 《人行道上的裂缝》，摄影：Sheldon Brody，1967

的发现意义，不能否认这种视觉方式拥有一种创造性，美由此而生。

对于一个视觉观察力和感受力薄弱的人来说，天空中的朵朵白云，再怎样还是朵朵白云，对于朵朵白云的形状与形状之间的视觉张力，白蓝交融的视觉效应以及阳光穿过云层光芒四射之际的视觉象征意义，可就不是一般人所能"发现"和体会得到的，如下面的摄影作品《阿尔卑斯山的云》（图3-10-2）。关于云彩的问题，19世纪初的欧洲曾有这样一群不具名且缄默的人——他们分散在欧洲各处，抬眼仰望天空，用心且崇敬地观察着云彩，他们热爱云彩，带着一种心无旁骛的虔诚——这是法国小说家斯泰凡·奥德吉（Stephane Andegwy）的描述。[1] 因此，有良好"视觉感知"的人面对外来的视觉信息，能够把被动接受转为主动"处理"，即主动探寻视觉形式的意义。

创意正意味着观察活动中视觉思维的进一步升华。创意过程需要来自想象力丰富的头脑所涌现的各种想法，还需要自由而有意识地使用、处理感觉经验因素的能力——观察一个事物的同时看到另一事物，在表面的无形之中看到有形，从混乱之中创造出秩序，这是视觉语言的诞生过程，即将所要表达的意图或观念转换成某种人们用眼睛能看懂的视觉样式（图3-11）。

设计创意的方法，可以通过对于"素材"与背景环境的关系以及"素材"和"素材"之间关系的处理，赋予这些"素材"乃至整个画面以新的含义，从而达到传递信息、诉求理念的目的。训练有素的设计师倾向于用最简单明了的表现手段去创造最易被人们的视觉习惯所接受的形象样式，使广告中的图形创意为人们轻松会意。

本田（Honda）摩托车系列广告（图3-12），"你的浴室在告诉你：该去拜访瀑布了"；"你的卧室在告诉你：该去一游高山了"；"你的地毯在告诉你，该去踏足空无一人的沙滩了"；"你的床在告诉你：该去河流中游泳了"。居家和户外活动并不冲突，这个系列的广告却给了人们充足的想象和理由去享受生活和自然。这是多么朴素的创意，没有语不惊人誓不休的野心。素材都选自日常生活最为稀松平常之物，甚至是我们不屑的素材，可是当它们确确实实以其本来的样子再度出现在我们眼前时，当我们睁大了眼睛不得不为想象力致敬时，我们是否会因自己曾经的忽视而懊悔不已呢？

我们由此获得启示：好的设计不会被动地等待发现，而须主动引人参与并创造，为观者的视觉方式创造契机，疏通信息传达的渠道。一般，观众根本不"想"，只"看"，至于观众看后会感到什么，是设计者无力规定、无从左右的。只有当设计者的视觉思维转化为恰当的、有趣而且好看的图形语言，并以这种图形语言感染观众、规范观众的视觉认知时，创意才算是以主动出击的方式操纵了观众

图 3-10-2 《阿尔卑斯山的云》，摄影：Frank Qiu，2011

---

[1] 参见〔法〕斯泰凡·奥德吉：《云的理论》，南京大学出版社2011年版。

  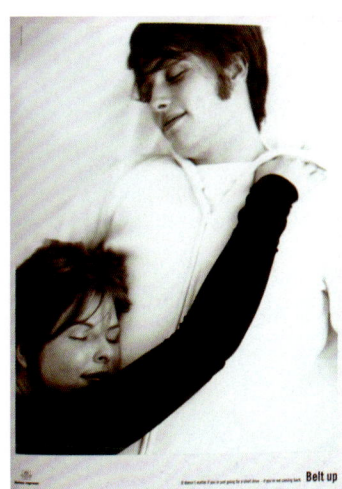

图 3-11　挪威交通部系列广告"扣好安全带"

的心理导向，这才算是进入了造型艺术的佳境（图 3-13）。

另一种观看则带有反思的意味，它直接影响了创作观念和表达方式。如 ONE PAGE MAGAZINE，顾名思义，是"只有一页的杂志"，你也可以把它看做是一页封面，但它呈现了杂志

"你的浴室在告诉你：该去拜访瀑布了"

"你的地毯在告诉你：该去踏足空无一人的沙滩了"

"你的卧室在告诉你：该去一游高山了"

"你的床在告诉你：该去河流中游泳了"

图 3-12　本田摩托车系列广告

图 3-13 宿醉解药的广告

的一种"真相",除了这一页之外什么都没有,可能其他的都不重要。制作 ONE PAGE MAGAZINE 的约瑟夫·赫斯特(Joseph Hernst)是位广告人,他比谁都清楚广告与杂志的关系。所以,他把 2007 年期间出版的七本杂志做了以下处理:去掉内容,剩下广告页;再把广告内容里产品的商标按照其出现的位置叠印在一个版面上,重新出版(图 3-14)。

这一观念形态的产物,却揭露了杂志的秘密:第一,ONE PAGE MAGAZINE 体现了广告的量,我们在翻阅杂志的时候不能意识到我们到底吸收了多少广告信息,通过这一页 ONE PAGE,我们知道了杂志的广告印象。第二,它体现了广告对杂志的重要性。内容可以去掉,广告绝对不行。杂志犹如一本压扁的电视机,内容服务或服从于广告。第三,在消费主义主导的时代,信息载体的内容都不重要,重要的是上下左右暗藏的广告商标,信息只能存在于当下,之前之后都无价值。第四,这本 ONE PAGE MAGAZINE 面目模糊,售价 6 欧元,这片因广告叠加出来的模糊寓意着我们每天都在阅

图 3-14 ONE PAGE MAGAZINE,Joseph Hernst

读的本质。约瑟夫·赫斯特的观看之思，不破不立地制造了一种新的图像形式去影响我们的观看之思。

可见，无论对设计者还是观众而言，眼睛对于图像意义的主动探寻都很重要。正如柏拉图所说：人的眼睛透过内在一把燃烧的火，将喷出去的火花投射到视觉对象身上，眼前的玫瑰才产生玫瑰般的生命。生命需要主动探寻，视觉也要主动出击。

二、图形联想

儿童总是富于想象，他们天马行空、胡思乱想，提出千奇百怪的问题，但成人似乎只对"小孩子怎么这么好玩呢"发出几声感慨之外，就不再思考为什么我们在成年之后就失去了想象力，变得极为现实和无趣。在《小王子》一书里，小王子明明画的是一条巨蟒吞食了一头大象，但他拿给大人们看，却被认为画的不过是一顶帽子，无论他怎么描述，人们都不理解他的想象，这让小王子感到悲伤。

儿童在其思维能力发展的初期所画出的画，形状和色彩都很简单。随着其思维能力的发展，这些画会越来越复杂。简单的式样反映了"人类童年期的心灵通过纠正视觉投射中的变形、偶然性和相互重叠等现象而对事物的感性结构的确立"[1]。但是，伴随儿童的成长经历，其心灵的感受和认知会日益深刻和复杂，他便有能力把事物的感性外表的各个复杂方面合并起来，取得一个更加丰富的现实意象，体现出更加细致的和区别性更强的思维特征。

然而必须承认，即使是以培养艺术创造力为目标的诸多专业院校，他们开设的视觉思维及原理课程常常是索然无味的，也极其无效。存在的问题之一是表象化的包豪斯式教育，包豪斯设计原理中真实的一面完全被一堆因果颠倒的点、线、面集合图形所掩盖。原本目的在于培养学生对视觉对象的抽象解析能力，如今却被误当成造型方法的训练，把概念要素（点、线、面）当做形象要素，一味地做几何原型的堆砌。这想必是与当初创建包豪斯基础课的初衷相背离的，与包豪斯设计教育中伊顿的色彩分析课、康定斯基的绘画分析和形色理论研究课、克利的理论课、基础课和创作课三者合一的教学方法和思路大相径庭，相去甚远。

前文提到伊顿在基础课教学中对学生直觉和感受力的重视，他表示：每个教师都应当有一个基本目标——增进学生自身纯粹、本真的观察能力、感受能力、思维能力。空泛表面的模仿，就像令人讨厌的肿瘤那样必须摒弃，要鼓励学生重新把握自己原初的创造能力，使他们从那种机械主义教学的桎梏下解放出来。[2]

在视觉思维的创造性训练中，图形联想是最基础的一项。联想是拓展思维和视角的延伸导向，图形联想就是根据给定的一个原型的构造、形状与另一形象的类同、近似而引发的想象延伸和连接。联想，可将诸多各异的事物、概念，甚至毫无关联的要素相互联结起来，使之碰撞出创意的火花，联想思维使我们在对信息表述方式进行思考时获得启发，使视觉传达的图形语言更富意味。

图形想象训练：条形码想象（图3-15），标志图形联想（图3-16）。

每个人都有自己的方式感知外部世界。一般情况下人们的观看处于被动的"收视"，凭借与生俱来的视觉功能，进行生活中的各种认知判断并做出适当的反应。事实上，这近似于一种"视障"，而视觉设计，首先要打破这种视障，疏通信息的传达与交流的渠道。

在信息传达与接受的过程中，视觉担负着把握表层和深层意义的重任，没有视觉方式的主动参与，作品的传播就会受到限制，设计的整体意义将荡然无存。因此，视觉设计的形式应该巧用创意"牵制"，并引导人们对作品的信息加以解读，相较于其他设计门类，致力于视觉沟通的设计集中体现了一种对即时的视觉效应的追求，以图形图像刺激观看者的直觉介入，感受设计的意义与旨趣。如"请勿驾车通话"的广告中，空白对话框的位置恰好覆盖在过街路人身上，表明驾驶时通电话是漠视行人的安全（图3-17）。

---

[1]〔美〕鲁道夫·阿恩海姆：《视觉思维——审美直觉心理学》，四川人民出版社1998年版，第274页。
[2] 参见〔瑞士〕约翰尼斯·伊顿：《设计与形态》，上海人民美术出版社1992年版，第45页。

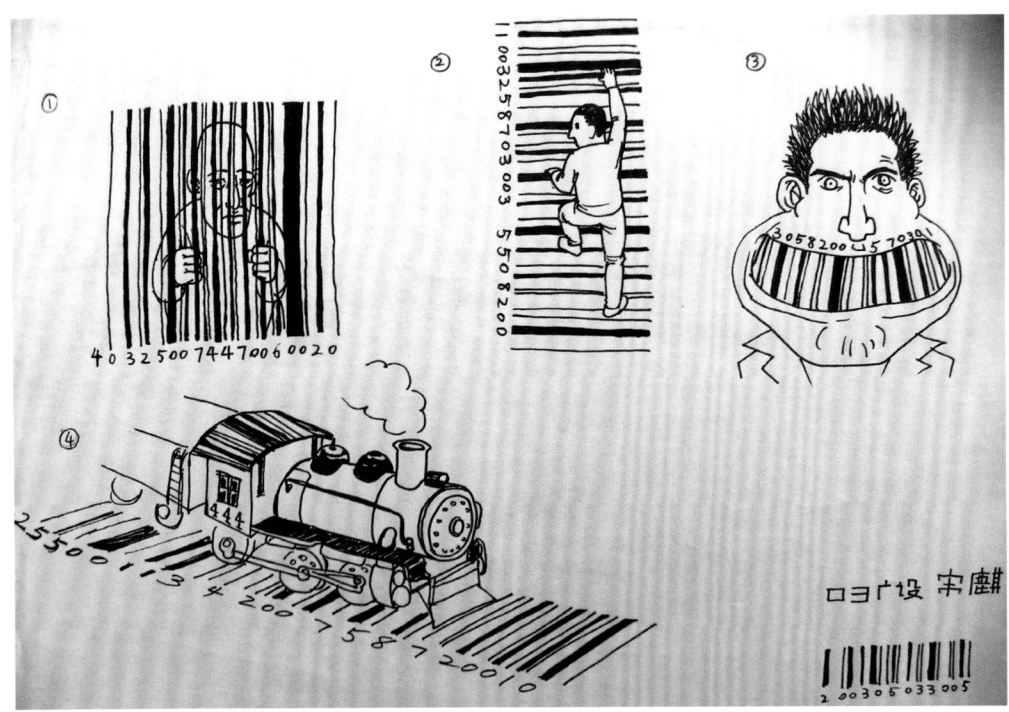

图 3-15-1　条形码想象，宋麒（设计 2003 级）

图 3-15-2　条形码想象，高畅（广告学 2003 级）　　图 3-15-3 条形码想象，刘慧璇（广告学 2003 级）

第三章 眼睛与图像

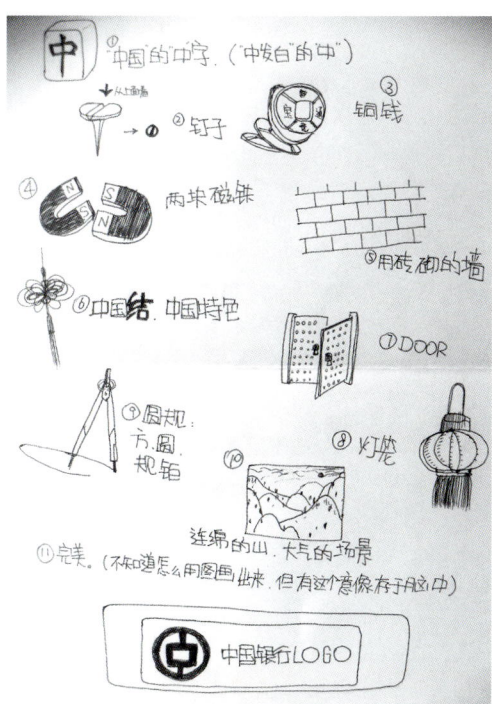

图 3-16-1 中银标志想象，张屾（设计 2002 级）

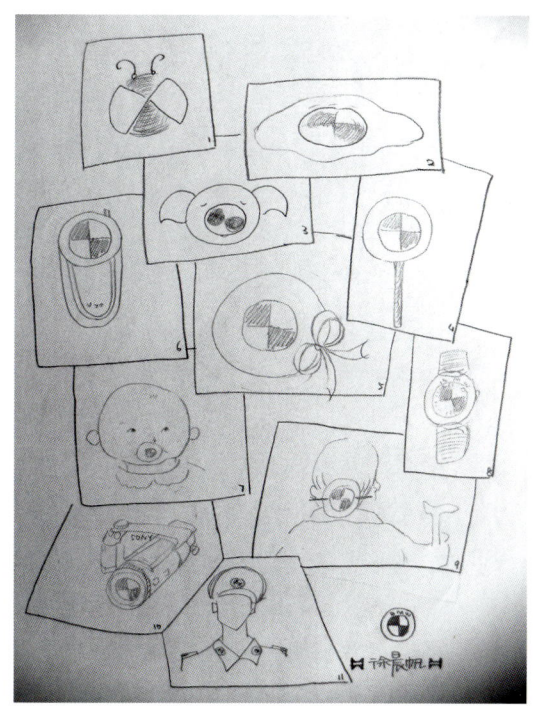

图 3-16-4 BMW 标志想象，徐晨帆（设计 2001 级）

图 3-16-2 Adidas 标志想象，吕凡（设计 2001 级）

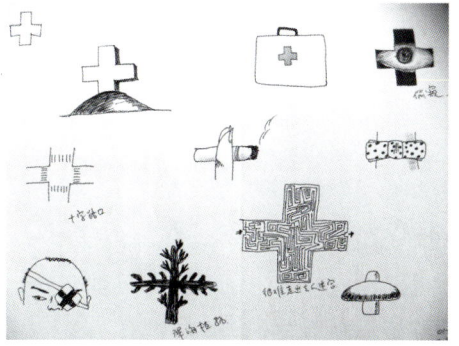

图 3-16-3 十字标志想象，王鹤石（设计 2001 级）

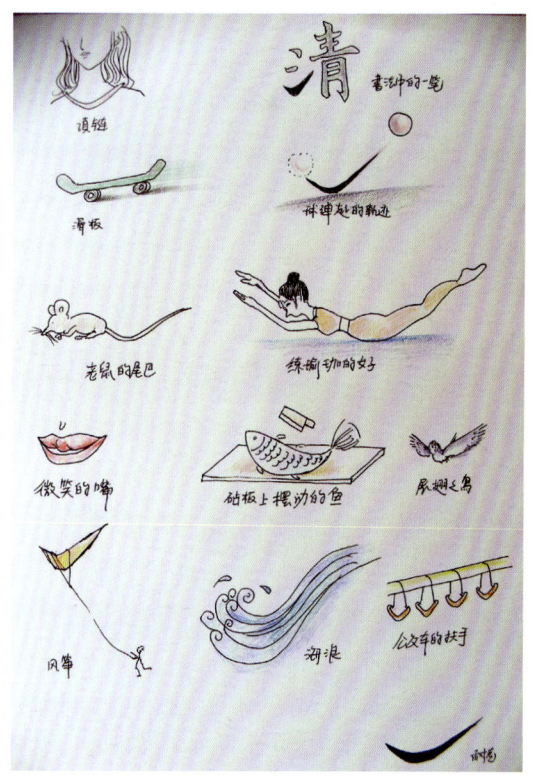

图 3-16-5 Nike 标志想象，李想（设计 2002 级）

图 3-17 交通安全广告"请勿驾车通话"

按苏珊·桑塔格的定义,艺术是"修正意识而组成新的感觉模式"[1],无处不在的视觉设计究竟是在增强人的感受力还是在徒增人的审美疲劳,无疑取决于创意的智慧。视觉设计旨在创造一个完美的形式,一个主动出击的形式,不只是给予观者视觉乃至心理上的冲击,而且它更应能主导观者的视觉反应,朝预期的方向发展,实现传达的目的。有效的视觉形式,享有控制与引导观看者视觉方式的主动。

我们惊讶地发觉,通过发展潜在的对形式的感觉能力,我们也增强了自身欣赏和创造那种与周围事物建立一种新关系的能力。不少优秀的设计作品让我们大获启示,例如日本设计大师福田繁雄的作品,巧妙利用视错觉(illustricks)产生奇特的心理效应,令作品妙趣横生,不但牢牢抓住了观者的视线,还令其产生微妙、神奇的幽默之感。在他设计的这幅公益海报中(图 3-18),日常之物在"多"了或"少"了的变化中揭示了滥用资源造成匮乏及污染造成有害物质增多等环境问题,它触动了我们的视觉方式,丰富了我们的视觉体验。在"少"与"多"的关系探究中,我们熟知密斯·凡·德洛提出的设计理念"Less is More",而芬兰设计大师卡里·碧波对此用平面语言做了更简洁的诠释(图 3-19)。

由于人类视觉活动与思维活动的内在联系,

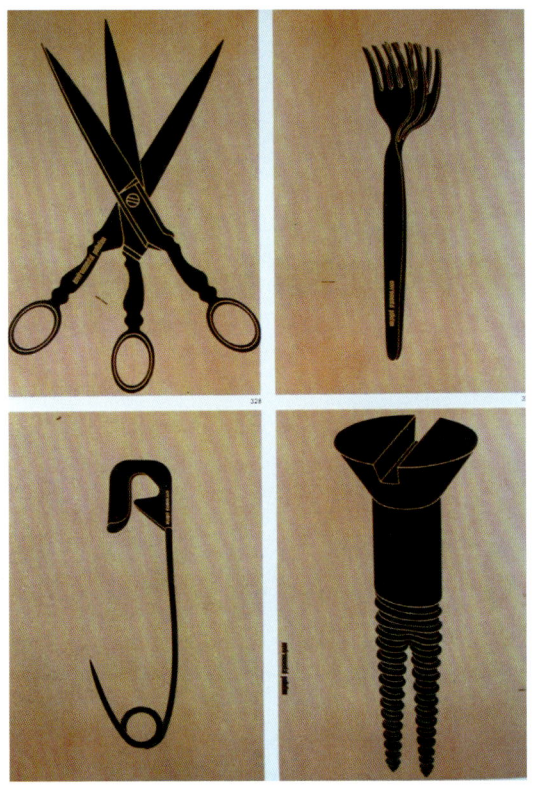

图 3-18 环保公益海报,福田繁雄

```
MMM        OOOOOO      RRRRRRR      EEEEE
MMM        OOOOOO      RRRRRRR      EEEEE
MMM        OOO         RRR          EEE
MMM        OOOOOO      RRRRRRR      EEEEE
MMM        OOOOOO      RRRRRRR      EEEEE
MMM        OOO              RRR     E
MMMMMM     OOOOOO      RRRRRRR      EEEEE
MMMMMM     OOOOOO      RRRRRRR      EEEEE
```

图 3-19 图形设计: LESS IS MORE,Kari Piippo

我们可以把人的视觉活动看做是人类精神所进行的一种创造性活动,人能通过自身特有的思维创造出有效地解释经验图式的能力。眼力是理解和领悟的能力,想象力能开辟和引导视觉意识的联想和参与,利用人类的理性智慧和直觉智慧,充分发挥受众的主体条件参与信息的释读与接受,视觉传达的目的才能最终实现。

---

[1]〔美〕苏珊·桑塔格:《反对阐释》,上海译文出版社 2004 年版,第 343 页。

第三节　视觉语境与沟通之维

设计的智慧，为的就是"唤醒"眼睛和心灵。释放信息的视觉形式无疑是智性和感性的凝结，而设计者为此苦心孤诣地营造视觉语言，其语义的丰富性自然不言而喻。

一、视觉语言："艺术的母语"

人类有一种语言的天赋，确切地说，是构造语言的天赋，即建构"不同的符号与不同的概念相符合的系统"的能力，或者可以进一步把它看成是"更为普遍的驾驭符号的天赋"[1]。20世纪整个西方的学术领域都曾经历过一种"语言学的转折"（Linguistic Turn），语言学的观念在众多的人文学科中都产生了独特的渗透作用，从现代的艺术哲学到艺术的创作都不同程度地拥有了所谓语言的意识。整个艺术史既是一部关于视觉方式的历史，是关于人类观看世界所采用的各种方法的历史，也是视觉语言的发展历史。

所谓"视觉语言"是指在造型艺术领域，可以传达信息、情感和理念的形象及色彩所构成的视觉样式。除了视觉语言之外，引用"语言"这个词于各种形式的艺术创作，还有诸多例子，如：文学语言、电影语言、舞蹈语言（肢体语言），甚至绘画语言、音乐语言等等。这些艺术创作形式之所以急欲建构自己的一套"语言"，无非是肯定了"语言"在表现、传达与沟通中的绝对角色。

事实上，视觉语言无论在结构和功能方面都与一般的言辞性语言有相当程度的共同性，用以传达讯息，近乎"异曲同工"。人类之初，语言的产生是缘于传达与交流思想情感的需要，"在其复杂的发展中，语言保留了这三种特征，即情感表达、信息指示及二者的融合"[2]。正因为语言之中内含着思想与情感，指示才得以准确，叙述才可以完整，联想才能具体浮现。更为重要的是，不断完善的语言体系具备了复杂的文法、固定的语法和普遍认同的语汇，透过一种组织结构上的联结安排，语言不只可以传达多种信息，更可以进行双向或多向的沟通。

视觉语言可以说是艺术的母语，"语言的本质是它既利用了那些最容易为了意识活动而被抽象化的经验要素，也利用了那些最容易在经验中被复制的经验要素。在人类的长期使用中，这些要素就与包含了人类各种丰富经验的涵义结合在一起。"[3]然而，不同于其他门类的设计，如产品设计、服装设计、建筑设计、景观设计等都是在具体的使用、穿戴、居住等行为过程中体会其实用价值与审美价值的统一，感受其设计的意义与旨趣；视觉设计更为集中地体现了一种对即时的视觉效应的追求。

现代设计理论首先着眼于视觉，在设计史的每一阶段中都贯穿了设计主体对推进视觉语言发展的殚精竭虑。19世纪和20世纪许多艺术和设计运动都是以探索新形式为基本目标的，一种新的形式往往就是由反传统的艺术通过反对过去时代的艺术而创生的。例如：抽象艺术对视觉语言的发展产生的深刻影响，康定斯基1910年画成的第一幅抽象水彩画是他长期从平面的角度进行思考的结果，这在相当程度上帮助人们从一个新的视点去考虑平面，对他的评价也应首先视其对视觉语言的革命性态度来判定，他把抽象变成了一种新的力量，一种精确而普通的语言，把情感从所指的个人化的、不明确的东西中凸现出来（图3-20）。相比之下，另一位抽象大师蒙德里安（Piet Mondrian）则更讲究"结构性"，在构图中他赋予视觉语言更多的建筑特性（图3-21）。康定斯基用线动感强，色彩强烈，表现出一种沸腾的激情，西方称为"热抽象"；而蒙德里安则相反，用最单纯的形与色、垂直线、水平线、与原色和黑、白色，作出理智的、冷静的面的划分，被称为"冷抽象"。抽象的"冷"、"热"之感，正是视觉语言的内在张力所致。他们

---

[1]〔英〕特伦斯·霍克斯：《结构主义和符号学》，上海译文出版社1997年版，第12页。
[2]〔美〕阿尔弗莱德·怀特海：《思想方式》，华夏出版社1999年版，第36页。
[3]〔美〕阿尔弗莱德·怀特海：《思想方式》，华夏出版社1999年版，第33页。

图 3-20　油画《莫斯科》，Wassily Kandinsky, 1916

图 3-21　油画《红蓝构成》，Piet Mondrian, 1927

的抽象表现都代表了一种对传统视觉语言的颠覆，深深影响了以后的艺术和设计形式，并为视觉语言的实践和理论研究做了必要的积累。

由此可见，每一次现代设计运动中伴随"语言革命"而来的"视觉革命"都清楚地表明：在对形式本身的刻意锤炼之外，把惯例化或程式化的视觉语言从传统的"定格"里解放出来，都必然会对人们的认知经验造成前所未有的冲击，从而促使人们对视觉语言的认识进一步深化。现代乃至后现代时期在设计形式方面的试验与革命，以及为寻找体现时代特征的形式语言而进行的探索都说明了这点。因此，从每一个最基本的视觉单位开始，彻底而系统地研究其品质、特性及表现的可能，就可以从个别的视觉形象到整个视觉媒介来进行一番重新的思考、观察和体验，进而洞见视觉设计真正的美感和艺术价值所在。

视觉语言所引发的高度智性行为对视觉沟通的价值和影响力具有高层次的意义，形象生动地表达准确的视觉设计，设计主题和设计观念被赋予了的合理化的形式，在被视觉感知的同时也被纳入到互动的、最终导致形式意义的生成。如丰田汽车广告中的视觉语言，（图3-22）就是对其出色的越野、载重性能的生动演绎。

视觉设计除了体现智性思维的形式结果外，还透过视觉语言中内含的思想和情感，来界定一个设计所要传达的意念，促成设计作品与观者之间的良性对话，实现有效沟通，犹如"在生命感应之流的多向维度上截取的一个精粹的断面，是智性和感性的凝结"，[1] 信息和情感的传达得以跨越地域、种族、语言、文化等差异，人们凭借对视觉符号的某种共识，可以理解设计所包含的信息，进而对创意思维和视觉表述心领神会。

二、设计中的"通感"

在日常生活中，人们接触到的各类设计，其视觉感受往往含有其他的感官因素。在设计中实现信息沟通并非单独依靠视觉语言，有时为了追求设计的整体感或强化视觉效果，"通感"也往往被积极地运用在创意表达中，甚而可能比视觉更为突

---

[1] 吴予敏：《美学与现代性》，西北大学出版社1998年版，第221页。

图 3-22　丰田汽车广告

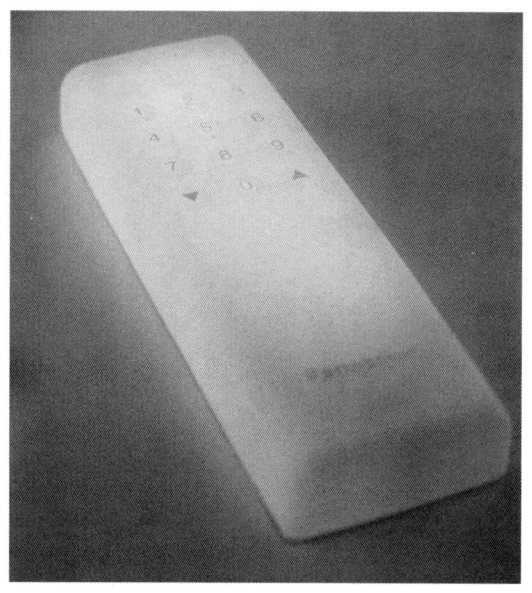

图 3-23　松下遥控器的概念设计

出,比如书籍设计中的"五感",产品设计中的"手感",交互设计中的"触感"等。以往对设计的分析多半是从形式到形式去探讨美的构成,从设计的表面形式去解释和归纳设计的原理和规律,脱离了人的"通感"这一关键的生理现象。

何谓"五感"?任何一种材料都有分量,手触物品即可感受到质感,产品中的"手感"是设计中非常重要的考虑因素,它涉及到材质、形状的影响。日本松下公司设计过一款概念式的凝胶遥控器(图 3-23),关上它,就像达利(Salvador Dali)的超现实主义绘画作品《永恒的记忆》(The Persistence of Memory)中那只软塌塌挂在树枝上的钟。但开关一开,它便活了起来,开始一起一伏地呼吸,当人取用它时,传感器即刻能感到手的激进,遥控器整体便开始发亮,继而变硬,为使用而准确地调节到完美的硬度。这款设计的焦点不在其吸引人的外观,按钮的分布或标志的位置,而是

它触摸感应的方式,设计可能性的广度扩展到了人们意想不到的领域。

材质的语言表现力潜在而强烈,可将物的个性衬托出来。材料表面纹理的粗糙或细腻、硬挺或柔软,都会唤起使用者触觉上的新鲜感,进而让人体会到材质赋予物品的性格,有形的或无形的,材料天然散发着某种气息,静心可闻。材料或有声音,因材质不同而各有差异,有的薄脆,有的沉闷,或轻微,或厚重。比如纸张,可塑性极强,是一种无声的语言,同时作用于人的视觉和触觉,纸的品种、颜色、肌理均能直接影响设计的形态和风格。俗话说,纸包不住火,但纸一旦包住火,就有了灯笼,这是设计。荷兰设计师托德·布切尔(Tord Boontje)运用三维立体的重叠剪纸,以计算机随机"裁剪"的花草图案设计出极具装饰美的"仲夏夜之灯",不同颜色的剪纸层层叠叠、花团锦簇,洒落点点光影(图 3-24)。同样以纸为造型的灵感若换一种材料,则会产生视觉和触觉上的"冲突",构成产品设计的新意,如图所示的信纸盘,采用透明的亚克力材料,外观上却有纸边柔软的错觉(图 3-25)。

人类的感官不是接收器,而是积极主动的器官,正是这样的开放性,形状、颜色、材料和质地

图 3-24 仲夏夜之灯，设计：Tord Boontje

都可以成为丰富的设计语言。如何让人们感受到某物，或因为感受到物进而对设计创意有更深入的认知，这种对人类感官的创造性"唤醒"，可称作"感觉的设计"，比如新一代平板电脑的"触屏"，体现了一触即"变"的丰富效果。

在日常经验里，视觉、听觉、触觉、嗅觉、味觉往往可以彼此打通或交融，这种感觉的挪移使得眼、耳、鼻、舌、身各个官能的领域可以不分界限。"音乐的声调摇曳和光芒在水面荡漾完全相同，那不仅是打比方，而是大自然在不同事物上所留下的相同印迹"[1]，这是对"通感"（synaesthesia）的巧妙解释。在人的实质性的感觉中，其实更具备由瞬间的断片感受，而投射、放大到整体时空规模的丰富想象力（图 3-26）。从另一个角度看，触觉、听觉、嗅觉、味觉与视觉联系在一起考虑设计，也为观者和用户提供了一种思考我们如何以自己的感觉进行认知的态度。

"五感"也是书籍设计师经常提及的字眼，虽然越来越多的青年读者会习惯电子阅读方式，但纸质书籍依然有其特别的书卷气，不同的纸张对于书籍设计很是关键，它能产生不同的视觉感受。纸张的魅力在于它运用于各种体裁的书籍材料，可突出书的个性，使人们在阅读过程中慢慢体会到纸张的品味和性格。如日本设计大师原研哉为长野冬奥

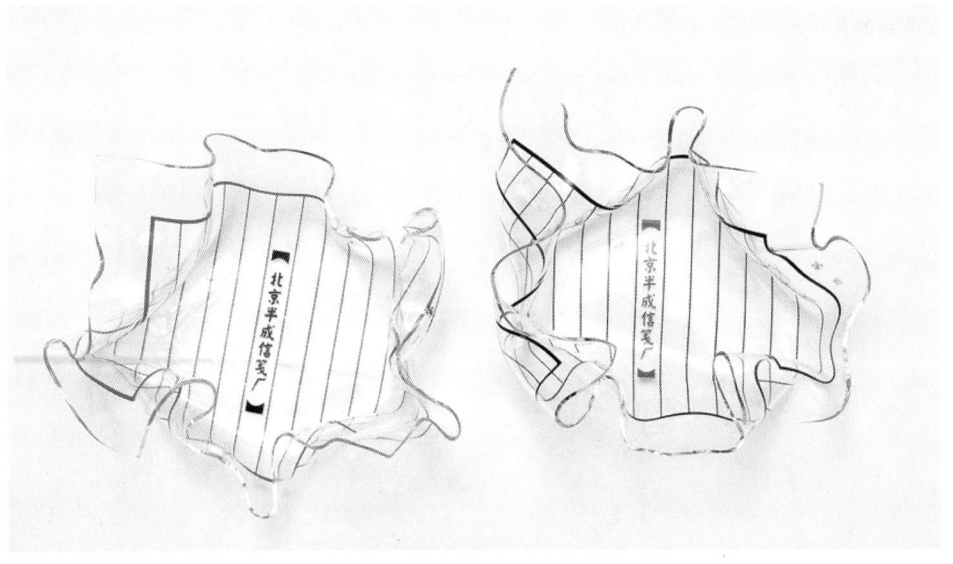

图 3-25 信纸盘子，设计：张立竹（设计研究生 2008 级）

---

[1] 转引自钱钟书：《钱钟书论学文选·第六卷》，花城出版社 1994 年版，第 93 页。

图 3-26 以书法图示"通感",创作:刘必昊(公关 2006 级)

会做的视觉设计,突显冰雪软纸在压印后的凹陷字迹,瞬时就能唤醒人们对踏雪的记忆(图 3-27)。书籍的"形态"涉及到"造形"和"神态"两个方面,形态之美是外形美和内在美的珠联璧合所产生的形神兼备的艺术魅力。可见,书的整体形态一方面是物态形式,即书的外在构造,另一方面是内在形式,即内容传达的表现力,"形神兼顾"才能有效地完成传播文化的功能而成为一种"知性"的象征。通过设计的巧妙构思与设置,书的主题在阅读时空中随着设计的趣味编排而变化,设计给静止的图像和文字注入生命力的表现和充满情感的变化,自然而然书就有了活力和生气。

"如果说 20 世纪的商品设计是以视觉要素为中心,那么 21 世纪的设计所必须重视的将是触觉、重量感、温度感及嗅觉等感官的作用。"[1] 即使是大型的建筑,也不乏唤醒感觉的设计,借助于空间、结构、材料、色彩、装饰等建筑语言,不仅创造了独特的外观以强化视觉效果,同时也把建筑体验扩展到其他知觉审美上。如巴塞罗那的圣家族教堂,历时一个世纪至今仍在建造中,设计师安东尼·高蒂(Antoni Gaudi)的想象力令后世的人们叹服不已,那些色彩斑斓、造型奇特的柱头、玻璃花窗,让教堂内的光影犹如置身丛林,宗教信仰和自然崇拜融为一体(图 3-28)。而毕尔巴鄂古根海姆博物馆(Guggenheim Museum)则呈现出另一番现代感十足的奇异,难以用语言描摹的曲面层叠的外观,钛金属覆面的光泽,都给人极致的视觉体验

图 3-27-1 长野冬奥会开闭幕式手册封面的冰雪印迹

图 3-27-2 冰雪之纸

---

[1]〔日〕黑川雅之等:《世纪设计提案——设计的未来考古学》,上海人民美术出版社 2003 年版,第 203 页。

图 3-28　巴塞罗那圣家族教堂内部

塑生活方式、制约或培养审美趣味等，从而深入视觉设计其"形式意义"生成的"内在机制"，才不致人为地割裂所谓内容与形式的联系，或牵强附会地夸大其词。由此可知，视觉语言的研究为设计传播效果的评价提供了一种系统参照的价值取向。

三、沟通语境：图像与视场

1. 被围困的现实

作为给人类提供视觉信息的重要媒介之一，视觉设计进行的表现性造型活动就是把有关主题的信息和情感传达给人的视觉，即"人→信息→视觉元素→视觉语言→人"的过程。视觉传达所运用的基本材料——文字、图形、色彩、影像等，既具有各不相同的诉求职能，又都包含着丰富的视觉元素，通过由视觉元素有机组合而成的视觉语言将信息释放出去，进而在接受者一方产生作用。对设计师来说，每一视觉元素都是其表达自己的作品功能与风格的基本素材。

可怕的是，85%的广告没有被人看见。虽然广告本身并不算太坏，但它还没有能够赢得人们的注意，这份工作就像白费力气了一样。大部分的广告都可能被深思且妥善安排而"定位"的，其中有一些也许在视觉上极具吸引力，但却没有好到能够把行人给"拦"下来观看。另有 14% 的广告——丑陋、愚笨、傲慢、降格以求、似是而非，但即使如此，仍然比没有人看见来得好些，至少它能引起你的注意。剩下的那 1% 就是好的广告，它不仅被观看，还被解读，它实现了欣赏式的获取信息，这就很了不起了，如耐克广告中的"街道"（图3-30）。

通常人们对待设计的态度并不像对待艺术品，观看的初始心理造成了关注度的差异。关于设计诸多方面的信息，观众完全不了解，如设计师与委托人之间的沟通、指令、日程表、预算报告、策略、交易谈判……，也许观众没必要知道。所以，人们单从所见的设计形式和视觉图像上去理解作品，并非是基于尊重设计的一种观看。我们绝大多数人只是把设计当做是可以被复制，可以批量生产的东西，当设计仅仅被视为是复制品、被缩小印刷的批

（图 3-29）。

因此，设计研究以视觉语言为基点，其意义在于更好地理解视觉设计何以实现信息表述的精确和沟通的顺畅。通过揭示视觉语言的特殊性，确认视觉设计与社会、生活方面的特殊关联：如何影响形

图 3-29　西班牙毕尔巴鄂古根海姆博物馆外观

图 3-30　Nike 广告：跑步不止

图 3-31　BBC 有线宣传活动广告：与世界无间

量产物时，它们的肌理、它们的质地以及所有它们的氛围都消失了。以这种方式来看待设计作品时，我们到底能看到什么？它彻底丧失了自己的语境。我们最常看到的是一幅邮票大小的图像，下边附加一行说明文字。通常，图像还可能是被裁剪过的，甚至都不是它本身，而只是一个电子文件。这就是现实观看的"视觉场域"，也是我们被设计图像"围困"的心理常态。

即使是平面设计，设计师对所使用的素材或材料了解得越彻底，设计作品就越能延伸到令人眼花缭乱的广大范围来探讨"观看"与显示视觉思考的技术之间存在什么样的关系。怎样才能打破"看不看由你"的宿命，而抵达"由不得你不看"的极致效果，很多设计师都在尝试让设计的视觉效果既抓住眼球又赢得人心。如 BBC 有线宣传活动的广告"与世界无间"（图 3-31），利用电线、线型插画与窗户的结合暗喻了即使在封闭地区也能资讯畅通。设计不就是要力图寻找出最迅速有力的传播特定信息的方式吗？

著名的设计师和广告人斯蒂芬·施德明（Stefan Sagmeister）就一直在创造实验性的作品，打破视觉传达的禁忌，挑衅观看的尺度，从而迫使人不得不看！施德明的设计不只是能够清晰传达，而且创意和表达非常具有启发性，其作品与观众沟通的精髓就在于设计中的自由感和娱乐感。通常，一般的设计师自满于创造出一个第一眼就很舒服讨喜的形象，但施德明却交给观众一面镜子，吸引他们看得更深入、更持久。他为创意方法重新定义，透过独有的视觉词汇，超越颜色和形状的界限，让观看者面对不同寻常的刺激，心跳加速，体验到一种独特乃至不适的感受。

为了颠覆人们的视觉习惯，施德明用镭射笔在赤裸的上半身刺上"AIGA"（美国平面设计师协会）的活动信息来做 AIGA 的宣传海报（图 3-32），他甚至毫不犹豫地亮出自己的身体甚至性器官作为诉求以挑战社会的传统价值观，让保守世界的人们体验到视觉震撼从而对设计有全新的认知。此外，施德明还喜欢用物件来结构他的设计语言，并且巧以互动的形式去开拓设计的表现空间，彰显设计的意趣。他为纽约 SIDE SHOW 制作公司所设计的卡片，利用变图印刷技术，只要摇一摇，字母 I 就变成了 H，而 E 就变成了 W，在一张卡片的把玩之间，就能呈现完整的公司名称（图 3-33）。在施德明的设计中，没有任何东西是没有风格的，他最为语出惊人的口号就是：风格 = 放屁

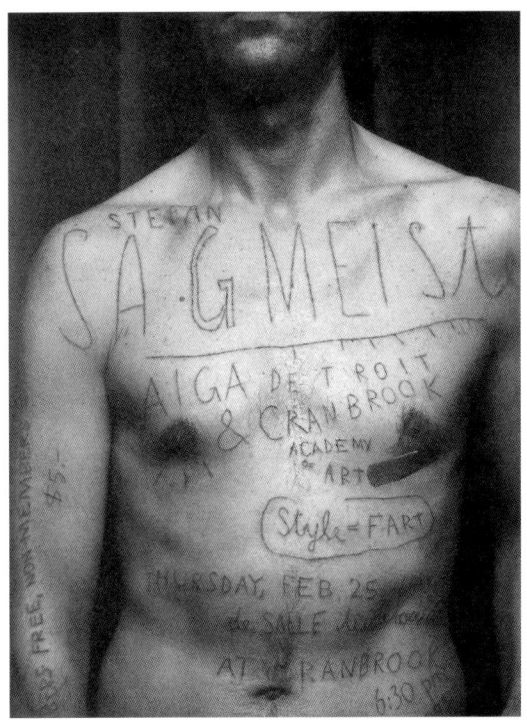

图 3-32　身体书写，Stefan Sagmeister

图 3-33　互动之变：SIDE-SHOW

（Style=Fart）！

因此，视觉交流应该是一种有效的快速交流，它能在瞬间撩拨人的视线，触动心灵，并传达信息，而设计效果的优劣由创意的想象力和运用视觉语言的能力来决定。

２．被解读的"语境"

在当代文化中，图像已是一种无所不在并且越来越显得重要的存在了。我们生活的空间遍布着充满语义的符号，图像在我们瞬间的意识感觉上产生了美的魅力，我们才发现，形式既是视觉的对象，又是感情的媒介，是保证创意视觉化的条件。形式因其内在的含义才变得有情感，充满了幻想和活力。正如意大利符号学学者艾科（Umberto Eco）在《玫瑰的名字》（*The Name of the Rose*）中概括：

观念是事物的符号

而图像是观念的符号

符号的符号。[1]

图像之所以成为一个文化研究的特殊视角，与大众传媒制造的"读图时代"有着极其密切的关联。就图像或图形的视觉表征而言，意义总是最为直接地物化于可以诉诸人可感知的具体媒介上，

---

[1] 转引自丁宁《绵延之维——走向艺术史哲学》，生活·读书·新知三联书店 1997 年版，第 15 页。

使图像成为一种首先要求感性把握并且由此才能深入的特殊对象，"每一个单词或图画都是一个符号，每一个单独的符号之所以有意义，是因为它与其他符号之间所存在的关系意义是由一个种种关系的结构所创造出来的"[1]，通过"视觉形式——视觉语言——视觉效应——视觉沟通"的过程被人们感受到和体验到，而视觉的形式即为图像意义的存在形式。比较两种饮料广告视觉沟通的形式，其不同诉求如何作用于人产生综合的感官印象（图3-34、3-35）。

就视觉传达的全过程看，视觉信息最后只有经过受众的不同心理联想，才最终完成了对信息的解读。人类获取的信息如果只是停留和局限在事物的表面，就远远谈不上对事物本质信息的识别和把握。因此，视觉沟通和视觉语言的关系是无可逃避的。无处不在的广告为了获得特定的功利而孜孜以求于所谓的"即时结论"，即让人们立即明白刺激的意图，所以须用"释放信息的形式"来追求视觉的即时刺激。

视觉设计的核心是通过对视觉形象进行信息内容的有序组织，使图形和文字的组织关系形成语序，构成可以明晰表达信息内容的完整的"视觉语言"，如设计大师鲁巴林（Herb Lubalin）所说"图形设计师的天职是利用图像投射信息"。好的设计可以在没有文字的情况下，通过视觉沟通，跨越地域、民族的界限以及语言的障碍和文化的差异，这也是视觉传达优于语言传达的一个方面。

图3-35　百事可乐（Pepsi）广告：谁与争锋

视觉语言的阅读依靠理解，"理解"是一个文化概念，它有异于科学的解释，更多地包含了一种情感的色彩和与生命之间的联系。因此"为传达而设计"就意味着为沟通而设计，沟通——正是视觉语言的终极目标。视觉沟通是一种双向调适的过程，没有来自大众对视觉资讯的理解和信息反馈以及对目标受众的具体分析，也就无法通过视觉语言传递信息，建构具体的形象。另一方面，如果没有观看者积极发挥视觉阐释的能力，再强的视觉刺激，也无法在脑海中产生视觉意义，反而徒增视觉干扰。如这一面"阻隔"岁月的镜子能引发怎样的猜想，又挑明了几分女人心呢？（图3-36）

所以，每一个有意义的视觉活动，都必须依靠人类的视觉阐释能力与事物形象有无适切的安排之间的相互作用，这是一种人与外在事物之间运用视觉语言的对话活动。对于传达者和接受者来说，他们的对话借助于设计作品来实现，沟通则有赖于双方的视觉思维，这显示出与基本的视

图3-34　Contrex矿泉水广告：瘦身拍档

---

[1]〔美〕昆廷·纽瓦克：《什么是平面设计？》，中国青年出版社2006年版，第48页。

觉辨识能力相区别的一种视觉理解力，有人称之为是"对视觉经验及视觉信息具有教育性的了解"（educated understanding）。

正是因为理解力，人们眼里的物象尽是"文化"的物象，人们用"文化"的眼光来看待设计形象，并赋予它文化含义。所以，视觉语言所传达的意义并不存在于某一具体物象中，它的含义存在于画面的关系中，存在于互相依存的因素里，存在于受众的视觉文化心理结构中。也就是说，视觉语言致力于建立一种完全视场（visual field）的整体视觉意义，决非概念化、程式化的、孤立的形式组织，沟通是所有语言的终极目标。

视觉设计总是在追求一个合理化的形式——在感知与思考的交互运作中，试图在画面上"合理化"一个预期或满意的形式组合。视觉思维直接诉诸视觉元素，透过视觉语言的运作，从"思考"出来的视觉效果和视觉意义中，我们可以更深刻地感知视觉语言的魅力，以最完美的形式产生最佳的预期效应，这是视觉传达设计者努力的方向。从目前网络资讯所带来的大量图形化和全面图像化的事实可以预见将来更趋向视觉符号化的世界，必然是一个更加倚重媒介影响力、更有赖于视觉沟通的世界。

图 3-36　观念摄影《镜子》

创作训练 B：图形联想

B-1　姓名字体想象，设计：宋琦（广告学 2001 级）

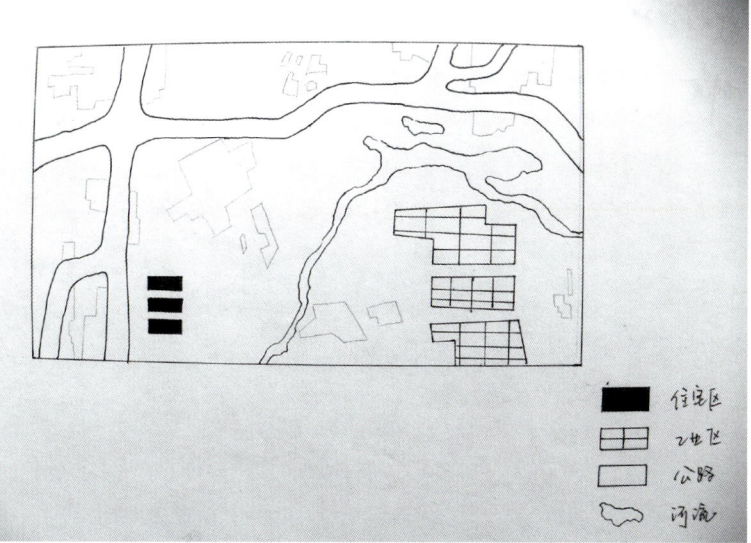

B-2　姓名字体想象，设计：朱时雨（广告学 2001 级）

B-3　姓名字体想象，设计：胡睿（广告学 2001 级）

B-4　图形想象"苹果,怎么啦?",创作:孙迪(设计 2010 级)

B-5　图形想象"苹果,怎么啦?",创作:王宇昕(设计 2010 级)

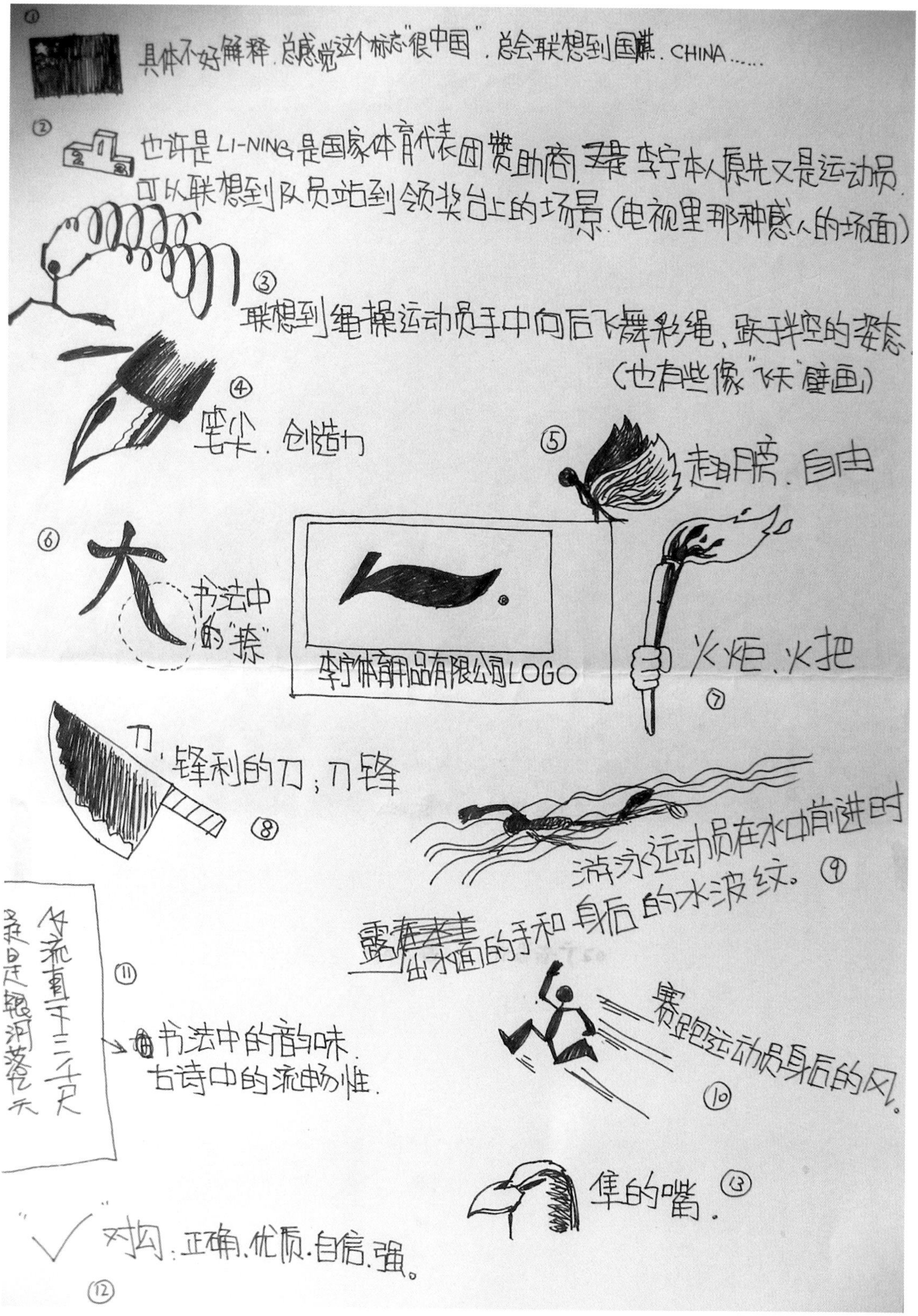

① 具体不好解释，总感觉这个标志"很中国"，总会联想到国旗、CHINA……

② 也许是LI-NING是国家体育代表团赞助商，又是李宁本人原先又是运动员。可以联想到队员站到领奖台上的场景（电视里那种感人的场面）

③ 联想到体操运动员手中向后飞舞彩绳，跃于空的姿态。（也有些像"飞天"壁画）

④ 笔尖. 创造力

⑤ 翅膀. 自由

⑥ 书法中的"捺"

李宁体育用品有限公司LOGO

⑦ 火炬. 火把

⑧ 刀. 锋利的刀；刀锋

⑨ 游泳运动员在水中前进时露在出水面的手和身后的水波纹。

⑪ 飞流直下三千尺 疑是银河落九天

书法中的韵味 古诗中的流畅性

⑩ 赛跑运动员身后的风

⑬ 隼的嘴

⑫ ✓ 对勾：正确. 优质. 自信. 强。

B-6 李宁标志联想，创作：张屾（设计2002级）

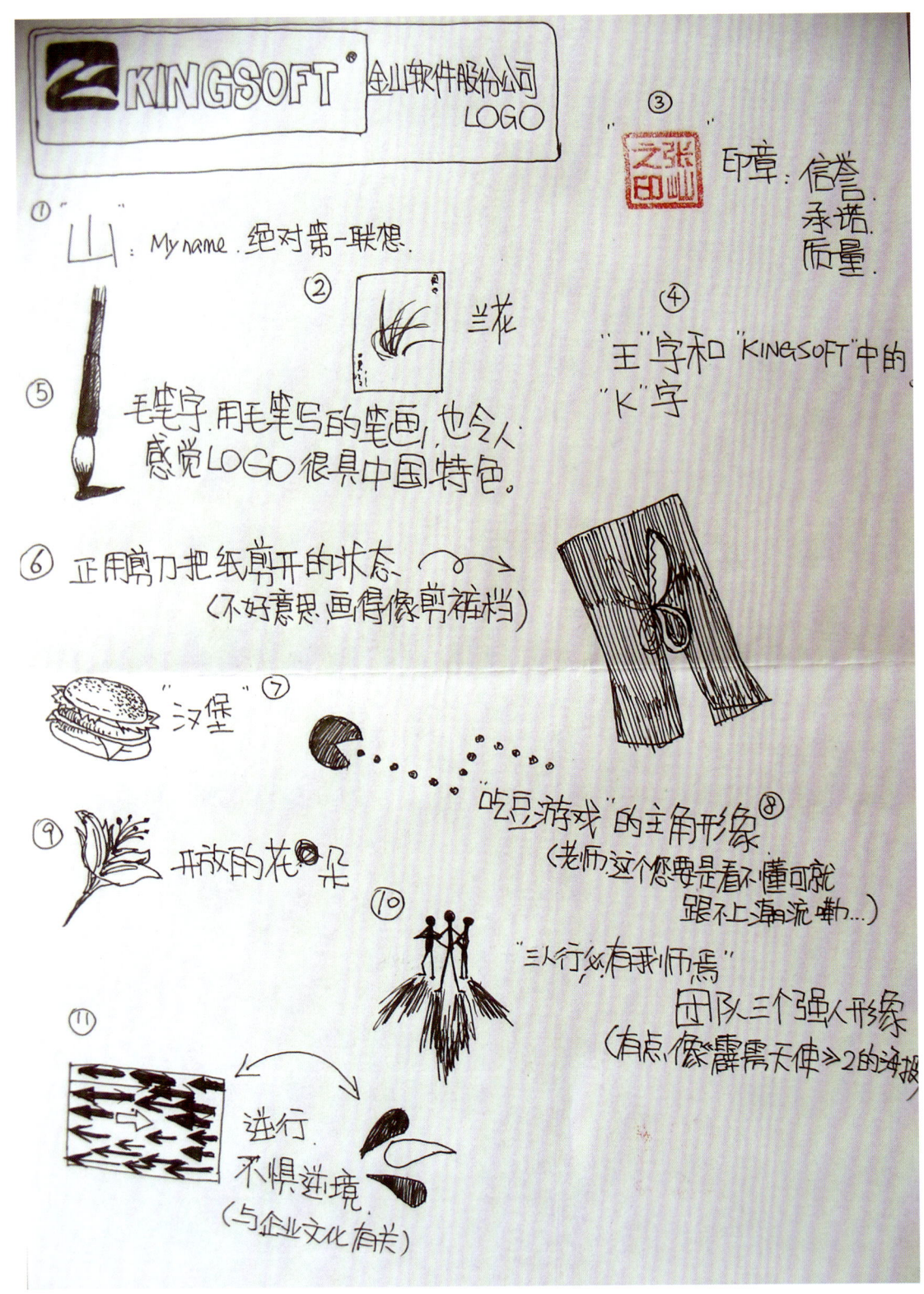

B-7　金山软件标志联想，创作：张屾（设计2002级）

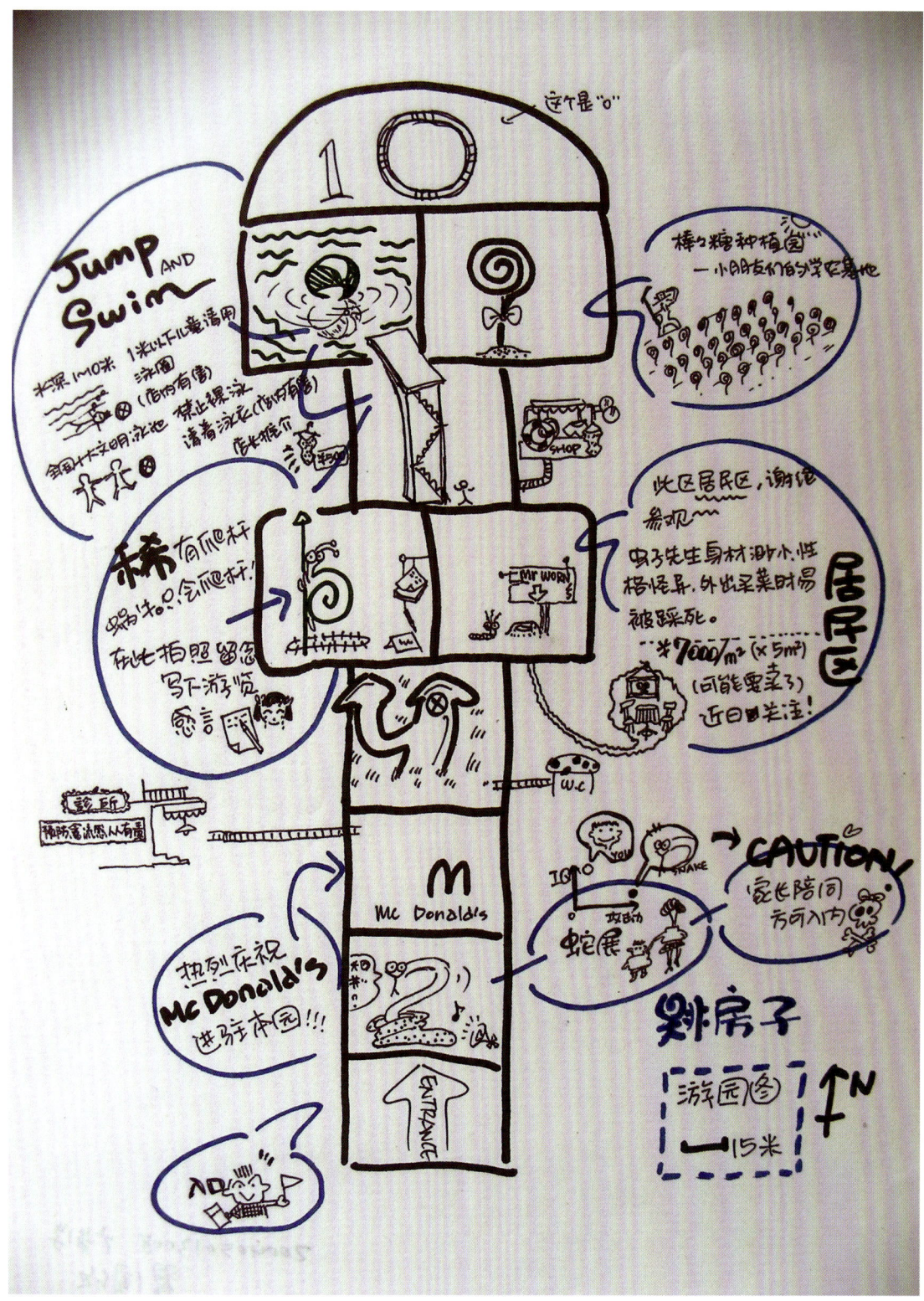

B-8 数字联想《跳房子》,创作:翟国欣(广告学 2004 级)

B-9　"十重门"词语形象延展，设计：陈蓳（广告学 2008 级）

第三章 眼睛与图像 93

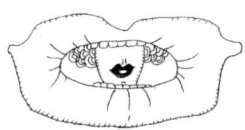

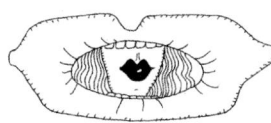

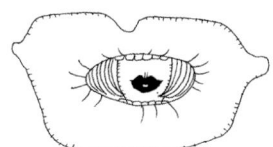

任意门

有些人的嘴真的就像是一扇任意门,
可以随时随地向任意一张嘴巴敞开,
对于这些人,
嘴巴真的就只是一扇任意门,
吻不过是见面时的一个仪式,
可我坚信,这扇门
永远都不会有爱来光临

旁门左道

我们生活的这个世界太崇尚科学了,
大家相信没有什么是科学做不到的,
科学给我们最好的,
所以,
烦恼接踵而来,
比如我会问自己
"我是要喝水呢,还是矿泉水"
总之,你懂的

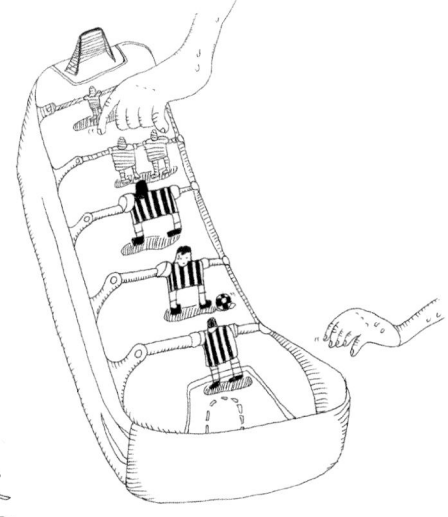

缺一门

俗话说,一行有一行的规矩,
没有规矩,不成方圆。
就好比这场早有胜负的足球赛。
缺一门
一切都被打乱,
可我却有相反的看法,
缺了这一门,其实正是我们人类可以开始做其他
是我们有趣去进行为的机会。

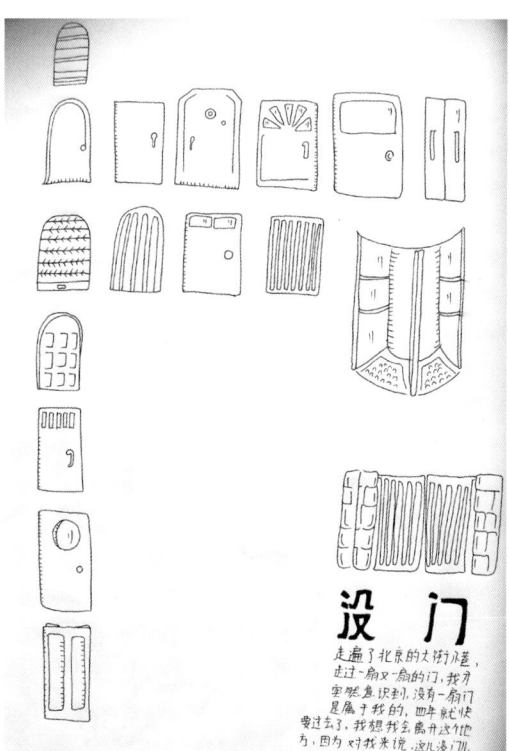

没门

走遍了北京的大街小巷,
走过一扇又一扇的门,我才
突然意识到,没有一扇门
是属于我的,四年就快
要过去了,我想我会离开这儿的,
因为,对我来说,这儿没门。

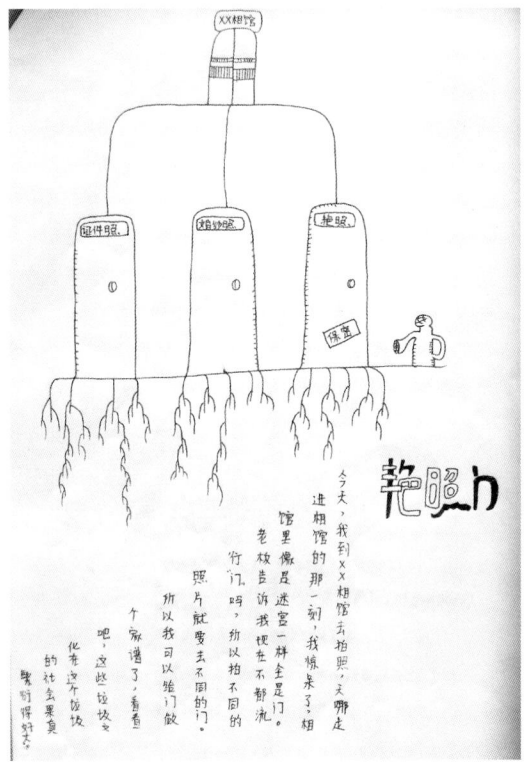 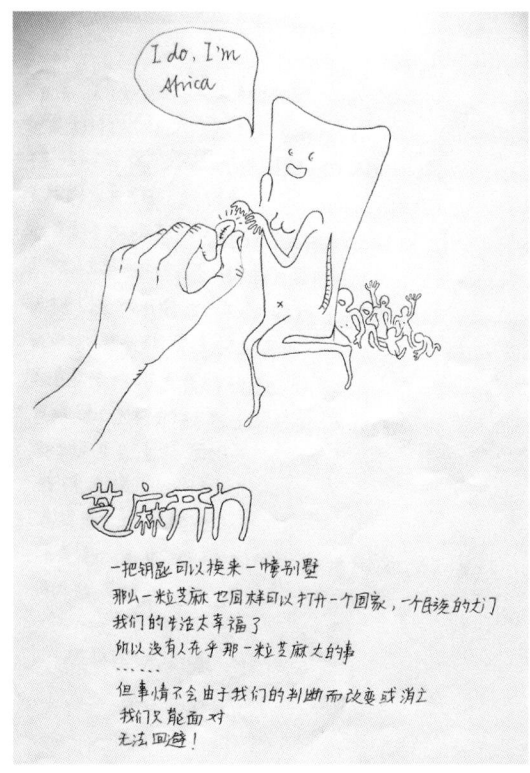

"十重门"词语形象延展设计

命题说明：思考并选择十个与"门"有关的词语，它们能从不同方面表达"门"的社会文化内涵，并借助图形语言将它们视觉形象化。

第四章　创造力与设计思维

第一节　"头脑风暴"

创意无公式。一个"好点子"会以惊人的力量与速度改变人们的习惯或看法，可以正中目标对象的精神与肉体，让人臣服于它。设计和广告活动较为典型地体现出创造性活动的特征与魅力，能充分展现人类创造思想的独特和活跃。

一、关于创造

什么是创造？人们提及"创意"总是强调"原创"，"创造"的原初含义是什么？

直到先秦时代"创"字都还只是"创伤"、"伤害"之意。说到"创造"之意，都写成"刱"或"剏"，如《战国策·秦策》里的"垦草刱邑"。唯独《孟子·梁惠王下》里有一句："君子创业垂统，为可继也。"其中"创"与"首开"、"首作"之意略近，但古本的《孟子》并没有用"创"字，而是写"造业垂统"。至于"造"，比较早的用法也无关创始之意，无论在《周礼》《孟子》或《礼记》里面，"造"字都只有"到"、"去"、"达于某种境界"或者"成就"的意思。在《书经·伊训》里可以找到一句"造攻自鸣条"（从鸣条这个地方起兵攻伐夏桀）。除此之外，更无一言及于"世界的开始"。[1]

毋庸置疑，创意是设计和广告的首要问题。竞争是商业设计和广告的根本动因，而竞争无非是力量、智慧、速度等的较量，即人的个性的较量。创造力又是人的个性的集中体现，因此竞争可以理解为人与人之间的创造能力的较量。越有创意的人生产力越高，越能创造效益，也更有效率和弹性。在高速发展的全球化市场，产品在越来越短的时间内就能被复制，技术上的飞跃很快就被更先进的技术所超越，企业必须持续保持创意源源不断才能保持竞争力。众多国家也在巨大的全球市场中相互竞争，一个国家的成功与否，越来越依赖于他们是否能将其国民教育得更有创意，并打造充满创意的工作环境，而不再只是靠着充足的劳动力和丰富的自然资源。

创意究竟是什么？其英文单词是 creative，有人试着将字母顺序倒过来为"创意"定位：evitaerc，分别代表 E-every（每一个），V-virgin（处子的、前所未有的），I-idea（想法），T-takes（需要），A-a lot（很多），E-energetic（活力充沛的），R-raw（原始的），C-courage（勇气）。[2]这是一个有趣的拆解，既把"创意"一词的英文字母做了注释，以此显示创意的基本构成因素，同时它又串连成了一个句子，对产生创意的主观能动性和够格成为创意的特性做了简单概括。这种拆分、组合、逆转的方式都充分说明了创意的思维特点，也揭示了创意的不确定性、可变、不可预期。

简言之，创意是一种具有创造性的行为。创意的创造性不是非要创造新思想，而常常是为某个人们所熟知的思想或观念作出创造性的诠释，这种诠释所使用的特殊的语言的创造性。德国教育心理学家戈特弗里德·海纳特在他的《创造力》[3]一书中指出：创造性则必须同时具备三个特征：独特

---

[1] 参见张大春：《认得几个字》，台湾 INK 印刻出版有限公司 2007 年版，第 36 页。
[2]〔澳〕韦恩·罗特林顿：《打开创意的脑》，中国市场出版社 2008 年版，第 6 页。
[3] 参见〔德〕戈特弗里德·海纳特：《创造力》，中国工人出版社，1986 年版。

性、有用性和现实性。其中,"独特性"不必赘言,"有用性"指的是创造性的想法的确可以使我们达到目的,解决问题。"现实性"指的是能够按实际情况去解决问题,而不是凭空幻想,不顾客观环境和条件因素。我们从影响20世纪人类生活的重大发明物(拉链、冰箱、比基尼、不锈钢、复印机、避孕药、信用卡、人造纤维、方便面、手机)可以看出,三者兼备才可真正视为有创造性。如果说创意是产生新点子或想法的行为,那么,创新则是将这些想法付诸实现,并创造价值。创意是心理行为,而创新则是将那些"好点子"变得有用的过程。

更进一步,再看广告策划中的创意,即可得出:创意 = 创异 + 创益。广告策划是改变目标对象对品牌的认知,让其对该品牌形成正面的、积极的态度,并唤起购买行为。为此,策划人必须把握目标对象的认知应该向什么方向改变,并为此做些什么。策划人必须对消费行为、消费者进行深入理解,从了解消费动机和购买行为的过程中找到——引发购买行为的"决定性因素"、导致认知变化的"决定性因素",而且不仅要理解"为什么这样",还要懂得"如何做才能达到这样的目的"。

创意首先是形成差异,对于策略的把握及如何用创作的视觉语言传达出来是广告活动中"最灵魂"的一点,"创异"有时就是巧妙地跳开逻辑,巧妙地满足策略。此外,创意还应该创造"效益",这是由广告的本质属性决定的。创意要对企业有价值,就必须有助于解决所需解决的问题,即创意要符合商业策略,因此"创益"可以说是"有用性"和"现实性"的体现。因此,创意的关键是如何用可信而有趣的方式与以前无关的事物之间建立一种新的有意义的关系,而这种新的关系可以把被宣传的事物用某种清新的见解表现出来,广告的创造性因此才令观者充满意外和惊喜。如口香糖广告的创意"咬即思考",把人在思考过程中无意识的小动作变成了一个吻合产品特征的"点子"(图4-1)。

"广告的伎俩就是尽可能长时间地俘虏人的智慧"[1],为此广告人都有过为创意搜肠刮肚、冥思

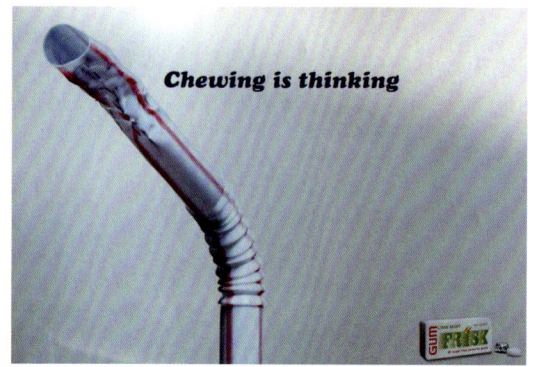

图4-1 口香糖广告"咬即思考"

苦想的经历,深切地感觉到蕴藏在心智中的某种能力竟然无法顺畅地迸发出来。1940年美国BBDO广告公司首创动脑会议:即"头脑风暴"(Brain Storming),它自诞生之际就成为广告公司通行的心智激荡术,目的是为集思广益,激活灵感,催生创意。但是,在媒体技术越来越发达的信息环境中,广告效果越来越强调"冲击力",有些重要的

---

[1]〔美〕詹姆斯·B·特威切尔:《震撼世界的20例广告》,上海人民美术出版社2003年版,第4页。

东西比如创意的机智被人遗忘了,广告业处在喧闹之中,广告文案和美术指导都朝着"冲击力"而不是"灵动"地使力气。这也就使得大部分被视为有创意的作品其实都只是简单地从事着所谓"良性的沟通"或"安全的行销",而无法实现创意的威力——改变乃至颠覆。

二、创造力的困境

客观说来,创造力是与生俱来的一种能力。每个人都有创造力,只是大小程度各异。儿童时代,我们在游戏中以自己独特的方式进行认识世界和想象世界的活动,一张白纸几支蜡笔,我们就能作画,感受力和想象力驱动着我们的画笔(图4-2)。当然,这种创造力在儿童成长过程中不断受到干扰,究其"受困"的原因,我们并无更多反思。

图4-2 好奇这个世界,奈良美智

记得曾有一位学生毕业创作想做一本厚如字典的故事书——关于童年、童年的创造力,那些可爱而荒唐的记忆。她对我说:"你也要回答我,发生在你童年最有创意的事,站在现在看过去的自己,给一个成熟的评价。假如过去的那个你是你现在的孩子,你又该如何将她的童真和荒唐保留,并告诉她这些实为财富。"我觉得这个问题有些残酷。她说:"是,很残酷,这是我想面对的。"

瓦尔特·本雅明(Water Benjamin)追忆自己1900年前后在柏林度过的童年时写道:"每个人都有一个可以许愿的仙女,但是只有很少人还记得自己许下的那个愿。所以也很少有人会察觉到,在他们生活里,仙女已经成全了他们的愿望。"[1]作为成年人的一个真实个体,站在童年的"对岸"看待曾经的自己,我怀想在南方度过的童年,时间已然苍老。而那些气息、颜色和味道,全都不知所终了吗?不,我不是不能面对自己的童年,也不是无法说出来,只是每每想起童年,内心隐隐不快,相对而言,成年之后反而更能感受到身体里那些原本该在童年释放掉的孩子气,我因而也懂了罗兰·巴特所谓的童年:"童年在时间之外,它是时间的乌托邦,不是生理意义上的而是一个虚构意义上的非日常的年纪。"[2]

关于童年的微妙变化,有一本小书叫《变态儿童乐园》,作者是香港建筑设计师、舞台导演、文化评论人胡恩威,书中所谓的"变态",不过是把常态变成了一个个玩笑意味的小故事。他隐藏了一些真实,制造了另一些真实。标题的长句子犹如一连串的刻度,讲述由童年而来的不快乐。那些插图不见得切题,却使文字叙述突起微澜,画童年往事之虚实,将线性叙述变为立体呈现。但我们并不因此否定自己的童年,也毫不怀疑自身是那个童年的延续,却又在一定程度上因变异而相对独立。我们懂得那个年幼的自己,孤僻的沉默或者寂寞的自语,也许"变态"只是那个年纪的我们所能采取的安顿自己的方式。一如奈良美智笔下的那些孩童,在不被注意的时刻,将淘气的坏笑蒸发至空气中,过自给自足的时光(图4-3)。

一个春日,北京王府井的街头,小女孩气定神闲地轻盈走过,令所有路人眼前一亮!她不到三岁,一身都是彩色的"波点",最惊讶的是,她竟然泳装外穿!好奇心使人上前探问,她妈妈笑说是女孩自己要这么打扮的,她坚持把泳衣穿在外边,而且鞋子和猫猫包都是她自己选配的(图4-4)。正如科莱特(Colette)所说"强大的感官的天才

---

[1] 〔德〕瓦尔特·本雅明:《驼背小人》,上海文艺出版社2003年版,第47页。
[2] 转引自〔法〕彭塔力斯:《窗》,江苏人民出版社2005年版,第70页。

图 4-3 闭着眼睛打小鼓，奈良美智

图 4-4 北京街头穿波点装的小女孩

创造并滋养了孩子的视觉"，童年富于想象和创造力，可谓天马行空、无拘无束。

然而，童年的视觉敏感和创造力"却在一次又一次的衰弱昏厥中奇怪地死去。"至于"奇怪地死去"是如何发生的，我们没有过多的思考。成年人时常告诫孩子"要小心！""别傻了！""等你长大再说吧！"等等，这些对好奇的压制、对想象力的限制，都成为"不允许"去开拓不同寻常的可能性的种种说教，只是用成人的思考方式来解决问题，即用逻辑和自我审核来思考，而无法进入发挥创造力所需的游戏、玩耍的状态，久而久之，孩子就变得"听话"，变得谨小慎微起来。在接受学校教育的过程中，许多人盲目地跟从各种规矩，却从未弄清楚规矩为什么存在，一旦出现不符合规矩的状况，就容易不知所措。

在儿童成长的过程中，创造力的困境到底有多少要归咎于学校教育和信息时代的媒体环境？首先，我们不得不承认，以传授知识为任务，以百分制为手段，以升学为目的的学校教育，无法鼓励学生创造力，学生时代极强的现实感限制了想象力的发展，使无规则的儿童思维变得有规则，将游戏的态度转变成有目标的劳动态度和训练符合规则的思想。可以说，教育在一定程度上埋没了人的创造天性（图 4-5）。

其次，媒体环境的变化对儿童产生了不良的影响，以传播学者尼尔·波兹曼的"童年的消逝"观点为代表，电视充当了一种看似"完美无缺的平等主义的传播媒介"[1]，它侵蚀了童年和成年的分界线，让儿童生活在许多没有围墙的课堂里。作为一种环境的结果，传统的童年模式从电视上消失。电视向孩子敞开大门，毫不设防地让儿童过早地目睹和见识成人世界的信息，接触并感受到成人那些

---

[1]〔美〕尼尔·波兹曼：《童年的消逝》，广西师范大学出版社 2004 年版，第 121 页。

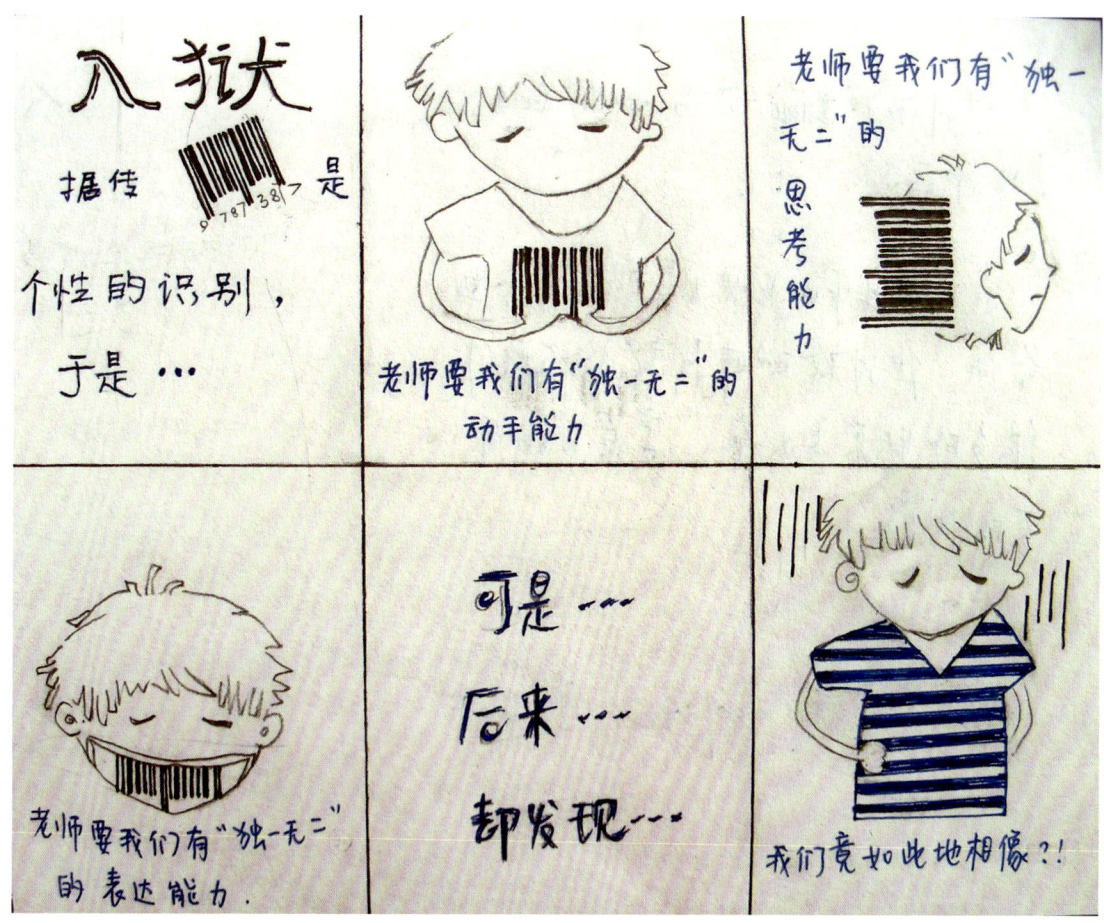

图 4-5　条形码想象《独一无二的教育》，李瑞雪（广告学 2003 级）

匪夷所思的秘密。

电视只要求观众去看、去感觉，而不是去思考和想象，它不同于印刷媒介面对受众时必然引发的阅读联想。比较而言，看电视是被动地填塞，阅读则是主动参与的思辨性活动。受制于收视率的评估，电视更注重眼球效应，为了刺激和俘获更多的观众，其选材更倾向娱乐性，"知识标准"降低，尺度放宽，从根本上迎合大众的口味。电视得以最终控制人们的时间、注意力和认知习惯，人们的感官灵敏却因娱乐化的侵袭而逐渐钝化，这就是电视的"恶之花"。在肯德尔·格尔斯（Kendell Geers）的装置作品《Speak of the Devil（Empty V）》中，作为末日象征的碎玻璃片密密麻麻地插在电视屏幕上（图4-6），电视机像废弃物一般被捆成一堆，这是对影响人们行为的制度、准则和思维方式乃至艺术本身的提问。

不仅如此，电视和广告还向儿童揭示并灌输了消费主义的快乐和拜物的满足感，确切地说，儿童成了成人社会的一部分，是缩小了的成人。无论语言还是心智，儿童都缺失了成长过程的某些必经环节，无法体验从懵懂、混沌到提问、并尝试自寻答案，由疑惑到释然的心理成长。

随着大众传播工具的影响日增，人被操纵的趋势也变得明显起来。网络时代，信息量以加速度的方式成指数倍地增大，造成了信息海量化又碎片化的趋势，使置身其中的受众容易陷入资讯焦虑而最终迷失。信息量过大，对人的自信心有消极作用，而人的创造力是以其自信心作为心理支持的，这是创造力受困的另一原因。

当然，对文化和社会具有极罕见和突出意义

图 4-6 装置《Empty V》，Kendell Geers，2010

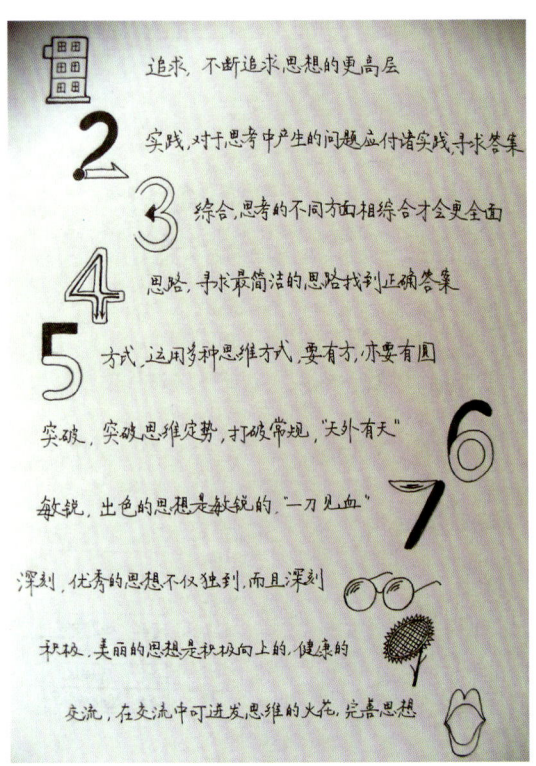

图 4-7 "数字遐想"，康姗迟（广告学 2004 级）

的创造力的最高形式，只有在拥有最大限度的信息时，才能达到。创造力与个人的知识、经验、技能、性格及其天赋等各方面有着直接的或间接的关系，其中最为重要的是自信心、好奇心和勇气（图4-7）。正如摄影大师玛格利特·瓦内斯（Margaret Vaness）所说：创意是用来建设我们世界的资源的。创意人学习用新的观点去看这个世界，用新的视野去看平凡的事物，并在各种想法、事件和物理现象中寻找相似和不同之处；更近距离地观察事物，保持好奇心，寻找可循踪迹，并善用机会，创造联结，建立脉络等，这些都是创意的过程。[1]

三、谎言与童话

设计和广告教育均以创新思维的培养为核心，但自诩开放、前卫、大胆的我们，真的拥有观念解放、设计自由的状态吗？我们对于自身不同程度的禁锢浑然不觉。创造力的培养首当其冲要摆脱头脑中的束缚，在教学中我们面对一切问题都能开诚布公，直言不讳地给予答案吗？

小时候我们都好奇过：我是从哪里来的？于是我们问父母。爸爸妈妈生养了我们，却不能如实回答我们"从哪里来"，这似乎成了一个讳莫如深的秘密。笔者曾经布置过一个创作命题，让学生根据自己问及"妈妈，我是从哪里来的？"的经历和寻求答案的过程体验为素材，进行视觉表述。从学生们的调查及创作看，80%的答案令人震惊——"垃圾堆"成了我们共同的来处（图4-8、9、10）。这说明了怎样一种国民性？

绝大多数的父母和教师都不想做出正面的直接回答，既不能科学地解释生命现象，也无法给出充满想象力又符合逻辑的比喻。我们不负责任地告知孩子"你是从垃圾堆捡来的！"对于这个不能说的"秘密"，究竟有何禁忌？我们之所以避讳是因为观念中的"不洁"，我们荒谬地搪塞给孩子一个"不洁"的垃圾答案。

---

[1]〔澳〕韦恩·罗特林顿：《打开创意的脑》，中国市场出版社 2008 年版，第 8 页。

我们因此扼杀了孩子的好奇，伤害了他们的感情和求知欲，可我们对此并无觉察。即使出于东方人文化传统的含蓄，或顾忌孩子性启蒙教育时机未到，也应该给出一个今后能帮助孩子理解父母良好用意的答案。可怕的是，用"垃圾堆"这样的谎言敷衍孩子是如此不负责任，如此缺乏想象力，如此不美好，它像疑团一样作用于幼小的心灵，使之蒙上阴影。当孩子有一天得知真相时，会有怎样一种心理反应？等孩子在长大成人后难道还要沿用"不洁"的答案来告知自己的孩子吗？！

创造性的设计教育是一种美育，而我们界定美时又显得多么保守和狭隘！相比之下，美国加州艺术学院以"只教思想"和"允许裸泳"两大特色与我们的观念形成鲜明对照。特立独行的加州艺术学院不教画画，只教学生怎样思想，该校允许在露天泳池裸泳，可谓"惊世骇俗"！如果说比基尼设计产生之前，人类的文明程度是以衣服对身体遮蔽的多少为标志的，那么比基尼问世之后，敢不敢暴露健康的人体成了检验文明的重要标准，它在某种程度上是人们向传统价值、道德尺度及审美观念挑战的方式。"裸泳"解放的不仅是身体，更是观念。加州艺术学院以如此极端的方式重构了学生们的审美价值体系，使学生能以开放和健康的心态去看待世间万物和艺术创作。

接下来的一段童话不是白日梦，而是关于梦想成真的故事，童话的作者黄颖罂曾是设计专业的

图4-8 《妈妈，我从哪里来？》，创作：赵吕梦子（设计2006级）

图4-9 《从石头里蹦出来的》，绘画：朱静怡（广告学2005级）

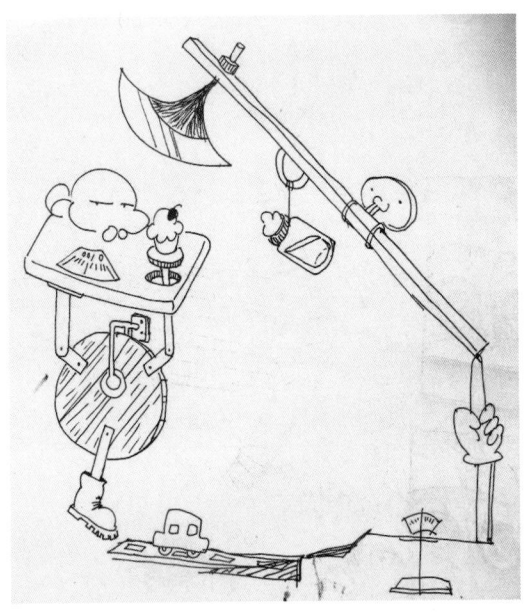

图4-10 《生命方程式》，绘画：王晗睿（设计2006级）

[1] 黄颖罂：《拾梦人》，上海人民出版社2006年版。

学生，然而热爱写作的她，写着写着就成了一位童话作家。

每一个孩子生下来就会做梦。

梦里，天空的颜色不只是蓝的，有时候是水蜜桃色的，有时候是西红柿色，有时候是我们用眼睛从来都没看到过的美丽颜色。

那里还有像刚出生的婴儿的头发一样柔软的草地，空气里混合着苹果、草莓、樱桃、菠萝的甜香。还有最最温柔的月光，月光下面，露珠像萤火虫一样在草丛里飞舞。

每天，当月亮的光辉照到第三个窗格的时候，拾梦人就背着一个大大的口袋走进孩子们的梦里，他的工作是把孩子们的梦收拾整齐，拾起遗落在梦里的东西，带回家去。就像你见过的拾垃圾人。

没有人见过他的样子，因为那个时候，孩子们都在梦里玩得很累，已经睡着了。

拾梦人对大人们的梦是不屑一顾的，那儿就像黑白照片一样单调，而且简单得可怜，压根没什么可捡的。还到处爬满了长得像刺猬一样的烦恼，拾梦人有一次不小心走错了，被烦恼扎到，整整两天一直陷在烦恼里，以后他就非常小心，决不再走错了。

——摘自童话《拾梦人》[1]

有一次我要求学生用直觉绘画的形式把自己的状态、向往表达出来，并用不超过十个字来定义"我是谁？"黄颖罂的画面里有背包、旅行箱、帽子、水壶，还有爆竹，还有长出翅膀正在飞越围墙的小女孩。自我定义是："渴望离开、寻找生活"（图4-11）。"离开"意味着在现实中用否定的方式行走，也意味着另一种奔向。黄颖罂毕业后去了上海，从实习起她就没做设计，而是做广告文案。后来她离了职，在家写起了童话。她的第一部童话作品《拾梦人》在2006年的儿童节出版，一本带插画的书，飞到许多孩子、许多孩子的爸爸妈妈、许多不想长大的成年人——那些长大之后仍怀童心的熟龄人手中。

图 4-11　脑海中的事物，绘画：黄颖罂

作为《拾梦人》的读者之一，我仿佛能从字里行间闻到梦境般的鸟语花香，那些水果味儿的露珠、空气和月光一道把我送回了童年。我想起小时候爱读的《儿童文学》和《少年文艺》，每个月都急切地问妈妈去过收发室没有，杂志会不会已经来了？我想起小学四年级写的一篇说明文，描述自己最心爱的玩具，它不仅拿了奖还收录在全国小学生优秀作文选里，得了第一笔稿费。我想起初一的时候心血来潮写了一篇童话，被老师偷偷叫过去问是不是"引用"的，我委屈地说"自己想的啊"，自尊心受伤后便暗暗努力让每一次作文都赢得老师的夸奖……

《拾梦人》给成年人的激动和给小孩子的快乐肯定不一样，我满心欢喜地阅读着这样一个娃娃脸的大孩子所写的童话，想象她的心灵有着怎样一个异彩斑斓的童真世界，才流淌出晶莹透亮的文字，顷刻间清澈了我们的眼睛。我似乎看见黄颖罂跑进了孩子们的梦里拾起月光、彩虹、笑声，或者在忧伤的梦里给孩子们种草莓、撒露珠……我们也许能在拾梦人那中药柜般的小抽屉里，找到治疗烦躁的安静月光，治疗抑郁的苹果味空气，用于减压的粉红色露珠……这些从孩子们的梦里拾来的，都是用来治疗大人的毛病的。

在今天这样一个喧嚣逼人的时代，写童话是一件多么了不起的事！我们过早地抛下了童话书而扛起了现实的武器，我们过早地卷入了所谓的江湖而不断催熟自己的内心和强健自己的身躯。我们在梦里发威，在挣扎中醒来，在白天的时候装腔作势。我们永久地关闭了心灵所有柔软的触角却又无病呻吟，我们折断了想象的双翼却又戴着狂欢的假面尽情游戏。直到有一夜——天使真的来临（图4-12）。

写童话是黄颖罂对真诚和单纯的信仰，她说她想念学校那些真诚的老师们，给了她最重要的东西——一个理想，"虽然那理想仍然不那么具体，但是知道它在那，我有它，这很好。很多的时候这个理想成为支撑我在每个晚上安然睡去、每个早上勇敢醒来的勇气。即使仍然想不明白，我也会一点一点地拨开厚重的雾，穿过所有的人，走自己的路。"这就是创造童话的孩子，一旦抓住梦想，春天就近在眼前。

图 4-12　创造童话的世界，绘画：熊林玲

第二节　设计思维的"陌生化"

趣味始于个性需求，"陌生化"是造就趣味的有效途径，犹如幽默。因为在设计传播中，感知过程本身就是目的，创意必须想方设法延长它。陌生化，既是令设计对象的陌生化，亦是造成形式"困

难"的设计，即为增加感觉难度与长度的设计。

一、趣味化的视觉"冲突"

设计思维必然包含科学思维与艺术思维的特点，或者说是这两种思维方式整合的结果。科学思维，也就是逻辑思维，它是一种连锁式的、环环相扣的、递进式的思维方式。艺术思维，则以形象思维为主要特征，包括一种灵感思维（或直觉）在内。灵感思维是非连续的、跳跃的、跨越性的思维，是灵感，也是顿悟。两种思维都以感性思维为基础，但发展却不一致。科学的抽象思维表现为对事物间接的、概括的认识，其思维材料是一些抽象的概念和理论，概念即是思维的"细胞"。形象思维则以形象作为思维的"细胞"，对设计师而言，最灵通、最经常使用的思维方式即是形象思维，它需要用形象去建构、解构，从而寻找和建立表达的完整形式（图4-13）。

形象思维来自感性认识，却不同于感性认识，它包含形象性、概括性、创造性和运动性。形象性——亦即具体、直观，同抽象思维所使用的概念、理论、数字不同；概括性——并非原始的感性材料，是经过一定程度加工了的东西，用典型形象特征加以概括；创造性——加工改造重新创造；运动性——不是孤立的、不变的、静止的，尤其是发想阶段的跳跃性、非连续性。艺术思维是设计思维的主要方式，设计思维以艺术思维为基础，与科学思维相结合，没有明确的形象就没有设计、没有设计的具体表现。但设计的艺术形象不完全是幻想式的、完全自由的、散漫无边的，它强调某种合理性，并以此为依据。艺术思维在设计思维中具有相对独立和相对重要的位置。

在日常生活中，我们一旦对自己"松绑"，放宽对创意的定义，思维反而活跃起来，有趣的"联结"频频浮现在我们脑海之中，每当我们将看似不相关的事物联结起来，就已经在发挥创意了。比如，用新的方法诠释一个旧想法；用类推法或比喻来表达自己；用想象力描绘未来；找不到合适的工具时即兴发挥；在别人的想法上加以延伸扩张创意让生活更有趣；我们可以不断找寻新的行事方式，尝试新的活动，用不同的方法解决问题，从而为自己打开创意的开关（图4-14）。

设计是一直以形象的结合、变化去创造新的形象。我们常说创意是为了创造差异，达到惊喜的效果，所以，旧元素、新组合——这一方式就是常用的创意思维，它是产生"陌生化"趣味的有效路径。陌生化并非指全然陌生的事物或形式，而是对人们习惯认知和思维定式造成一种"反差"或"冲突"，然而一旦领悟了其中的因果逻辑，便立刻会心而感愉悦，有效地实现了设计与人的沟

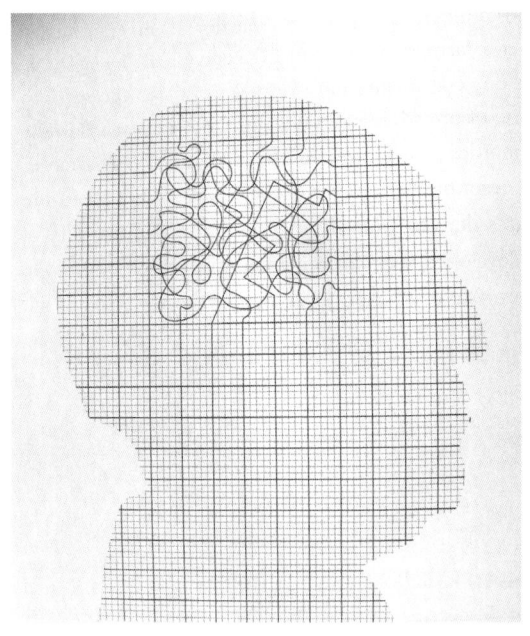

图4-13 头脑里的"点子"与思维的复杂性

图4-14 T-shirt穿在座椅上，摄于佛罗伦萨，2004

通。如这幅宣传使用安全套的广告，画面中的男子为何被吐得如此不堪？喂孩子果真不容易啊（图4-15）。沟通贯穿于设计过程的始终，趣味性成为设计与人之间的一种沟通策略。

就本质而言，设计是为功能的实现服务的，没有功能性的设计，会缩短产品在市场的竞争寿命。有趣的外观形象是提示消费者的一种手段，投其所好，吸引眼球，设计的趣味性是针对性的设计，也是应以刺激消费的手段。这样的刺激实际就是一种视觉沟通，趣味性使得沟通更准确，也更容易。因此，发掘生活中的问题，并用幽默的方式解决原本枯燥的问题，为生活的细节增添乐趣，这就是"陌生化"创意思维中的趣味效果。这种趣味性进一步提升了设计形式给予外界的感官刺激，或者有针对性地刺激某一固定人群的购买欲和占有欲。如超现实主义大师达利设计的唇形沙发，它的幽默在于"可别在意我亲吻你的部位哟！"又如由菲亚特汽车和意大利国旗色座椅"混搭"而成的沙发（图4-16）！

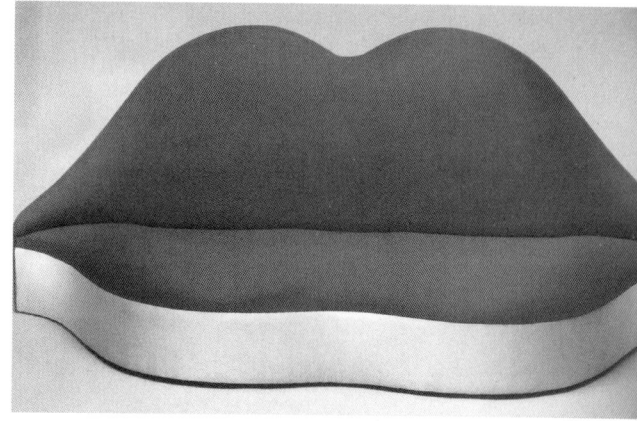

图 4-16-1　唇形沙发

图 4-16-2　菲亚特汽车沙发

趣味性来自于生活的点滴之处，将它提炼出来作为设计创意，就能产生很多趣味化的设计品，它使生活开始脱离一成不变的节奏。作为生活中的加强符号，它推动了一种对生活的新的认知，使人们开始主动接受不同于往常的事物。生活因为趣味的外形变得更加感性，这就是设计趣味何以被受众所"溺爱"的原因。

二、"陌生化"的创意体验

"并不仅仅只有制造出前所未有的东西才算创

图 4-15　"早知如此，何必当初？"

造,把熟悉的东西当成未知的领域再度开发使之呈现'陌生化'的样式或功能也同样具有创造性。"[1] 没有事物是一成不变的,打破思维定势,将熟悉的事物陌生化,可以让生活呈现时空交错的新鲜感,也会让人发现小聪明带来的大乐趣,小改变带来的大惊喜,以及小处见得的大智慧。如这幅插图设计的构思,墙上的蒙德里安画作色彩流下来,地上的痕迹却是大家熟知的米老鼠(图4-17)。

德国海报设计师乌韦·勒施(Uwe Loesch)曾以左右脚各穿一色鞋而令人印象深刻,这种别出心裁、不愿从众的心理,显示了他独特的个性,而不趋常规、标新立异的思维,正是设计创意中十分强调的逆向精神。由于左右有别,叫人过目难忘,增强了对他的注意和记忆,他的"反叛"意识贯穿到设计中,出来的也绝非等闲之作。当然,设计上的"反常"首要基于它的目的或功用,再决定以何种思维与表现去一反常态,实现创新追求上的谋略和胆识,隆·阿拉德(Ron Arad)设计的"蝴蝶酥"外形的椅子(图4-18)即是一反常态之例。

设计思维是一种特殊的意识形态,是多元的

图4-18 "蝴蝶酥"椅子,Ron Arad

逻辑思维与形象思维相结合的思维方式。设计思维具有延伸性,因为不同事物给予的不同感性刺激,使人自身对认知的整合、加工产生类似网络般相互依存并牵扯的思维联结系统。因此,占有有效的感性资料及必要的经验,是进行加工的重要工具。往往看似不很相关的元素,一旦被捕捉就可能产生耐人寻味的设计。

陌生化思维的设计究竟能给我们带来怎样一种意想不到的趣味和冲动?台湾设计"豆腐杯"发挥移情作用,从茶杯的造型入手,改变日常生活中人们对熟悉事物的使用情感。"豆腐杯"的设计搭配了木板托盘,初端上来看似一盘新鲜的豆腐,只需轻轻翻转"豆腐",便是一个方形的茶杯,易碎的造型让人立即轻拿轻放、小心呵护,在翻转之间,细细品味"慢生活"的禅意。不禁联想到作家李碧华写过豆腐在日本叫"冷奴",总是放在小小的玻璃器皿里,冰镇着,毫无破绽,雪白豆腐上斜斜再放上长柄的金菇和一朵芫荽,日本人的性情以及日本设计的风格都于这一"冷奴"的形式感中顿显。

陌生化设计可谓是一种增加感觉难度与长度的设计,如马林·范德波尔(Marijn van der Pol)设计的"请敲打"(Do Hit)椅(图4-19)直到附送的铁锤"上阵"后才完成,用户的每一下锤击都决定着椅子的形状,经过几分钟或数小时,用户就成为"请敲打"椅子的合作设计师,同时也锻炼了

图4-17 插画"米老鼠与蒙德里安"

---

[1] 〔日〕原研哉:《设计中的设计》,山东人民出版社2004年版,第34页。

图 4-19 "请敲打"椅子，Marijn vander pol，2000

图 4-20-1 书法汉字时钟，设计：陈幼坚

身体。因此，设计的创意思维"陌生化"源自两方面的要求：一方面，从人对艺术作品的接受和感知过程和方式出发，从而认识到设计的一个重要原则是对象的陌生化设计——通常所言的创新——创造新形式，创造一个人所未见过的新的东西，这新的东西就是陌生的东西。香港设计师陈幼坚为日本精工（SEIKO）设计的名为"中国书法的魔力"（The Magic of Chinese Calligraphy）钟，它构思奇特，改变了以往阿拉伯数字、罗马数字的刻度，换成了一些残缺汉字的比划。妙的是，当指针走到每一整点时，残缺的汉字就被添上了一笔，变成一个完整的数字汉字。而另一个漫画钟由日本画家奈良美智设计，表示"小时"的是 24 幅小漫画，表示"分钟"的是 60 幅小漫画，每一时间的显示都被组合成不同的两幅画面，耐人寻味（图 4-20）。

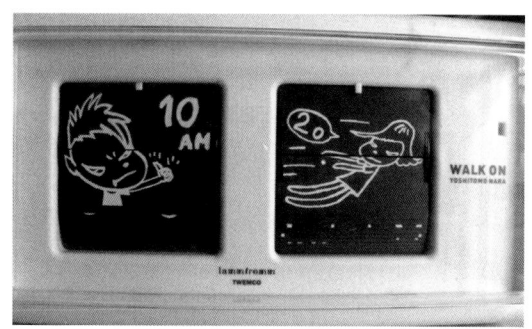

图 4-20-2 奈良美智漫画钟："10 点 20 分"

另一方面，从欣赏者使用者的视觉感受而言，使对象从其正常的感受领域移出，造成一种全新的感受，是设计的重要任务——迫使使用者和欣赏者用新颖的、批判的眼光来看待它们，通过把人们的注意力引向作为一种艺术因素的陌生化过程，让使用者和欣赏者专注于物的本身。

当然，还有一种陌生化的设计是为了引发人们的思考，从形式、材料、功能等个角度理解设计的目的。比如包豪斯时期，马歇·布鲁尔（Marcel Breuer）从自己的 Adler 牌自行车的把手上得到启

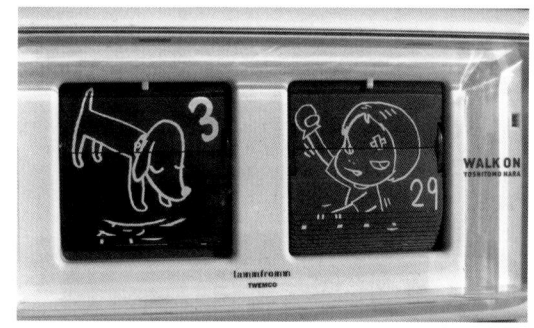

图 4-20-3 奈良美智漫画钟："3 点 29 分"

发，采用镀铬的钢管和皮革、织物相结合，开创性地设计了功能良好、造型现代的钢管家具，适于标准化批量生产。世界上第一把钢管椅是他 1925 年设计的"瓦西里椅"（Vasily Chair）[1]（图 4-21），镀铬的钢管很快成为 20 世纪初期的象征，因为材

---

[1] 马歇·布鲁尔为纪念自己与老师瓦西里·康定斯基的友谊而将椅子命名为"瓦西里椅"。

料和结构的独特而成为时代的标志性设计,它至今依然放置在德绍包豪斯教学楼的楼道间,展出在纽约现代艺术博物馆(MoMA)内。

再比如荷兰 Droog 设计团队的作品,以 12 个牛奶瓶做成的灯(图 4-22)、用旧衣服捆成的靠背椅(图 4-23),由形状各异、大小不同的抽屉捆扎组合而成的柜子,它们都是对日常生活现成品的改造,让我们对创意设计、陌生化有了更深层次的反思,从而发现生活中随处可见设计的素材和自己动手 DIY 发挥创意的智慧。设计师一般更多关注产品的外观,往往容易忽视材料创新和变革,而创新有时就是一种对现有素材的"再设计",材料在设计中的灵活运用让设计的边界变得模糊,也让我们重新思考生存环境的限制以及灵活变通的自由。

设计思考的过程是一个人素质和能力综合运用和发挥的过程,敏锐的头脑、宽广的胸襟、丰厚的学养都影响着设计的视野与高起点。学习设计,不妨先尝试做一位充满个性的生活者,对人的内在心理与外在行为以及相互联系具有一种敏感性,同时又能以一个旁观者的眼光去体察和感悟人类的生活和文化,从中得到一种全新的生活体验并以具体化的设计来证明人类文化快速发展的优异。

图 4-22 牛奶瓶灯,Tejo Remy,1991

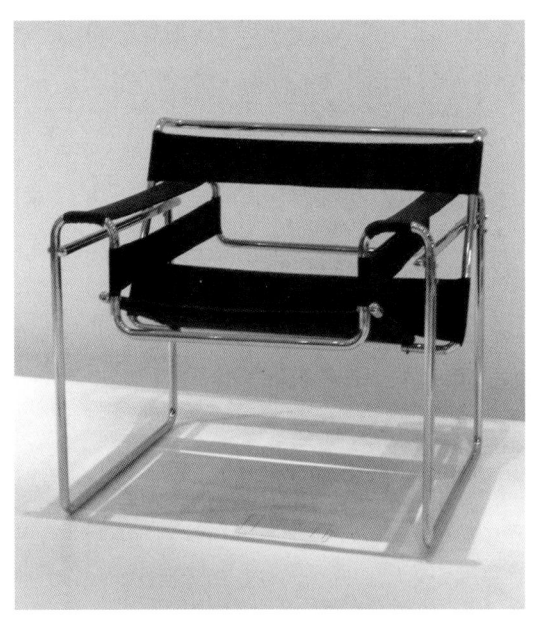

图 4-21 在 MoMA 展出的钢管家具代表之作"瓦西里椅"

图 4-23 靠背椅,Tejo Remy

第三节 创造性的教与学

设计教学最重要的不是向学生传授创作方法，而是要让学生探索个人道路；不是把某种风格强加于人，而是发展学生的独立思考能力；每一次具体的设计过程都是一次创造，因此每一次设计都可以发挥、验证和锤炼自己的创造性思维。

一、学会与会学

众所周知，创建于1919年的包豪斯是现代设计教育的发源地，在现代设计史上具有里程碑的意义，它的深远影响不仅扎根于世界各国专业院校的设计教育体系，而且在我们今天所见的建筑和日常所用的物品中都留有痕迹。包豪斯作为一所设计学校为当时的年轻人创造了怎样的精神家园？正如赫伯特·拜耶（Herbert Bayer）在1961年德国经济复苏后写信给包豪斯的创始人瓦尔特·格罗皮乌斯（Walter Gropius），深刻、精辟、动情地赞颂了包豪斯的精神，拜耶写道："当我们面对复杂的工作时，是包豪斯给予我们自信；是它教会我们如何工作，那是勇于创造的永恒法则。它再次告诉我们，不是将美学灌输到我们的材料中去，而是用它去构造我们生活的空间，是要让目标与形式浑然一体。"理想主义的包豪斯实现的是设计和教育的双重革命，也让我们体悟到教育对人、对设计、对生活及未来的意义。

我们能像当年的包豪斯的教员一样为学生们指明通往美好未来的创造之路吗？我们能够以设计的名义骄傲地担当起关照人类生活的责任吗？我们的教育理想是什么？我们的设计理想是什么？除了继承包豪斯确立的基础体系"三大构成"，我们该如何发扬包豪斯设计的民主思想？我们怀着怎样复杂和沉重的心情重提包豪斯的理想？设计之道不是一种技术之道，而是生活的关怀之道，这应该是所有设计教育者坚持的信念。

中国的设计教育经历了从"工艺美术教育"到"设计艺术教育"的历史沿革，前者是以一种纵向的、行业的划分为基础的职业技术培养，后者是以一种横向的、行为方式的区别为前提的素质培养。正是因为早期的设计教育处在专业意识不明确、不巩固的阶段，才造成了设计日趋接近于一种商业工具的尴尬。如果不指出由于设计对生活的强行干预与介入性所产生不良后果，设计教育必定是短视而滞后的。

不必讳言，中国艺术类扩大招生所制造的教育"泡沫"已经使"何故学设计？"的理想初衷发生了"戏剧性"转变，师资随之也暴露了大量问题，"胆敢"带有挑衅意味，拷问的是个体，也是群体，还包括制度本身。"何故学设计？胆敢教创意！"更像一个警示，意在引发教、学、研各方的深层反思（图4-24、25）。

创造性是在充满感受、反应、想象的活动中建立起来的原动力，然而，传统的设计教育，在传授给学生知识、技艺、方法的同时，也把种种束缚、戒律给了他们，这种教育在一定程度上埋没了他们的创造天性。有人批评学校教育不会教学生：用自己的眼睛看，依据事实来判断，用自己的理解来表达；对自我负责，以自己的力量思考并行动，不会碍于世俗的情面而失去创新的机会；明白知识从何而来，如何衍生和变化，从而形成自己的认知体系。今天的时代犹如置身于"没有围墙的课堂"[1]，媒体环境使学生早已在课堂之外积累了大量信息，这在相当程度上影响到教师的使命不再是提供信息，而是提供洞见，要让学生懂得如何甄别与善用信息，而不是被它们消解。

当下社会对设计艺术人才的需要具有多层次、多规格、多样化的特点，若想全方位推进设计教育的现代化进程，就必须转变教育观念，完善教育制度，构建教育体系，更新教育媒体。具体说来，一方面，设计教育面临着学科快速发展，知识更新期空前缩短，课程对专业知识的需求空前加剧的"告急"状况；另一方面，课程内容不再是学科知识点的叠加，课程设计首先是其内容组织的优化设计，即反映出有利于知识与技能、过程与方法、情感态

---

[1]〔加〕马歇尔·麦克卢汉：《麦克卢汉如是说——理解我》，中国人民大学出版社2007年版，第7页。

度与价值观等方面发展的综合要求。面对技术知识可以传授,而创作能力只能启发的事实,设计教学应在内容选择上体现出从技能型向创作性思维型过渡的战略转移。

简单地说,设计教育的关键在于创造力的培养:教师如何创造性地教,学生如何创造性地学。有一个"惊世骇俗"的极端例子:美国一所高中邀请到达利,达利也愿意去这所高中。当时老先生快80岁了,他走进礼堂时,手里牵着一头活的金钱豹。[1]这位超现实主义大师以其近乎"超现实"的方式走进现实,强大的影响力撼动了在场所有的青春心灵,如此身体力行地传递艺术的魔力,令孩子们终生难忘。

学习就是发现,发现问题,寻找答案,求得新知,摸索方法。这要求学习的主体——学生去冒险、探索,没有冒险,就不会有创造和再创造。为什么要一味地遵从?基于学习艺术必须的诚实,必须敢于学会勇敢,敢于提出异议,敢于质疑,不人云亦云,真率是一种品德的养成。在这样的氛围中,创意的感性和批判的理性都可能得到提升。对设计怀有激情,为想象插上创造性的翅膀,这才有益于我们创作活动所必需的求知欲和独创性,否则我们将无所创造。

身为教育者,或许应该明察自身工作的意义:教是为了不教,不是教学生学会,而是教学生会学,是鼓励学生自我发现和发现自我;是通过一种可以调动、拓展和发挥其全部能力的生活和活动制度,对人进行全面培养,是为一种更高质量的生活实行设计教育。学校因此变成新兴的创造生活的实验场所,学生有表达和选择创意的自由,有健康的心态和饱满的创作热情。(图4-26为学生自导自演的参赛海报)

图4-24 何故学设计? 创作:许可(设计2010级)

图4-25 设计是一种媒介,创作:冯雅维(设计2010级)

---

[1] 陈丹青:《纽约琐记》(上),吉林美术出版社2003年版,第44页。

设计课究竟有什么用？有学生感言："上设计课，让我觉得生活很美好，设计课是我认为除算术类课程外最调动人智商的，它不同于其他文科课程，是这样优雅的高智能，而且传达给我们一种幸福生活的方式，这一切都让我好有价值感。"

二、创意诊断与设计批评

设计是为了解决问题，解决问题则需要观察、分析、诊断、对症下药的能力。然而，问题在哪里？设计教育常常忽略掉了如何才能引导学生自己去发现问题，自行分析与判断。所谓学问，在我看来其实就是学习提问，以问求学。具体到设计教学中，提问和质疑的能力可以教吗？批评意识可以培养吗？创意诊断和设计批评若不停留在纸上谈兵，它就关乎思维方法的探寻。

设计教学除了回应设计赖以生存的媒介、营销和社会环境的变化，更要让学生了解知识关系里

图4-26 泰国旅游广告，文案：王晓颖，设计：张文秀（广告学2000级）

隐含的命题。设计教学倡导学习中的独立精神，从观察中界定问题，以服务社会为己任，敢于质疑，不盲从、不苟同。因此"探索问题"是养成批评观察的一种意识准备，不墨守成规，敢于怀疑既定的"标准"，提出自己的观察思考。美国设计师德波拉·阿德勒（Deborah Adler）在纽约视觉艺术学院攻读艺术硕士期间，发现药瓶设计信息混乱导致祖父母错服药物的问题。她通过调研，提出了改良药瓶设计的想法，不仅受到老师的鼓励，连知名百货品牌 Target 也嗅觉灵敏地给予支持，他们为阿德勒成立研发团队，协作推出 ClearRx 药瓶取代沿用多年的旧款美式药瓶。纽约现代艺术博物馆在其策划的《安全感：挑战风险的设计》展上呈现了它，经由 50 家媒体的争相报道，阿德勒设计的"完美药瓶"（图 4-27）作为一个颇具批判色彩的故事在美国几乎尽人皆知。

在设计教学中，有一类命题创作是引导学生发现问题，有针对性地展开设计，我称之为"设计 / 创意诊断"，学生经过观察比较，就现已发布、投放的某一具体的设计、广告作品存在的问题进行分析，揭示其问题的根源和不利影响，根据整体效果的评估来设计一份"创意诊断书"。有的学生诊断学校的标志图形与色彩关系的不当，有的研究搜索引擎的功能问题，有的就品牌危机事件发问以追索根源，有的把书籍封面"再设计"一番以示对原有设计问题的揭示（图 4-28、29、30、31）。

毋庸置疑，对设计和创意的判断能力取决于一个人实践经验和理论积累，对设计历史和理论的

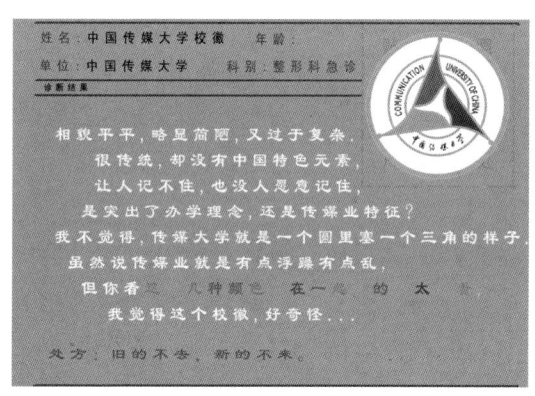

图 4-28　校徽设计"创意诊断书"，狄与菲（设计 2006 级）

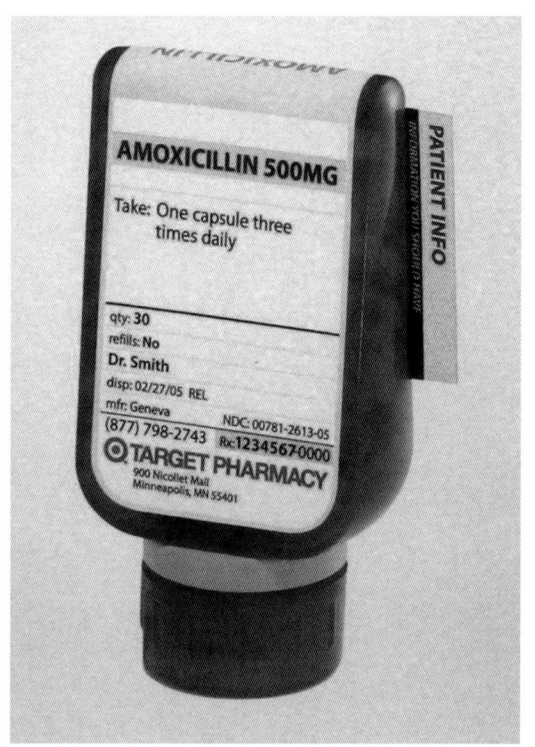

图 4-27　ClearRx 药瓶，设计：Deborah Adler

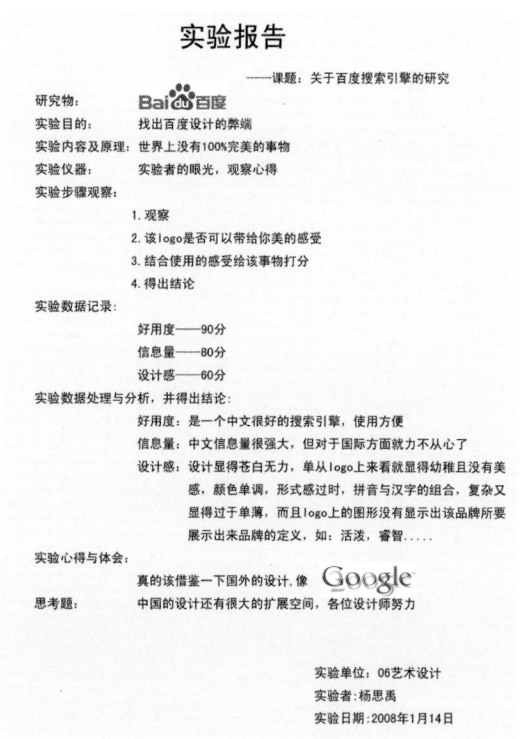

图 4-29　百度搜索引擎诊断报告，杨思禹（设计 2006 级）

第四章 创造力与设计思维 113

保障食品安全
请相信
我们一直都在为此努力
尽管路途艰辛
但我们依旧向前
也许环境纷杂
也许力量有限
但是
请相信
只要我们互相尊重与信任
团结就是力量
你要相信我们
更要相信你自己
所以
我就是要
喜欢吃、大胆吃、放心吃
因为我
相信我们的政府
相信我们的企业
相信自己的眼光

我是这样
你呢？
记得，我相信你

食品要安全：

相信我们的力量

信 我 们， 更 信 自 己

吕赟 作品
©2008 lyvisco

图 4-30　食品安全宣传广告，吕赟（公关 2006 级）

图 4-31 书籍《纸牌的秘密》，封面再设计：冯佳薇（广告学 2005 级）

忽视往往造成设计专业学生的视野局限。因为设计师并不被鼓励去阅读理论文本，而且多数时候视觉才能确实是以非文字的方式熏陶培养的，所以理论阅读不被重视。但设计批评家乔安娜·德鲁克（Johanna Drucker）曾说："我不认为设计需要理论，但我认为设计师需要理论。"[1] 设计师如何获得他们的理论？阅读必须要经过学习，尤其是阅读艰深文本的毅力，而设计师在很早就被允许放弃这种努力。如果设计师能够加强阅读，就将会更充分地意识到，他们制作的作品是要被阅读的。那些设计师认为重要的部分将会发生变化，他们将会对寻找如何将内容转换为值得阅读的内容更感兴趣，这个过程有别于他们从事设计实践，最终他们会意识到理论对于实践的指导意义，并且从中不断提升自身的思考能力和批评洞察力。

前文提到荷兰 Droog 设计团队的牛奶瓶灯、旧衣靠背椅、抽屉组合柜等设计都是对日常生活现成品的改造，确切地说，它们包含一种批评意识。比如抽屉组合柜（图 4-32）可视为即兴之作，由 20 个旧抽屉堆在一起用一根带子捆扎而成，这个组合柜没有固定的形式，抽屉可以随意进行组合和互换，它不仅推翻了所谓"优雅"但肤浅的设计，还对全世界的无节制消费进行了批判。这种"陌生化"的思维，形式本身不是关键，材料也不重要，问题在于材料与造物之间建立的一种联系，是有针对性的，有特殊指向的，其诉求重点在于设计思维所包含的批评观。

毕竟在一个跨学科时代，"设计的焦点已经转向强调观念与形式之间的因果关系。现在的学生可以将精力集中于智力的谋略、强劲的观念、有趣的

---

[1]〔美〕昆廷·纽瓦克：《什么是平面设计？》，中国青年出版社 2006 年版，第 60 页。

第四章　创造力与设计思维　115

图 4-32　"抽屉组合柜"，Tejo Remy，1991

故事以及深思熟虑的方法。"[1] 正像这一组学生做的纸品设计，作品在造型上一点不新奇，是我们熟悉的挂钟、垃圾桶、包、首饰（图 4-33），然而，它们是用各种废纸做的，有针对性地"再设计"为相对应的物品，其内在关联揭示的是现今的信息社会所产生的资讯与资源的矛盾。

美国人大卫·申克（David Shenk）提出了"信噪比"这一概念：你日常接触的信息中多少是有用的，多少是无用的？当信息积累得越来越多，它就不仅仅是膨胀了，而是成了一种污染。信息烟尘挤占了人们的空闲时间，阻塞了必需的思考。它甚至杜绝任何怀疑，把人们变成天真的消费者和小市民。信息占据人且把人压榨干了。不禁要问：今天的信噪比是多少？我们正被信息时代这庞大的

复印机"克隆"，沦为吐出来的一叠复印件中的其中一件，我们的生活被电视、网页、报纸的重复信息不断改写，如果不想在信息的汪洋中渴死，就得在信息的汪洋中淹死。

与此同时，我们正制造着无意识的浪费——日日消耗着大量的新闻纸、打印纸。虽然 20 世纪 60 年代就有人预测——电脑的产生将带领人们进入一个"无纸化"世界，此后"未来会无纸化办公"，但是事实证明，我们的办公用纸并未因为电子时代的到来而减少，反而在成倍地增长。

于是，作为一种批评的形式，学生设计了各有所指的物品，比如针对信息过剩与信息极易失效的现实，设计了一个由废报纸做成的"资讯钟"。在信息泛滥的今天，我们一天 24 小时都处在这样一个信息的狂轰滥炸中，而今日的新闻转瞬就成了"昨日的旧闻"。针对当下资讯与媒介形式的转型，设计了由旧杂志的废纸编结成的装电脑的包，阐明纸媒体为新媒体的发展奠定的基础意义，也表现了一种新老媒体交融的现状。针对人们无意识的耗费，设计了打印纸篓，材料就是废弃的打印纸，经拧、揉成条状，再粘接成纸篓，用来提醒人们在生活中尽量减少浪费。另一设计是针对印刷品的内容展开批评，即揭示广告和品牌诱惑的实质。杂志中充满了各种各样的广告，人们不断地接受着奢侈品广告的"时尚极品"的熏陶，故用杂志中的广告页叠成"纸首饰"以示虚荣的幻象。所以，各式各样的废纸利用与再设计，其实是对现实进行批评，而我们常常忽略了设计中的批评意识及其价值。在日常生活中，对现实的观察和关注都可能变成设计倡导的依据（图 4-34）。

今天的课堂内外，用动机调动起来的学生在认识能力上更富有创造性，教师的使命也不再是提供信息，而是提供洞见，以启发学生如何思考，用更敏锐的视角看待摆在眼前的问题。正如麦克卢汉的建议：解决教育问题的答案就是——要把问题送进课堂，并发起真正的对话。[2]

---

[1]〔美〕艾莉丝·特姆罗：《平面设计为什么？》，中国青年出版社 2006 年版，第 84 页。
[2]〔加〕马歇尔·麦克卢汉：《麦克卢汉如是说——理解我》，中国人民大学出版社 2006 年版，第 243 页。

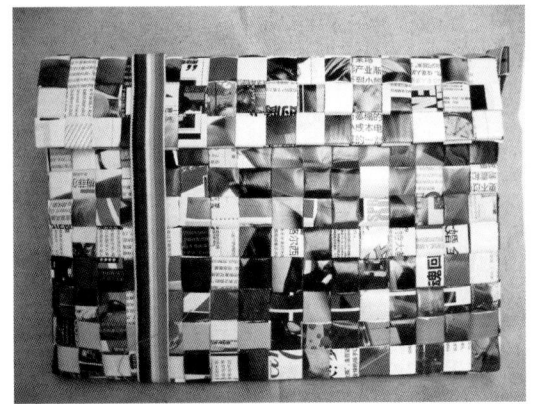
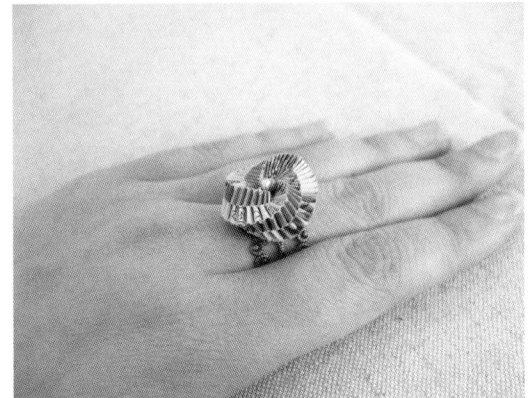

图4-33 《用纸批评》系列 "产品",设计:胥娓(设计2007级)

图 4-34 广告"节约资源，双面使用纸张"，宋琦（广告学 2001 级）

三、学习创意，优化生活

人口变得越来越多样化，消费者的需求也变得越来越个性化。设计师需要发展出新的策略，以跨越他们自身文化与所服务的异质文化之间的差异。"以人为本的设计研究包括一系列的方法，目的就在于洞察到底是什么能够服务或愉悦大众。"这些方法，设计学校是不会教的，设计师要更多地学会理解、观察和阐释人类的行为，能够了解设计如何发展，以及普通大众对其演变的理解。

我们生活在设计中，生活本身就是设计的起源地；而设计，归根结底就是我们对生活的发言，在我们熟悉的日常生活中蕴涵着无数设计的可能。日本设计师原研哉认为："创意并不是要让人惊异它崭新的形式和素材，而应该让人惊异于它居然来自于看似平凡的日常生活。不断开发出这些创意才是真正的设计。"[1] 由此看来，人人都可能成为设计师，通过日常中小小的灵感改变并设计自己的生活（图 4-35、36）。

很显然，要实现设计教育的可持续发展，不仅要优化经济与生态环境，还要优化社会人文环境，摒弃技术万能和片面追求经济增长、物质享乐主义的价值观，构建一种尊重他人、关照后人、公平对待大自然、充满人文理性的文明观和价值观。通过设计的实践活动，实现社会对人的关怀、人对人的关怀、人对自己的关怀。

学习创意和设计，优化的不只是个人生活，只有把设计教育的本质思考与人类对于设计的社会价值与文化价值思考的主题结合起来，并将伦理学的内容带入设计教育学科，让设计伦理、责任意识真正成为每个设计师工作中的自觉，才能创作出对人类今天及未来负责的设计（图 4-37），进而通过好的设计来真正提高人的生存质量与生活方式，促进社会健康合理地发展，以开拓更多人的创造力来确立未来社会人类的生活方式和文化理想。

设计从物的意义上开创了人的生存意义，创造了日趋完善的人工环境。既然好的设计让人们从"完美而纯粹"中体会到优美和雅致并由此感到愉悦，那么设计对人的教育就不只是限于学校，设计的影响渗透到每一个人的日常生活中，引导出生活者潜在的创造力，来设计每个人安适自足的生活。就能动的设计活动而言，创意的价值表现为对生活形态的开拓贡献，向人们提供了"自由生活"的新手段和新视野。设计师用灵感创造生活，用种种新颖的设计打破旧有生活形态的构架，在商业运作和媒介影响的共同推进下，"创意"一跃成为被体验、被消费的东西，它甚至可以是无形的东西（图 4-38）。

学习设计，究竟什么更重要？"学会尊重和欣赏蕴含其中的创意，尝试在这个物欲社会中，在拜物恋物之余，寻找人的弹性和可能性。简单地说，也就是在一堆精彩绝伦的设计物的团团围困当中，清楚明白如何设计更厉害的自己。"[1] 从设计创意中提取优化生活的智慧，比消费创意更重要，正是

---

[1]〔日〕原研哉：《设计中的设计》，山东人民出版社 2006 年版，第 34 页。
[2] 欧阳应霁：《设计私生活》，生活·读书·新知三联书店 2003 年版，序言。

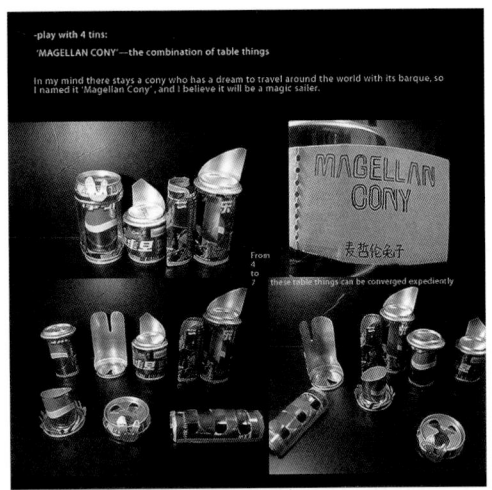

图4-36 废弃易拉罐再设计：音箱组合，孙明明（设计研究生2004级）

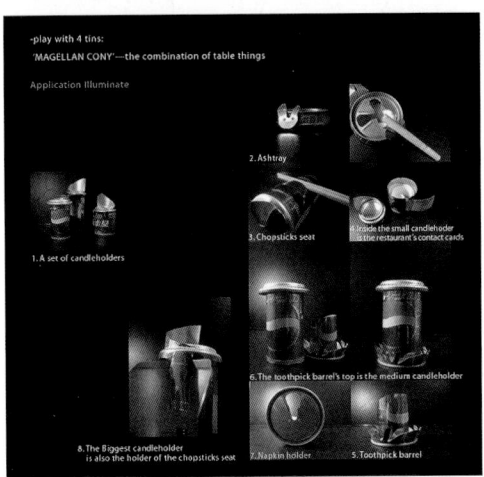

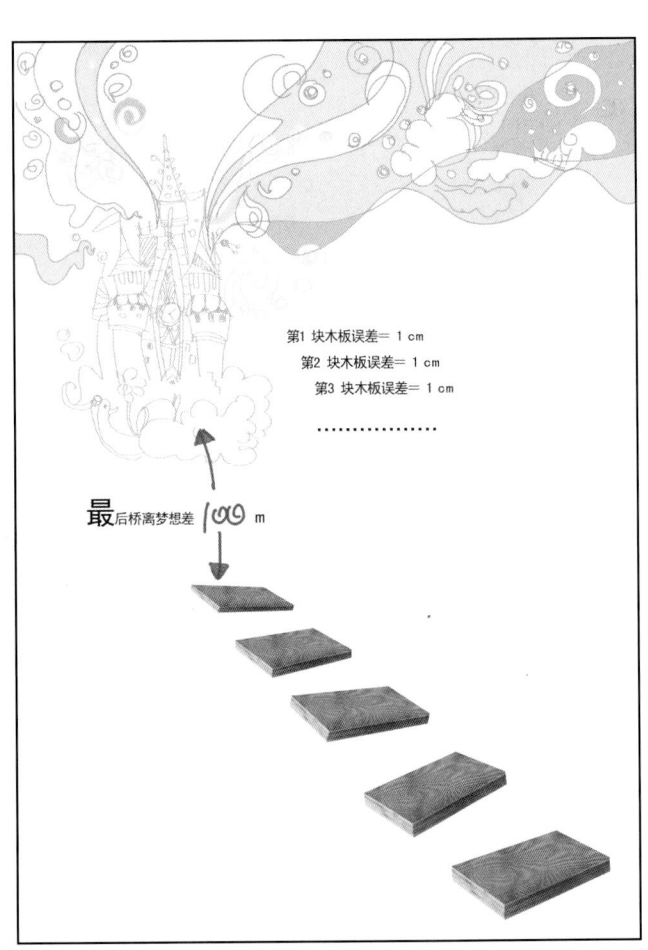

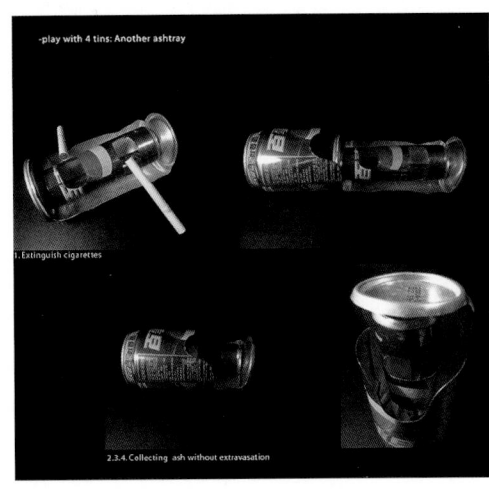

图4-35 易拉罐再设计："麦哲伦兔子"餐具配件，范雪兰（设计研究生2004级）

图4-37 公益广告"梦想与改变——木桥篇"，梁倩瑜（广告学2005级）

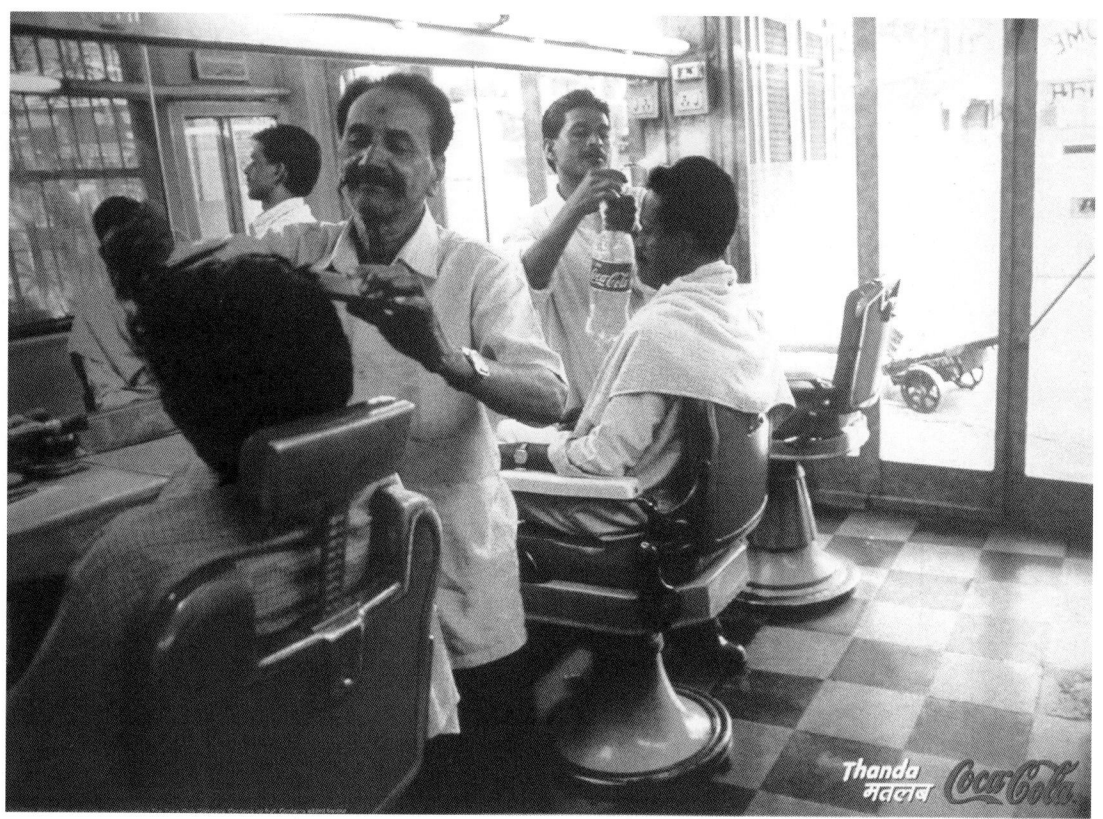

图4-38 可口可乐广告中瓶子的"巧用"

在这个基础上,设计成为人类十分主动和相当自觉的一种行为。

古希腊学者普罗塔戈(Plutarch)写道"头脑不是一个被填满的容器,而是一把需要被点燃的火把。"设计教育究竟能够给予学生什么?教育事业的前瞻性究竟应当为学生的未来做出怎样有远见的思考?教育者点燃学生头脑的方式的确各异。3000年后,点燃学生头脑的现代设计教育发轫于包豪斯。包豪斯的形式导师伊顿曾言:"设计教育首先应解放和加强学生的想象力和创造力,注重自由发挥,而提高和促进学生的表现能力是老师最艰难的工作"。点燃头脑、激励梦想的教育才是与创造力相匹配的。

设计教学最重要的是让学生懂得挖掘自己的潜能,锤炼独立思考和解决问题的能力,让每一次设计都可以发挥自己的创造性思维,得到心智磨砺。更进一步的尝试是让设计教育能够面向生活,深入生活,把生活引入设计。设计和生活有着密不可分的天然联系,对于学习设计的意义,我的一位学生给出了她的答案:"设计课对于我们究竟有什么用?也许,必要的感觉培养帮助我们形成完整的个人素养。可我从设计中学到更多的是感觉的深入,进而发现了生活的棱棱面面,不仅靠知识的传授,还有关于生活和人生态度的表述。那一个个设计例子饱含着对生活的认真、仔细和投入,让我明白这种用生命创作的状态很充实、很有意义!"

创作训练C：海报、综合

C-1 《梦想与改变》公益海报，设计：冯佳薇（广告学2005级）

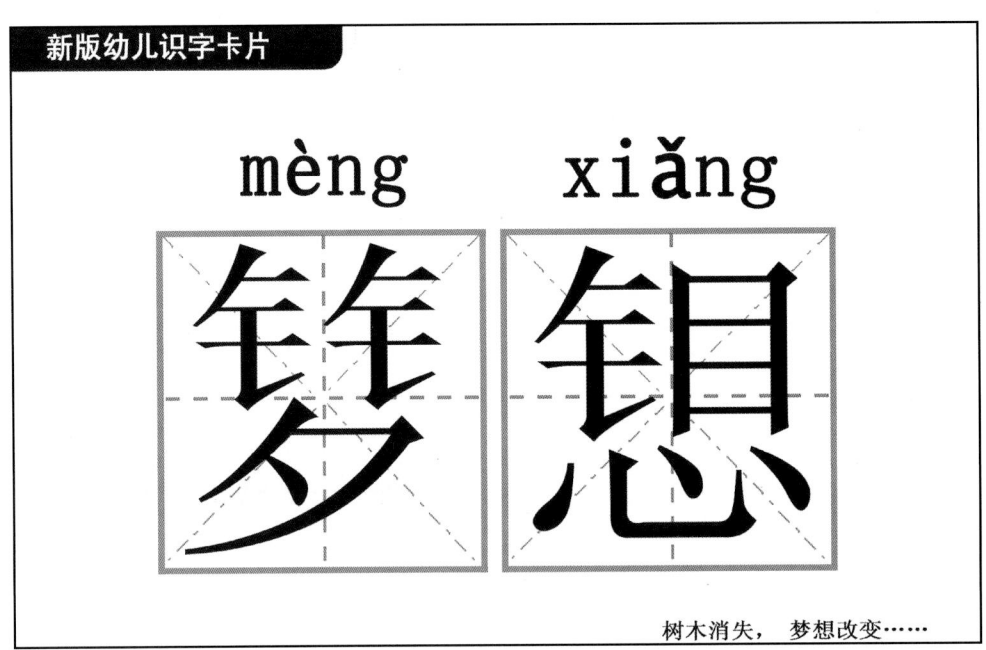

C-2 《梦想与改变》公益海报，设计：庞佺（广告学2005级）

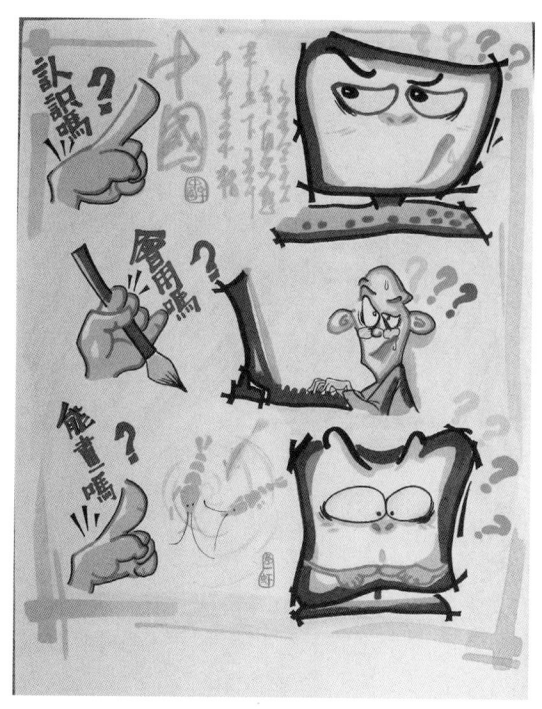

C-3 "被遗忘的书写",设计:何盈欣(公关2005级)

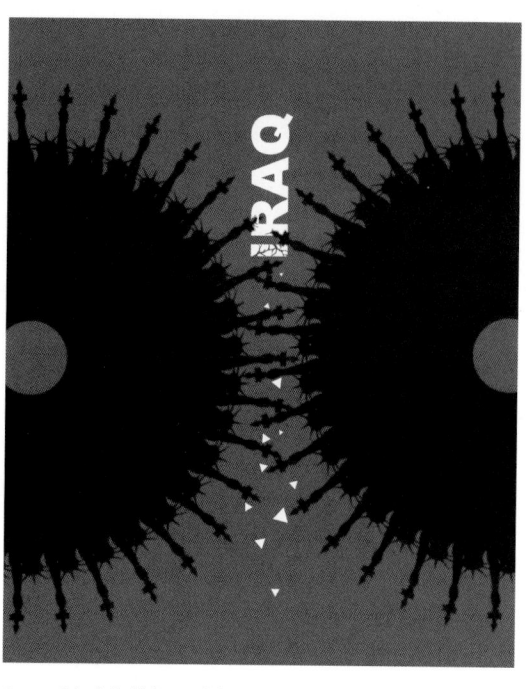

C-4 "自由与战争",海报设计:邓卓(设计2005级)

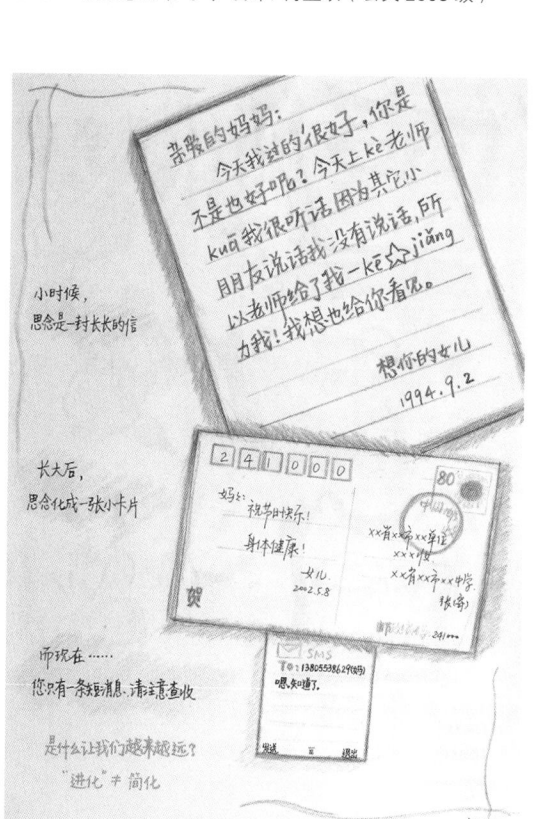

C-5 "被遗忘的书写",设计:张璐瑶(公关2005级)

C-6 "80年代回忆手册",设计:李熹微(设计2003级)

C-7 意大利 AC 米兰足球队队歌的包装，设计：车晓茜、周扬（广告学 2002 级）

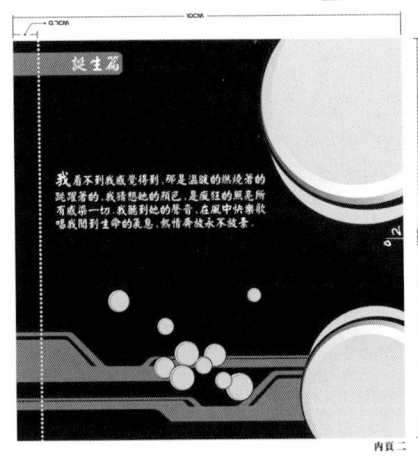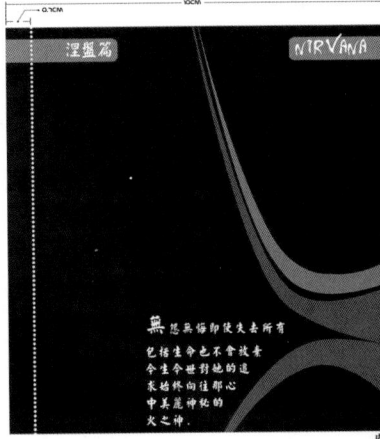

C-8 关于"火"的版式设计：徐晨帆（设计 2001 级）

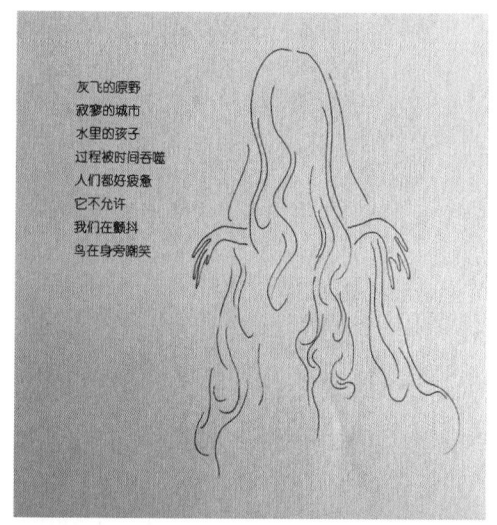
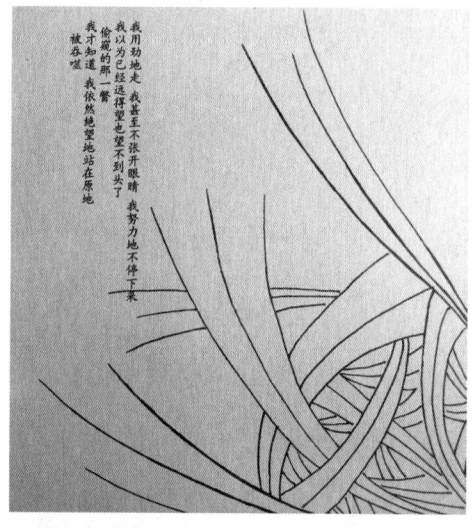
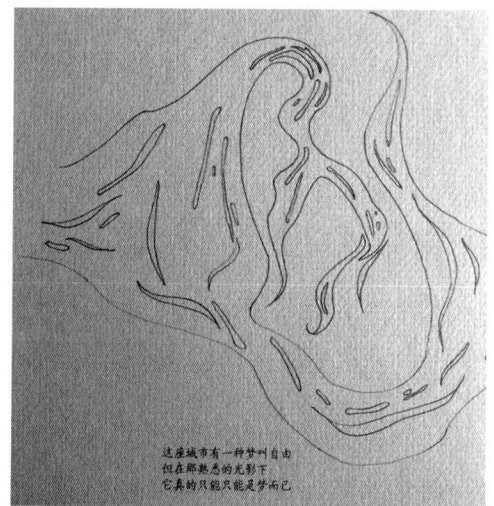
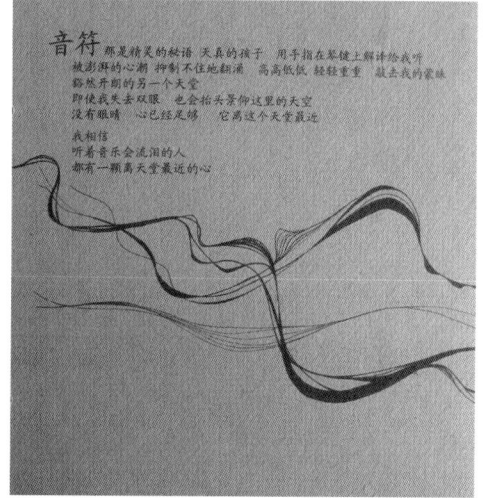
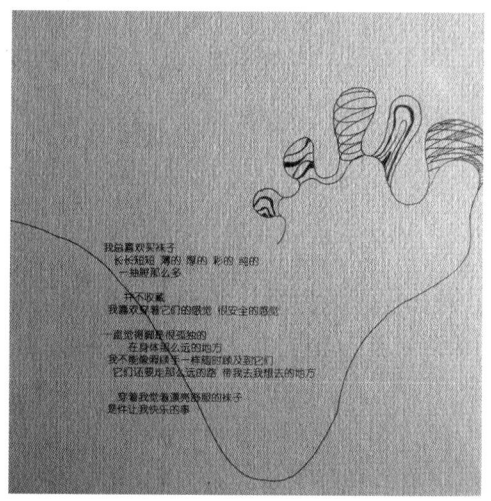
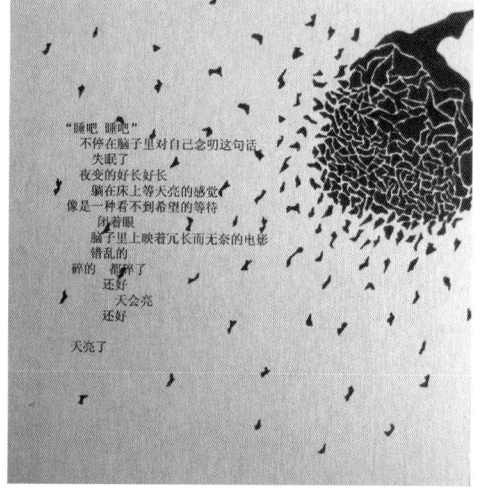

C-9　概念书《你说什么？》，设计：高珊、张磊磊（设计2001级）

第五章　视觉创意与设计表现

第一节　意匠文字

世界上任何一种成体系的文字符号，都是一个形、音、义的有机整体。丰富多样的字体形式具有不同表现力，也会呈现出不同的风格特征和感情色彩，字体风格不仅指其样式的艺术特点，也包括形式美感给予人的情绪渲染，是一种趣味格调的表征。

一、表情与表意

文字是人们思想感情的图画形式，是记录语言信息的视觉符号。由于文化和历史背景不同，文字各有独特的基本线态，概括起来文字分两大类：表意文字——字形大致相似于外，而蕴藏深意在内，每个字都有独立意义的方块字（如汉字）。表音文字——也称拼音文字，字母本身没有意义，必须串连成词、字形长短各异的拉丁字，应用的国家包括欧美各国。

从内部结构和外部形式上看，这两种文字存在着很大差异。表意文字（如汉字）在经过简化、合成、假借、附声的发展演变后，形象上有的延续了象形的特征，有的则是抽象形态的。表音文字是用符号（字母）来表示语音的文字，形象显然是抽象的。表意文字和表音文字亦有相同之处：同是规范在一定的形状之中，有高度上的条理和比例；同是以力学为原理而形成字形结构上的对称和均衡；同是以笔划线条的宽窄、长短，结字的疏密、方圆、刚柔、曲直及空间的大小而形成节奏和韵律；同是依照一定的构成法则组成富有审美感染力（包括个性、情趣、特点）并赋予视觉化（视、知觉的作用）的文字形象。[1]

文字与有声语言最重要的区别就在于它是通过视觉而不是听觉感知的文字符号，"言，心声也；书，心画也"，文字是人们思想感情的图画形式，无论是表音文字还是表意文字，都具有表情性，有的可从字体外形上直接感知或体认，有的则是文字内在含义的流露。

一般说来，文字设计是一项从属于整体作品（如广告、包装、书籍设计等），又具有相对独立性的基础平面设计，它有一系列特定的关于字体塑造的内在规律以及必须遵循的设计原则。作为提高现代传媒的视觉效果和美化版面的一种构成技术，文字设计是围绕某一具体内容或主题所进行的塑造清晰完美的视觉形象的文字造型活动。所以，文字设计以研究字体的合理结构（点画、字架）、字形之间的有机联系（字距、行间）以及文字的编排为内容，探讨文字造型的理论与技术。具体地说，它包括字形提炼、编排酝酿、情调确立、构图想象和表现形式的选择等一系列形象思维创造的过程（图5-1）。

和汉字比较，表音文字的字母本身不具含义，形态多呈几何形，如三角形（A、V）、圆形（O、Q）、方形（H、E）、折线形（M、W）、曲线形（C、S），相对于汉字的方块形给予人的沉稳感而言，显然轻巧灵动一些，字母组合成词更能体现出几何形富于变化的特征（图5-2 英文字母设计手指篇、图5-3 剪纸篇、图5-4 零件篇）。因此，文字设计是在把握表音与表意文字的基本特征以及东西方文化的

---

[1] 虞刚：《现代字体设计艺术》，河北美术出版社1992年版，第2页。

第五章　视觉创意与设计表现　125

图 5-1　海报中的"字形即涵义"，田中一光，1986

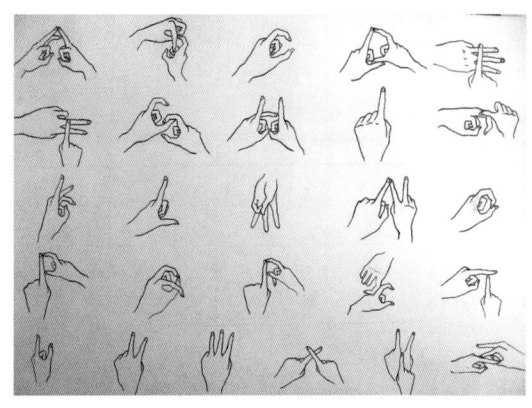

图 5-2　英文字母（手指篇），徐侃（设计 2004 级）

性格差异的基础上展开的，以充分表达文字的图形意义与内在情感。文字的表情性其实与文字图形的构思与表现方式密切相关，无论是从文字自身的结构规律中寻找表现的途径，还是从内容所表达的含义中寻找与之相符的有意味的形式，又或者是对字体手法、风格、品味进行有趣的装饰处理，我们都可以从字形、字义和文字的编排中体会文字的传情与传神效果。

　　面对丰富多彩的生活需要，仅仅依靠现有的印刷规范体是远远不够的。只有在对现有字体的理解基础上，对字体的使用范围、应用对象和审美特征有所认识，然后把艺术的想象力和创造意识融入字体的设计之中，才可能创造出个性独特、形态各异的字姿、字貌。平面设计的"鬼才"施德明在运用字体方面完全摆脱了既有的任何模式的束缚，为追求表达新形式，他远不只是一点疯狂而已，前文提及他曾用镭射笔将信息刻写在自己的身体上让人惊异。施德明常用手写体来代替印刷体，手写更直接便捷，且充满个人风格，他为摇滚诗人 Lou Reed 设计的新专辑封面，将手写歌词布满 Lou Reed 的面孔，仿佛一位刺青的萨满（图 5-5）。在唱片内页中，他使每首诗都以不同风格的字体

图 5-3　字母设计（剪纸篇），刘秋郁（设计 2004 级）

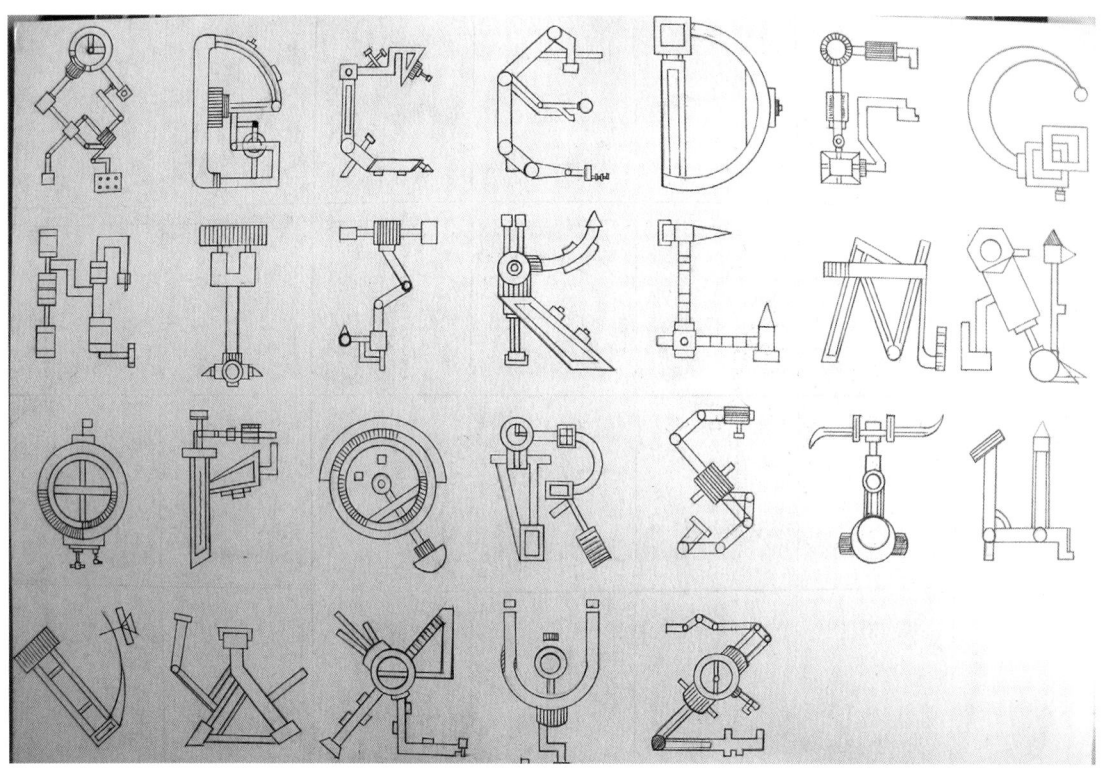

图 5-4　字母设计（零件篇），欧阳毓建（设计 2004 级）

来"造境"，字体模糊的、被眼泪溅湿的、倾斜的、套印的、褪色的，或如糖落在纸页上等等效果。施德明不仅感到字形效果的重要，而且他会用意想不到的方式来结构字体，使它们的形态千变万化并能传达心境（图 5-6）。

可见，现代字体设计并不只是停留在表面对文字进行美化加工，而是以字形和字意的内在组合关系作为视觉信息传达的媒介来进行个性化的设计表现。

文字由象形到抽象的演变使文字形象化、字意象征化。象形的设计手法是把文字化为图画元素来表现，对文字的整体形态进行艺术处理，具象的图形和抽象的笔画巧妙结合，将字体塑造成半文半图的"形象字"，体现绘形绘意的创意性。意象化的设计手法则是把握文字的意象品格，将文字中不具备形象感的特定含义在字体结构形态中彰显出来，以文字的笔画与空间结构作灵巧的变化来传达文字的内涵，使之具有视觉化的表情并以此构成自身的趣味。意象化是一种寓意变化，让人"顿悟"

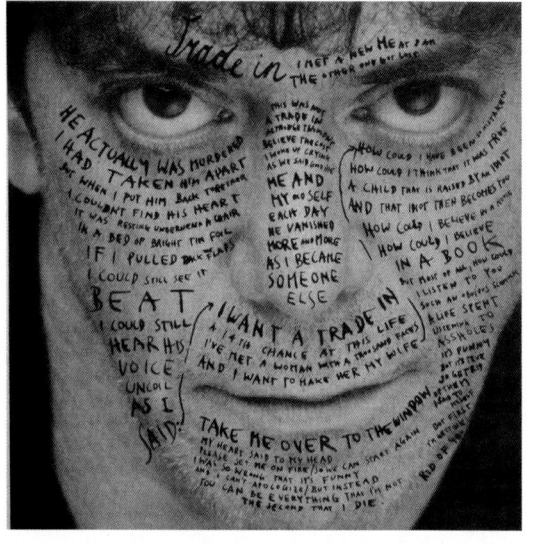

图 5-5　Lou Reed 的专辑《*Set the Twilight Reeling*》

字体设计中的贴切传神，比如预防艾滋病的海报以人体构筑字形（图 5-7）。

在很大程度上，传达内容及功能性质决定了设计表现形式的选择思路，从而使文字设计从单纯的说明与装饰转向运用字体图形或结构本身去反映内容,以达到"形美以悦目,意美以感心"的理想效果。

图5-6 物—字—诗,Stefan Sagmeister

图5-7 预防艾滋病海报——STOP AIDS NOW

二、汉字的形意之美

在五千年的发展过程中，汉字已形成最完善的"信息记录体系"，文字和语言一致地作为思维的物质外壳，对整个审美意识与审美传达产生了巨大作用。具有经验图式性质的汉字，对中国艺术形象体系的基本特征的形成和发展，起到了不可低估的作用。汉字对于人的知觉和理解力的刺激作用是全方位的，"它首先是视觉的，进而是隐含客观对象物的，同时是隐含人对于物的创造性想象的，隐含人对于客观事物规律性感悟的"[1]，钱穆先生在其《中国文化史导论》中精辟论述："中国文字亦可说是中国人独特创造而又别具风格的一种代表中国性的艺术品"。

在人类迄今为止的全部发明中，还有没有比文字更伟大、更神奇的东西，这些横竖勾圈的符号能将那么多具象的或抽象的东西传递给你，并让你由此再创造出唯你才拥有的另一种现实，一种任何现实都不可替代的内在的灵性。浸淫于文字，我们获得的是一种浸润心灵的营养，一种甚至可以触摸的生命激情。吕胜中先生的《意匠文字》[2]是最令笔者感怀的例子，他用"龙"、"凤"两卷线装书将他经年累月从民间收集的各种汉字形态汇集在一起，以他最真诚的对文字的崇敬之心给读者来讲述一个个文字美丽的故事（图5-8）。

中国民间传统装饰将花卉、人物故事情节、吉祥寓意融入字体造型之中，如"寿"字，"双喜"以及民间剪纸中用福字组合的"十二生肖"图形等。汉字图形常作为民俗活动的一种符号甚至是信物，如婚事的"喜喜"字，丧事的"奠"字，祝寿的"寿"字。人们在这些民俗活动中创造了千姿百态的汉字图形，如"百喜图"、"千寿图"、"万福图"

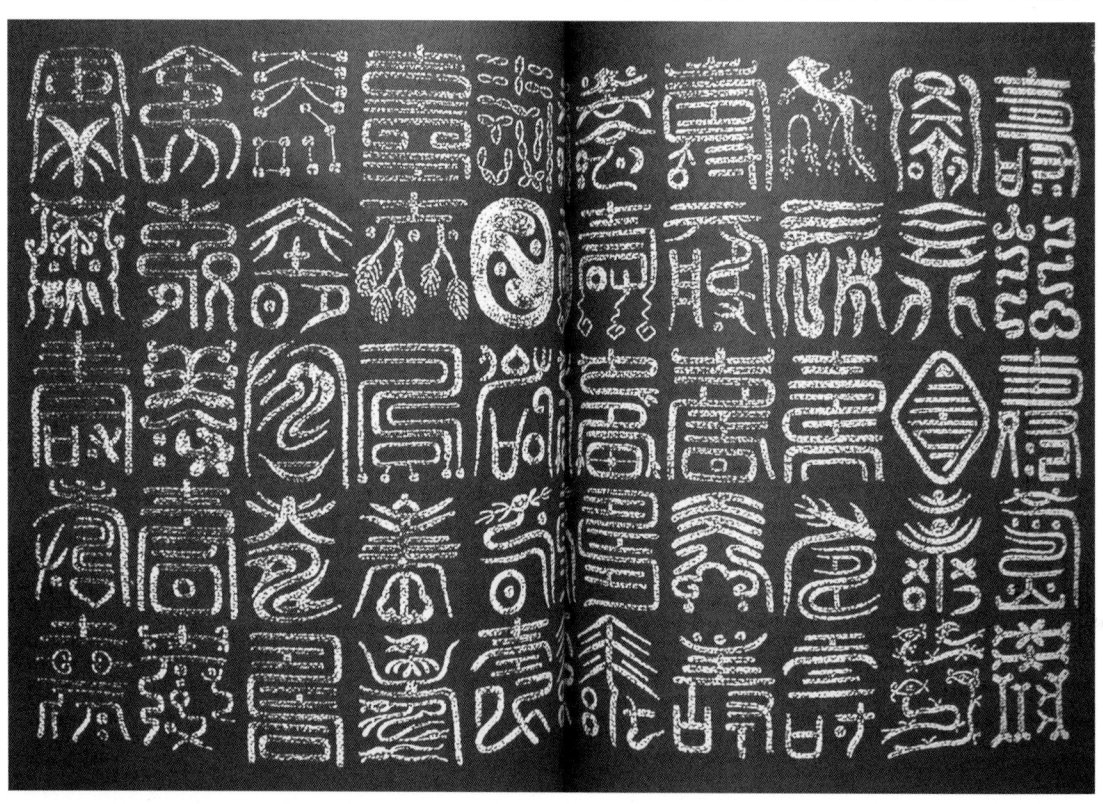

图5-8 汉字的悠久传统——日本民间袱纱绣《百寿图》

---

[1] 陈宏年：《广告设计概述》，北京广播学院出版社（现为中国传媒大学出版社）1999年版，第34页。
[2] 吕胜中：《意匠文字》，中国青年出版社，2000年版。

等，都是利用穿插自然、生动流畅的文字图形营造出欢乐的气氛。从这么多文字装饰的意象巧变中，我们怎能不赞叹民间百姓的无穷智慧！

另外，中国的书法艺术也让我们对文字的形意之美有更直观的体认。古代的书法艺术从观察自然界万物姿态而得到启发，匠心结体。"凡欲结构字体，未可虚发，皆须象其一物，若鸟之形，若虫食木，若山若树，若云若雾，纵横有托"（蔡希综《法书论》）；"于天地山川，得方圆流峙之形；于日月星辰，得经纬昭回之度；于衣冠文物，得揖让周旋之礼；于须眉口鼻，得喜怒惨舒之分；于虫鱼鸟兽，得屈伸飞动之理；于骨角齿牙，得摆拉咀嚼之势。随手万变，任心所成，通三才之气象，备万物之情状"（李阳冰《上李大夫论古篆书》）；"缓则鸦行，急则鹊厉，抽如雉啄，点如兔掷"（梁武帝《草书状》）等。[1] 可见，笔触的拟物和书体的拟自然都是早期评价书法的美学标准。

中国书法是如此的有生命！它的构成不过几种简单的墨色线条，然而却是造型之造型，抽象之抽象，动静之交汇，时空之凝聚，自我之深至微的表现。书法的生动笔意和艺境，行云流水般的气韵，飘散着只可意会不可言传的玄奥之感，给人思绪的自由和奔放的遐想。苏轼曾言"书必有神、气、骨、肉、血，五者缺一，不为成书也。"后来唐太宗又在《指意》中描述"夫字以神为精魄，神若不和，则字无态度；以心为筋骨，心若不坚，则字无劲健。……用锋芒不如冲和志气。"[2] 也因此抽象的书法同样感动了那些不懂汉字的人们，他们的欣赏变得纯粹"唯观神采，不见字形"，完全超越了字意的束缚，对变幻莫测的墨色线条感到奇趣横出，在他们眼里，这就是中国艺术的神秘诗意。

书法不仅有结构，还有笔意，结构仅是运笔的依据，而书法的风格还靠笔意，笔意又受情感支配，但出笔后的效果往往又是意想之内，意料之外的。充分领悟书法精华绝妙所在（图5-9），难道不是现代汉字设计得以重现造型意蕴的必要积累吗？

当然，现代字体设计并不能生搬硬套运用书法，它一方面要继承传统书法艺术的意趣，另一方面又要将这种意趣融入图形构成中去进行艺术加工，要根据具体的广告、包装、书籍、展示设计等来考虑书法的适用性。例如"中国四季·二十四节气"的字体设计，有的采用书法表现，借汉字造型、设计技巧（简化、繁化、夸张、变形）、笔墨效能（笔触、墨韵）及装饰手法来传达设计者的美学观念，讲究如何以点、线、面架构出新的布局，提炼产生多种线条语言与文字境界，蕴涵了设计的主题或精

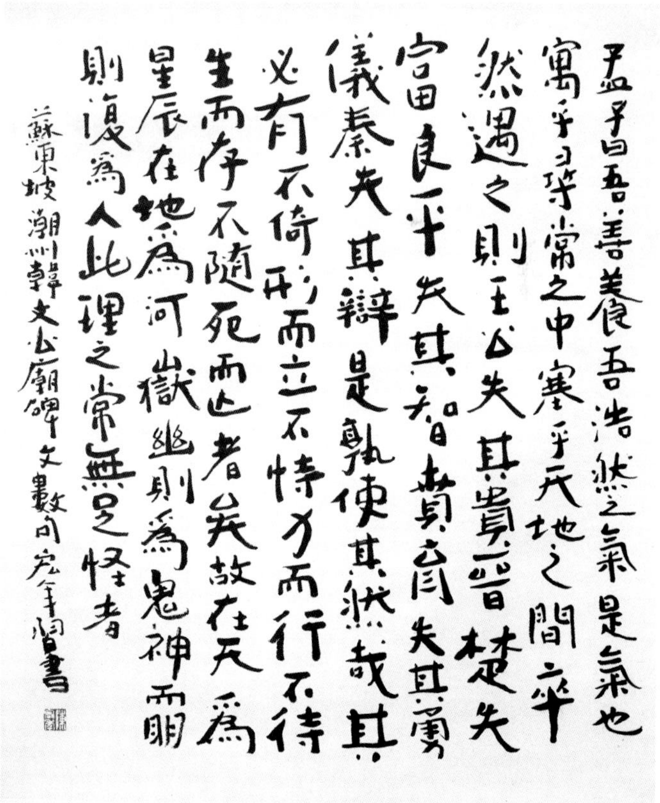

图5-9 书法汉字的形意之美，书法家：陈宏年

---

[1] 转引自钱钟书：《书法艺术的启示》，见《钱钟书论学文选·第四卷》，花城出版社1994年版，第144页。
[2] 转引自熊秉明：《中国书法理论体系》，天津教育出版社2002年版，第23页。

图5-10 "中国四季·二十四节气"字体设计,樊烨(设计研究生2008级)

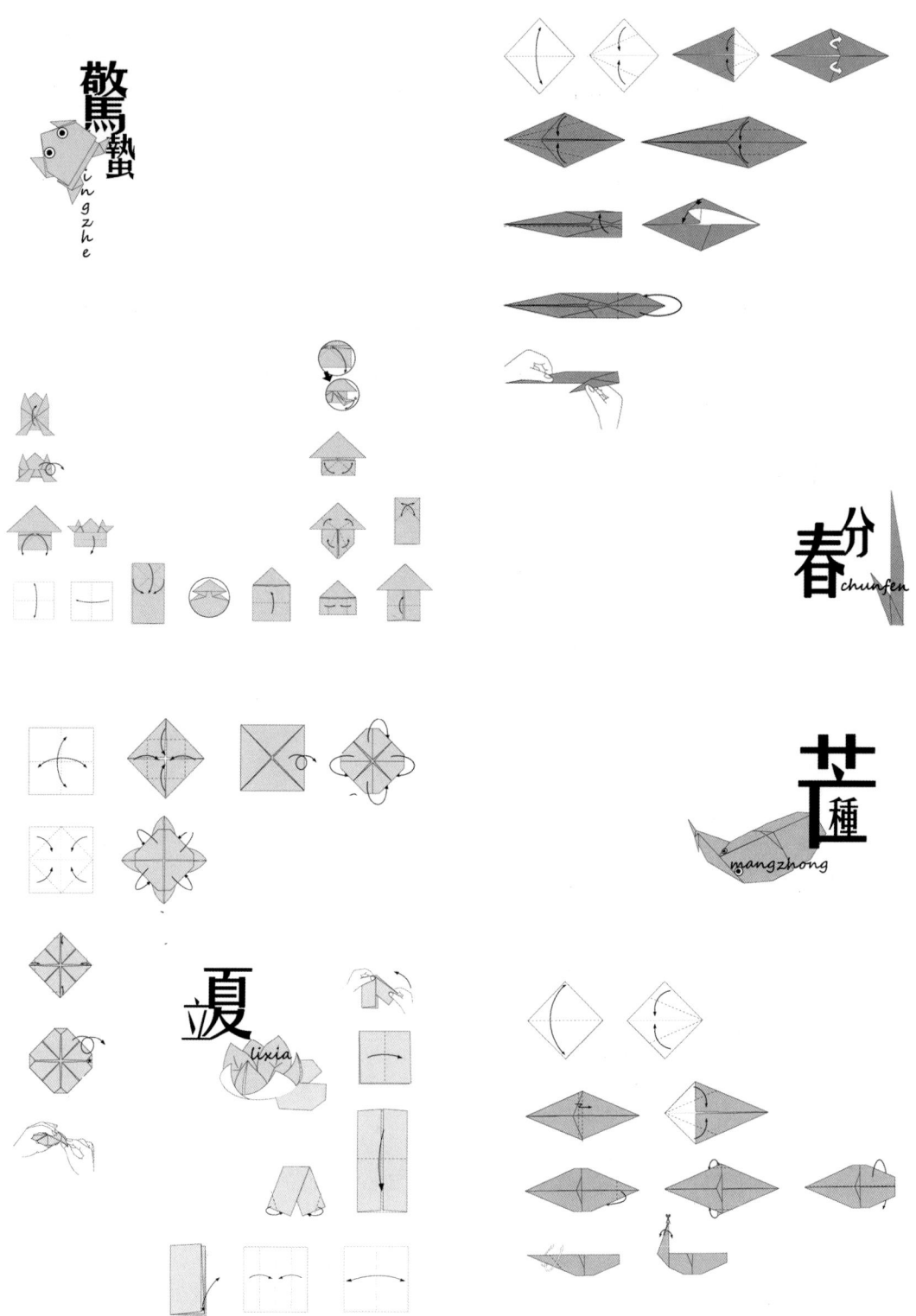

图 5-11-1 "中国四季·二十四节气"折纸字体，吴昊（设计 2008 级）

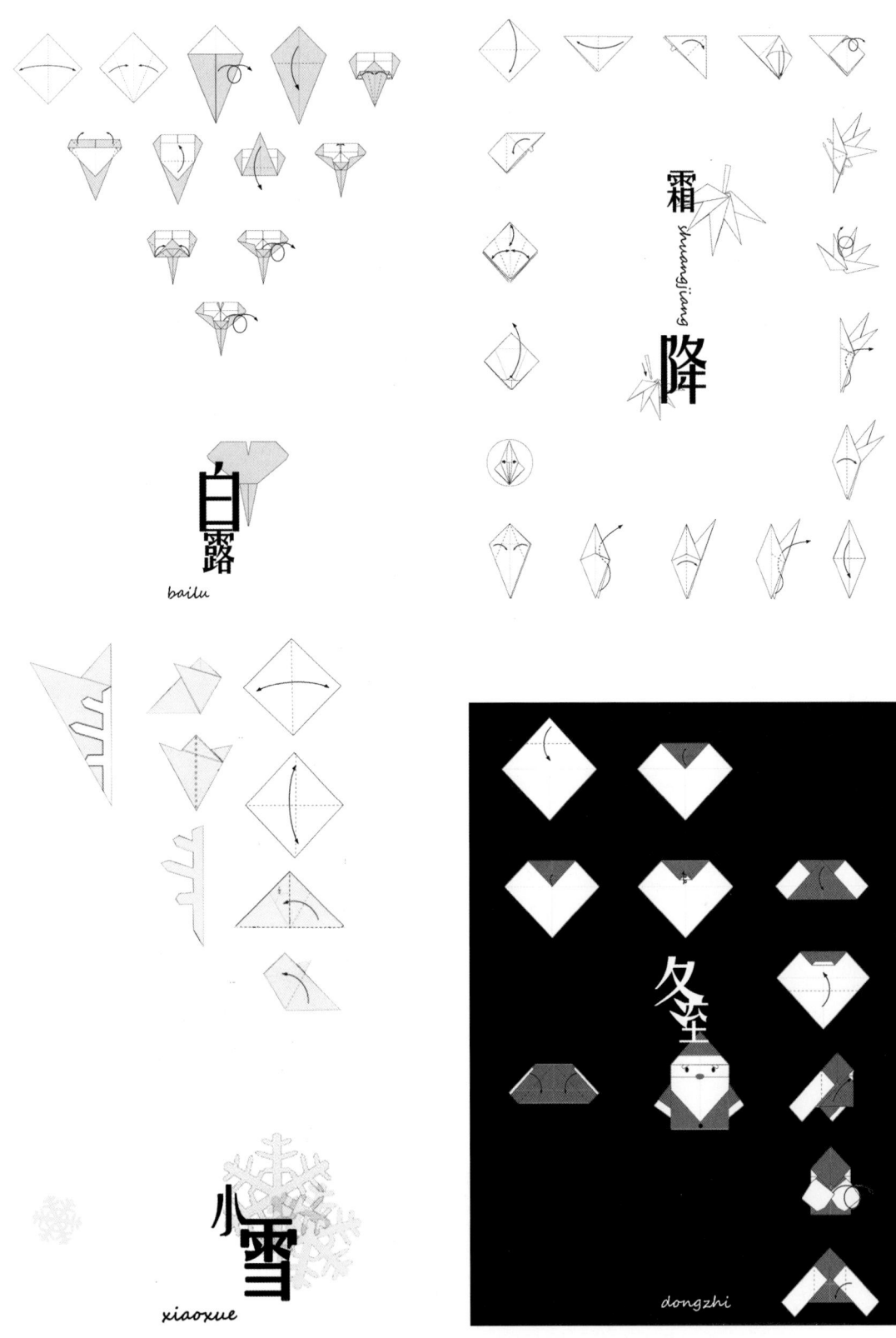

图 5-11-2 "中国四季·二十四节气"折纸字体,吴昊(设计 2008 级)

第五章 视觉创意与设计表现　133

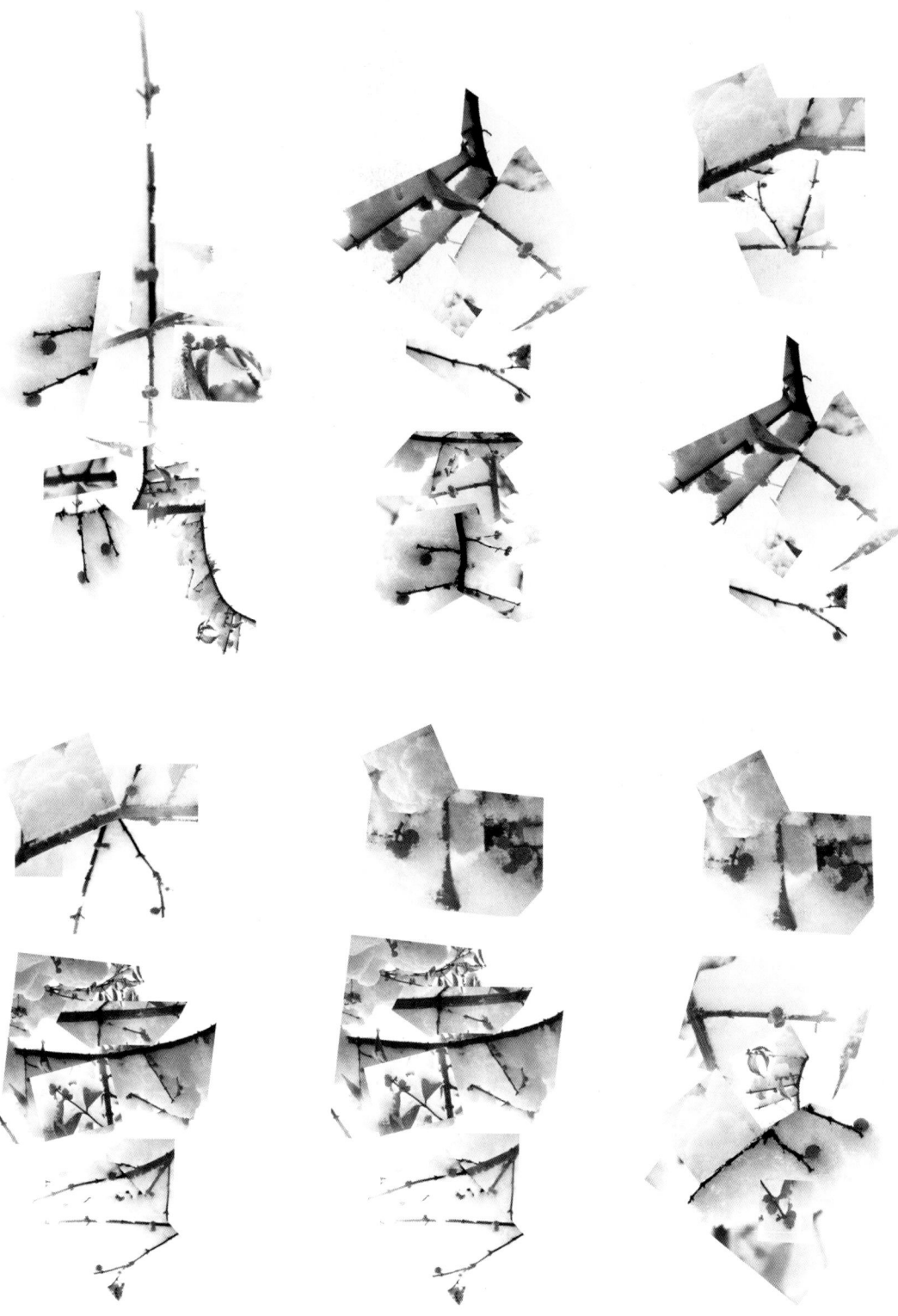

图 5-12 "中国四季·二十四节气"字体设计——樱桃树拼图，康清（设计 2008 级）

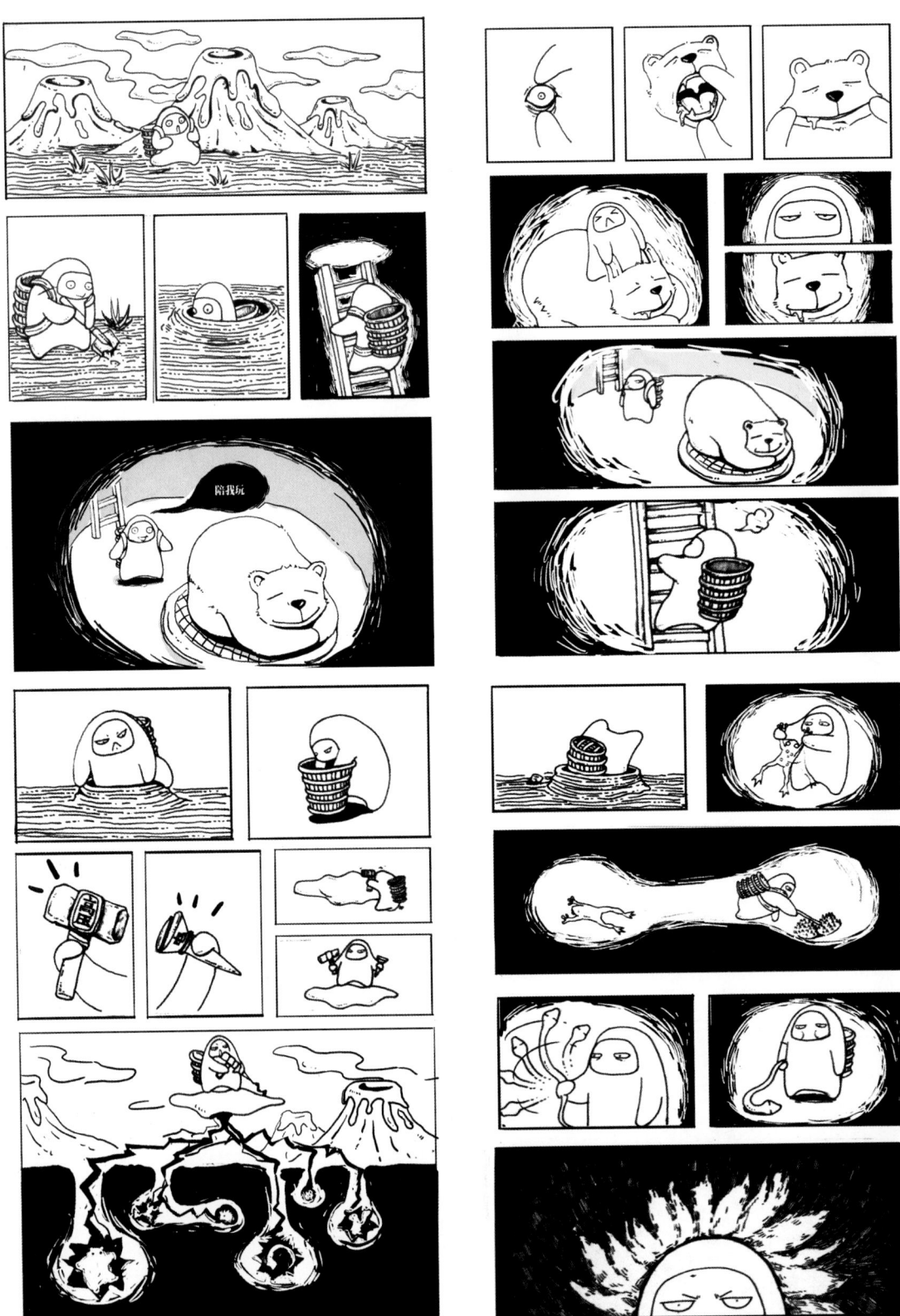

图 5-13　漫画《惊蛰》，创作：陈晨曦（设计 2008 级）

图 5-13 漫画《惊蛰》，陈晨曦（设计 2008 级）

神追求（图 5-10）。还有的运用折纸（图 5-11）、拼图（图 5-12）、漫画（图 5-13）等手法去结构字或传达二十四节气各自的特色，跳出了传统字体设计的观念，在字体的运用方面显得各异其趣。

中国艺术家徐冰创作的"天书"《析世鉴》，1989 年在中国美术馆展出引起轰动，他造的"汉字"是读不懂的，文字的表面内容抽掉了，光剩下白纸上的没有意味却充满感情的"字"。这里面包含着徐冰对世界的一种特殊体会，是他精神世界的一种表达，这些似是而非的"字"，给观者的冲击力出奇地强烈。徐冰后来旅居美国，却从没放弃对汉字的迷恋，他要把书法的体验带给西方人，于是，他的"新发明"英文方块字有着汉字书法一般的笔画，却都是由英文字母拼合成的单词。徐冰在英文书法之后又创作了"地书"，如果说"天书"是由人人不识的字组成的，那么"地书"则是由人人都解其意的图形符号为元素，即使是目不识丁的人也能明白它的含义。

本质上说，汉字是一种经验图式，不论是象形、形声、指事、会意，都是对反映对象主要特征简化的或暗示性的描述。正因为汉字具有符号化、图案化、形象化的特点，而且在内涵中始终保持着很强的象征因素，才有可能形成以形表意、以意传情的字体构成，因此这种"语言的图画"凝聚了一种特有的形象观念与审美心态。

三、文案攻心

作为视觉传达的能动因素，字体造型在气质、性格、美学上给予人的感觉连同文字所蕴藏的深意，将会产生强烈的吸引力和图文并茂的艺术效果。视觉设计在表达某种意义和效用等方面，单靠图形、图像是无法肩负的，非文稿不可，文字极强的思想表现力，是一种特殊的视觉语言，文字不仅在"说明"更是在"诉求"和"表现"（图 5-14）。

广告文案或许是现代写作中最富趣味又最难的一种，它强调个性化的话语及其表述方式的特点，使不同广告之间有明确的甄别。标新立异绝非空穴来风，只有当文案言之有物时，广告才会扣人心弦。因此，怎样使文案简明扼要地把信息传达清楚，同时又确保文字精彩生动可以信赖，怎样找出关于商品能使人产生兴趣的"魔力"，进而找到一种正确的诉求，并能极其迅速地导引消费者得出有必要"再走近一些、了解多一些"，这实在是一种艺术。

再有"魔力"的话语也是与产品巧妙关联的，否则只是空谈。关于广告文案的"攻心"之法，不得不提许舜英和她成就的"意识形态"广告。"意识形态"是台湾的一家广告公司，许舜英是其创作的灵魂。无论是"意识形态"还是许舜英，都可视为是特立独行的品牌，他们对华文广告的影响力不是可以在被同行无数次研读、学习、模仿、消化后就能够抹杀的。

"你可以买到流行，不一定买到态度。"（中兴百货广告语）阅读许舜英所代表的"意识形态"广告文本，犹如置身于一个难以言说的创作意识深层的"气场"。

"到服装店培养气质，到书店展示服装。"（中兴百货）

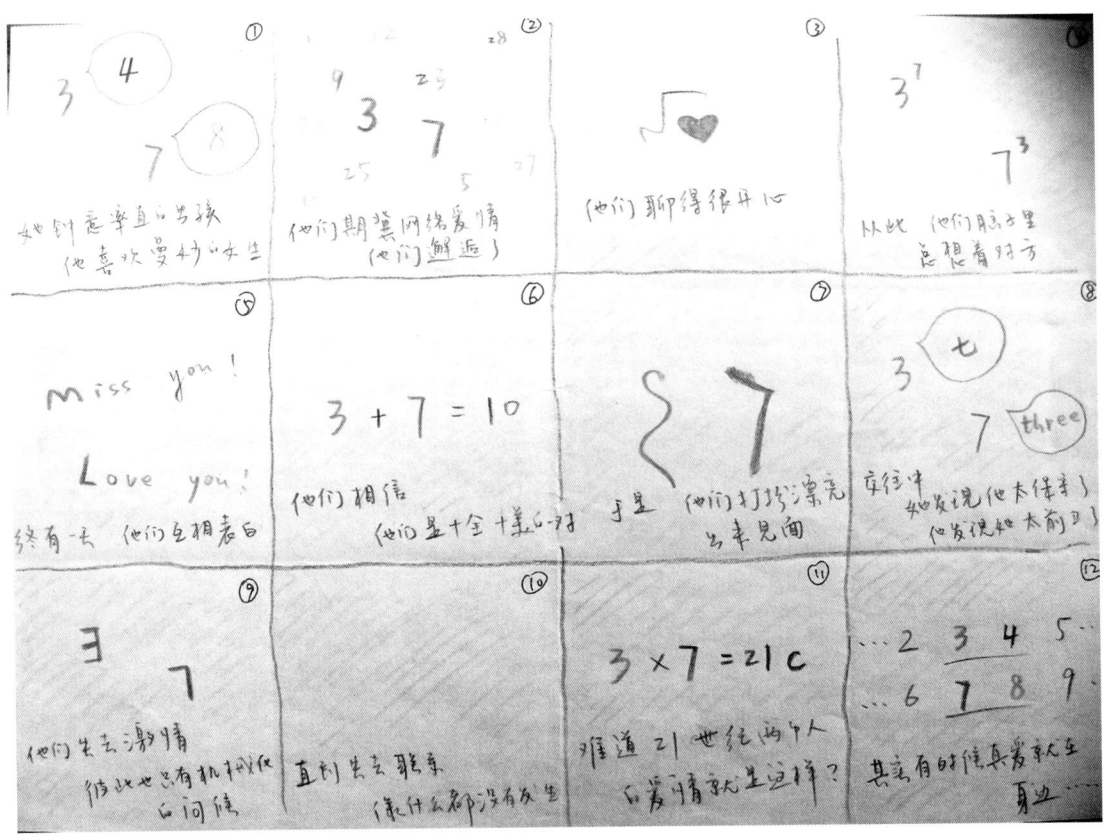

5-14 "网络爱情——3和7的故事",脚本创作:易畅(公关2001级)

"服装是一种高明的政治,政治是一种高明的服装。"(中兴百货)

"不景气不会令我不安,缺乏购物欲才会令我不安。"(中兴百货)

"知识使你更有魅力。"(中国时报)

"逃避现实不如逃到 Toshiba 电视里去,戒掉爱情比戒掉 Toshiba 电视容易。"(东芝电视)

"他本来只想买洗衣机,不小心买了一家洗衣店。""他很讨厌洗衣服,于是买了一家洗衣店。"(东芝洗衣机)"再有诗意的衣服,也无法适应没有诗意的社会。""再有诗意的衣服,也无法掩饰没有诗意的社会。"(中兴百货)

通过与诉求对象的精神对话,"意识形态"的广告文本把时尚变成一种态度;把流行消费变成一种生活美学;把购物变成一件有创意的崇拜。体现出"意识形态"广告对流行文化的独到见解,在概念沟通、表现形式、美学风格上的先锋性和实验性则不断引发话题、争议和风潮。

许舜英的犀利与幽默、张致与佻达以其后现代的、都市女性的灵敏话语,张扬出一种偏执、另类的却又非常专业的姿态。在她看来,广告不仅仅是广告,广告还是生活美学的体验与表达。在她看来,"意义之不可能性"才是写作存在的可能性。与其说广告是一种沟通,不如说广告是一种挑逗的艺术。所以,对许舜英而言,问题始终在于"怎么写",而不在于"写什么"。于是,我们看到了如此意识流般神出鬼没的视觉影像和如此清晰逼人的时尚宣言(图5-15)。广告文本所包含强势的观念性,令既往肤浅的时尚命题一下潜入错综迷离的意识中又忽然淬炼成鲜明的生活主张和消费哲学观,视觉不过是文本先决状态下的有形思考。

广告学者黄升民在评价意识形态为中兴百货所做的广告文案"SICK OF WINTER"时写:"世界轮回。从细腻到粗糙,从高雅到低俗,从欢愉到恶心,从什么到什么。创意世界也是如此,有种种的调性和玩法,可以单分也可以组合,再加上行为

第五章　视觉创意与设计表现　137

房子是一种什么样的商品？它与普通商品的属性有何不同？房地产广告究竟起什么作用？文案的诱惑或攻势又在哪儿？要知道，世界上首次出现在电子媒体上的广告就是房地产广告。1922年8月18日下午5:15，M.H.布莱克韦尔在电台发表了15分钟的演说，花费50美元，演说的内容就是为楼盘——"霍桑家园"做广告，最后一段内容是"我就在你们的身旁，催促你们快点回到那些靠近绿地并睦邻友好的公寓式的家，这些公寓式的家就在地铁旁边，而且没有经常往来于郊区和市区的昂贵花销和麻烦，这儿有健康和快乐的公众社团召唤着你——这是霍桑倡导的公众社团生活和友爱的环境。"[1] 三个星期后，"霍桑家园"的房产售罄。

对多数中国百姓而言，房子就意味着很多年在心里筑成的伊甸园，即使年龄相差悬殊、职业不同、生活状态迥异，谁都无法脱离这个涉及优化生活的基本构成部分。人们对房子的要求不仅是钢筋水泥的建筑，而且还饱含着精神层面的巨大满足。房子是选择消费的结果，在一定程度上，也演化成生活样式的符号。因此，房地产广告生来就肩负两种责任：一是告知信息，二是做一个"更好的梦"给你，再一次增加你的幻境感。正是基于这样的目标，房地产广告的概念营销意识极为突出，文案在打造新型居住概念和理想生活方式方面显现了特殊的影响力，完全有别于其他商品促销。

房地产广告利用文字的形式美感和表现力，可为消费者营造出意境和内涵，仿佛楼盘形象及特色都已内化其中了。从楼盘案名的字体形式到具体文稿的创意，几乎勾勒出了一个很有想象弹性的心理"样板间"，不仅统一了房地产销售的众多元素，也在某种意义上引导了消费者对此房地产项目的认知。妙就妙在消费者心中模糊的理想蓝图在触及案名和文稿时怦然产生了最心动的反应。广告解决了最关键的难题：让人知道并且感兴趣。

如：房产项目"CLASS"，定位是——建于果岭的上层建筑。这被视为是"市场对高端产品的一次需求测试"。"果岭"为英文"GREEN"的音译，高尔夫比赛中任何选手都想一杆进洞的地方，近代

图5-15　中兴百货广告"变态篇"　文案：许舜英

二字，冲击力和吸引力必然到位。看中兴百货的创意，玩到极，走到尽，不恶心不足以表达，当然也不足以吸引。所以，广告中的极端举止必有不少同辈举手称快以此为党朋并当做感情据点。心情的间隔导致物理的群分，目标市场由此而立，高明！"

从信息传达的效果来分析，广告文案的诉求方式和格式，无疑会形成一种语言风格。这里的风格是指文案信息的整体印象、内在本质与规律在视觉语言上的主要特点和情感的感受。"说什么"，"怎么说"，这是文案策略，即针对信息浓缩后的要点，选择和决定适当的视觉符号和文本语言。所谓文稿创意的"天才表现"就是把已知的与可信的东西放在一起重新组合成"奇迹"的能力（图5-16）。

就"文稿战略"或"天才表现"而言，目前最突出的例子或许要算中国的房地产广告了，新的创作主张在文案创作中尤为热情高涨。与居住有关的形式美学、文本美学，使房地产广告进入了所谓"概念时代"。

---

[1]〔美〕詹姆斯特·B·威切尔：《震撼世界的20例广告》，上海人民美术出版社2003年版，第54页。

图 5-16-1　台湾 104 人力银行广告《灰姑娘不屑女魔头》篇，文案：王罕历（设计研究生 2006 级）

图 5-16-2　台湾 104 人力银行广告《杰克与豆瓣》篇，文案：王罕历（设计研究生 2006 级）

图 5-16-3　台湾 104 人力银行广告《匹诺曹成就库哈斯》篇，文案：王罕历（设计研究生 2006 级）

又被定义为一个特定的修剪得很精良的短草区域。"CLASS"意为"格调"、"阶层",颇有精英的味道。广告文稿策略是用有着意识形态意味的话语,来触动目标群——知识和财富上有一定积累的"少数派"。于是,我们读到了这样的文本意识:"知本是衡量万物的尺度。这是知本决定一切的时代,对于知识分子来说,人生的高度与境界仅凭书籍难以砌筑。""知识+资本的游戏规则已成为丈量万物的标准。诚然,空间也不例外。""人类于宽敞空间的朝觐可谓与生俱来。"可见,CLASS从概念到流程,很多精神性的东西贯穿其中,使得这个项目在各个层面都有所提升。

再举一例,北京房产广告界一个不肯妥协的异类——揽胜广告,他们的作品从报纸广告到概念楼书,常常是"语不惊人誓不休",动静无论大小都会招致侧目、议论、激赏。揽胜广告坚持永远站在主流队伍之外进行创作的思考,表现上则追求"从未有过"的原创性,如"现代没有什么不好,在后现代出现以前。"(项目:后现代城);"我们不能改变生命的长度,却可以改变它的宽度。在这里,生活的质量由"宽"开始。"(项目:宽HOUSE)(图5-17)"所有房子都用来住,坚果不是。"(项目:坚果公寓)(图5-18)。事实上,我们不能孤立地看揽胜广告的这些标题,文案细节内更是大有文章,但无一不与产品密切相关。即便是一些看似吊诡却又言之有理的文字,也是从策略、主题衍生出来的。

在见识和领教了独特的文本意识在台湾意识形态广告和中国房地产广告推行概念营销的文案后,2010年的"凡客体"因民间的狂热模仿和恶搞而足以成为广告文案大事了。

所谓"凡客体",是因广告文案自成一种文体所致。"凡客体"直白、通俗,且透露出言语表述中的自足之趣。它不玩清高,也不屑咬文嚼字的概念游戏。"我"作为果断的第一人称,在独白式的叙述中颇显个性气质,易于引发观者的认同感,并具有角色置换的"潜在张力"。说白了,这种"我就是我"的特立独行,其实是一种广告的形象修辞术,它让你打消掉内心"穿便宜货"的顾虑,因为,"个性"比什么都重要(图5-19)。

始料未及的是"凡客体"制造了空前的"热捧",这是一种复制、模仿和恶搞带来的民间影响力。凡客的低价格决定了它只能也必须走草根的路线,然而它的广告文案能成为"一呼百应"的"拷贝"对象,还有赖于它的话语性格和情绪节奏,就像它在广告中的版式,文字布局紧凑又有张弛,字体大小的变化产生了微妙的起伏,因而有了节奏,有了韵味,有了朗朗上口的可能性。这为它日后的

图5-17　宽HOUSE联排别墅报纸广告《泡汤篇》

图 5-18　坚果公寓广告 "连载故事 3"

图 5-19　凡客诚品广告韩寒篇（2010）

"百变"打下了绝佳的伏笔。

所以，文案不仅以其自然的客观性能够通过概念的准确给人一种说服力，而且是在与画面表达的关系中调和或明确这种说服力。设计师用"视觉画面"说故事，文案则用文字说故事。正像广告大师威廉·伯恩巴克（William Bernbach）所说的那样："你写出的每一件事、在印出广告上的每一件东西、每一个字、每一个图表符号、每一个阴影，都应该有助长你所要传达的讯息的功效，并且尽量地使它简单、敏捷、具有渗透力。"[1] 因此，只有站在消费者的立场上，考虑到消费者购买行为中容易掩饰的真实意图，你所选择的字句必须能使观者触发你想建立的意念，洞察入微，落笔有据，才能"一呼百应"。

---

[1]〔美〕丹·海金司：《广告写作艺术》，中国友谊出版社 1992 年版，第 6 页。

第二节　广告设计与品牌力

设计首先是与形式有关,而广告则与意图相关,这是设计中的特殊部分:如果广告是信息,设计就是形式。广告着眼于产生利益,就物质材料而言,没有人会保存广告。没有人会为广告本身而购买广告。设计是所要购买、接触与观觑的物质的连接,设计形同产品。

一、真实性的"症结"

对于广告真实性的质疑和争议由来已久。严格说来,真实性是广告所须恪守的道德规范。但广告毕竟不是产品说明,客观地说,广告只是拟真的一种修辞。所有真实的产品信息一旦转换为广告说辞,就不可避免地产生了一定程度的"失真",这是广告的宿命。广告的使命是为商品找到"独一无二"的形象说辞,以实现最终说服人心的目的,这奠定了广告的基本立场,即义不容辞地为推销术另辟蹊径。广告命定以此为业,对于创造一切与产品销售有关的奇迹,广告都显得责无旁贷且任劳任怨。但事实上,产品神话往往由广告打造,美名却很少为广告所得,如有不当,广告比产品自身背负的骂名要多得多,仿佛恶俗的只有广告,美誉从来都与之无关。

关于广告的"真实性",一部黑色幽默的英国电影作出了尖锐的比喻:一个有悖常理的疖子让广告人的现实生活和工作痛苦不堪,疖子不仅令创意难产,也令广告人的头脑遭到入侵和吞噬,难道疖子要成为主宰?!这是电影《广告之王》[1]的暗示。影片讲述一位非常成功的伦敦广告人丹尼斯·巴格利如何在广告界打拼,如何利用广告战术和"鬼点子"赢来大笔财富和业界声名。影片以奇特的形式——疖子,将广告的"真实性"和广告人现实生活和精神层面的"真实性"联结在一起,荒诞却又叫人无从指控它的不真实。影片以异常讽刺的手法,揭示了广告的种种困境,从产品自身贯穿到不同凡"想"的广告人身上。

怎样在广告中领先?这是电影片名的直译主题。影片一开始,丹尼斯·巴格利就在会议室里实施"洗脑术",教训他的下属如何"同时"卖更多的减肥食品和高卡路里食品给家体主妇们。换一个角度看,这种行径是广告人难以推卸的"担当",也是他无法选择的厄运。如巴格利一针见血地指明了:超市那些食品不都是垃圾么,消费者看中的是什么?是标签!标签意味着什么?为消费者建立自信。市场调研的数据并不能说明分众化的内在欲望,广告人必须有读心术,再借策略文案施力,切中要害。

如何包装产品?影片中,有关去头皮屑、治痔疮和净化污浊空气的诸多产品横空出世,巴格利似乎在对付公众的"心理恐慌"方面颇有高招,这些产品的广告对他来说得心应手,屡战屡胜。直到有一天,他要为一款治疗疖子的面霜做广告。巴格利心知肚明:"每个人都知道,现在的市场上没有一种产品能真正治好疖子",他表情痉挛地咆哮:"除非他们拥有本产品!"若想让顾客相信必先自己相信,可事实是,这种面霜并不能治愈疖子,巴格利只能自圆其说:"它也不需要治愈,只要能改善状况,顾客就会充满信心地不停地买你的产品,这就是我们需要的!"

广告究竟可不可信?维护广告的真实性先得从"我信"开始,广告人的严重困扰在于他并不一定真信或干脆不信,这些与"真实性"的冲突导致了创意瓶颈。影片里的巴格利难以突破,广告构思在传递真实性方面受到阻挠,狂躁的情绪蔓延到了他私生活的各处,他甚至辞去了广告公司的工作……直到他的脖子上长出了一个奇大的疖子。他对付不了祛除疖子的产品,产品其实也对付不了疖子,疖子便开始"报复"做广告的巴格利。这个怪疖子长出眼睛和嘴巴并开始说话,它蠢蠢欲动,像是嘲笑巴格利的工作失败,它荒谬地吸取了巴格利职业生活中的一切毒素,包括他恶毒的口才。更加不幸的是,只有巴格利自己能看见它、听见它,其他人完全不明白巴格利遭遇了什么(图5-20)!

---

[1] 1989年上映的英国电影,*How to Get Ahead in Advertising*?中译名为《广告之王》。

图 5-20 "广告之王"和无敌疖子

这位原本不可一世的"广告之王",已经对付不了疖子的纠缠了,医生建议他手术割除。可是手术前一晚,疖子迅速长大,竟长出了头发和清晰的五官,那正是巴格利自己的面容!两个同样的脑袋,哪个是巴格利,哪个是疖子?无法辨认。最后,邪恶的疖子胜利了,它"接管"了巴格利的身体,而真的巴格利却被当做疖子切除了,剩下的只是左肩上一道丑陋的疤痕。巴格利这位身经百战、所向披靡的广告人,最终败给了一款治疗疖子的面霜,问题并不在疖子。疖子只是一种象征,其真实的"症结"折射出整个广告行业的无奈与悲哀,在创意光环的照耀下,广告人困苦焦灼的一面不为人知。

疖子是广告"真实性"的"症结"之喻。即使肉体消失了,疖子都还会在,欲望也还会长存。所有广告人、媒体人,都要警惕那随时可能冒出头来的无形的疖子,它伴随道德讽刺而来,它伴随现实的巨耗和行业压力而来,它伴随曾经茂盛又快速凋敝的创意灵感而来,它入侵的不是沉重的肉身,而是被欲望裹挟的灵魂。

二、不同凡"想"

Think Different——以不同的方式思考,或者说不同凡"想",这源自苹果电脑的创意。整个世界演变成今天的形态,其实都是人类的创想和实践的结果。创意在越来越广泛的传播和共享中化为改变世界的力量。

在商品同质化日益严重的今天,消费者买的是商品,选择的却是品牌,而"品牌就是储存在消费者脑海中的印象",所以,创造印象就成为广告的重要工作:把商品给生活带来的利益、快感、喜悦、满足等等予以评价和表现,同时赋予商品一种独特的形象、一种个性表现。广告要在没有需要的市场创造需要,在需求减退的市场维持销售曲线的上扬。广告更微妙的任务在于改变人们的习俗,从影响人们的举止、衣着、饮食和时尚趣味方面一直到教会人们适应新的生活方式。因此,广告是日常生活最丰富、最忠实的反映,如今它们对一切活动领域的反映超过了过去的一切时代,透过广告的四大机能——传达信息、塑造形象、诱导说服、刺激需求,使消费大众改变传统的观念和对价值的判断,这才能实现所谓"广告和形象的制作成为并一直是经济之中实实在在充满活力和持续增长的部分"[1]。

广告是打破成规的艺术,洞见产生创意谋略。没有创想的广告只是一种期待——"信不信由你",而创想却是无法拒绝的现实——"由不得你不信",这中间的差别由创意的力量决定,也反映出创意的视觉强度对心理冲击的不同力度。创意的本质是改变,并不是广告把商品"表现"出来,而是广告"使得"商品得以"存在"。

对广告人来说,走得越多,看得越多,听得越多,想得越多,将所见所闻所感综合起来,便是酝酿创意的土壤。创意其实调动所有的人生阅历以及对各种事物的知识去理解和"创造"广告商品对消费者特殊的意义,再以视觉化的形象展现出

---

[1]〔加〕马歇尔·麦克卢汉:《理解媒介》,商务印书馆 2000 年版,第 287 页。

来。创意也许只是一个旧元素的新组合，由观察事物的关联性展开想象，在看似平凡的素材中唤醒沉睡的创意。智者苏格拉底说过"你从未发明过什么，你只是重新发觉一些过去被你忽略的东西"。（图5-21）因此，创意的良苦用心关键不在于用不用心，而在于用心何处。信息时代尽管高技术使得广告表现与制作呈现奇异炫目之景象，然而最能打动人心的仍是想法，是创意，而不是科技，所有的努力几乎都是为克服人们的记忆"障碍"和"审美疲劳"。[1]

我们习惯于"因为——所以"的逻辑思维，广告创意却往往采用"应该——但是"的错位方式去思维，习惯的反面是"断念"，"断念"可以理解为符合情理的意外，犹如未定笔墨，留出空白与新奇，有意将人们的预想打断，令人惊异，甚至是震动，然而却又不悖情理。变化越是出人意料，广告也越奏效，受众反应也就越强烈。所以，最具效力的广告运作模式，可以与一篇好新闻报道的程序相比照："嗨！什么？如何？所以"。"嗨"用以抓住注意力；"什么"是产品或服务的简介；"如何"是日渐完满的故事；而"所以"则是你接下来要采取的一系列行动。[2] 看看卡通学校伸出的那只米奇的手，就明白什么是感召力了（图5-22）！

广告对人的极端作用是颠覆人的固有观念，"颠覆"其实意味着积极主动的"破坏力"，以广告策略和广告行动的合力去制造广告的视觉强度。所谓视觉强度，指的是广告创意给观者的综合印象与感受。强度是从广告画面的视觉效果和创意所产生的心理冲击两方面来看待与评价的。视觉活动不是一种消极的接受，而是一种积极的探索，"是高度选择性的，它不仅对那些能够吸引它的事物进行选择，而且对看到的任何一种事物进行选择。"[3] 而最终的结果无外乎：改造——让人们用不同的眼光来看它；翻新——让人们对它重燃兴趣；变化——让人们感受到从未注意过的特质。如图所示，"随铅笔和橡皮而来"这一系列出人意料的"点子"又是怎样"颠覆"视觉又折服人心的呢？（图5-23）。

从设计表现的角度来审视，视觉强度除了有赖于广告创意的引人注意外，还取决于视觉规律，

图5-21-1 "咖啡渍里的大发现"

图5-21-2 "因咖啡找到灵感"

图5-22 卡通学校招生广告

---

[1]〔法〕让-马贺·杜瑞:《颠覆广告》,中国财政经济出版社2002年版,第68页。
[2]〔美〕昆廷·纽瓦克:《什么是平面设计?》,中国青年出版社2006版,第126页。
[3]〔美〕鲁道夫·阿恩海姆:《艺术与视知觉》,中国社会科学出版社1984年版,第49页。

对内容进行科学合理的编排设计，根据广告中各信息要素的轻重缓急制造一种强度效应和阅读节奏。观看，就意味着捕捉眼前事物的某几个最为突出的特征，创意视觉化的力量不仅能够制造一种生动的广告印象，影响受众对广告形象的认知，并由此"创造"出一个传达和接受都参与其中的完整式样，当广告表现的重点与观看的中心相契合时，创意才真正开始了视觉引导的行动。在"为老年人而设计"的主题海报（图5-24）中，文字排列如我们的视力检测表一样从上往下、由大变小，当我们想看到小号的文字就必须靠近海报，设计者的用心就在于此，靠近海报以获取信息正是希望引导人们思考对老年群体的关注是否应该更贴近一些，才能发现真实的需要，设计才能有所作为。

消费者不是永远处于被动和被说服的角色，他们并不喜欢那些言过其实的、毫无意义的空洞承诺与美丽形象，广告和设计的影响还取决于整个视觉形象背后所体现的责任心和公益心，毕竟，广告和设计本质上是一种文化，在宣传商品和服务的同时，也在输出一种精神意识。

三、以视觉演绎"绝对"之策

创意是广告策略中的智慧体现，更是一种思想的芬芳。创意中的想象让我们惊喜之余，还感知了一种呈现世界的特殊方法，一种极为特别的观看之道。

并非所有的品牌个性及其精髓都可以始终如一地通过广告的视觉表述令人了然于心，然而ABSOLUT VODKA绝对是个例外（There are no absolutes in life, only in vodka.[1]），这一产自瑞典的伏特加酒品牌从1979年为跻身美国市场而不得不"改头换面"，到如今成长为世界顶尖品牌的30多年中，每一次的广告策动和视觉征服都被评论家、好奇者津津乐道，其相关作品令收藏者喜不自禁、如获至宝。

先有产品，后有品牌。没有任何"附加价值"和"附加余地"的一般产品很难想象它能够打造成品牌。绝对伏特加的潜能不仅蕴含在口味纯正的伏特加酒中，而且还隐藏在别出心裁的酒瓶和包装设计中，这为绝对伏特加被最终打造成一个卓越的品牌提供了必要的品质保障并预留了张扬个性的空间。

1979年，绝对伏特加的前身"Absolute

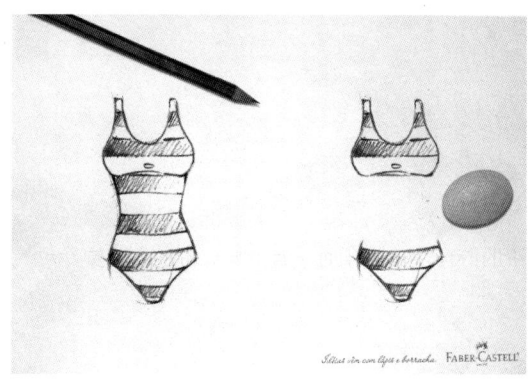

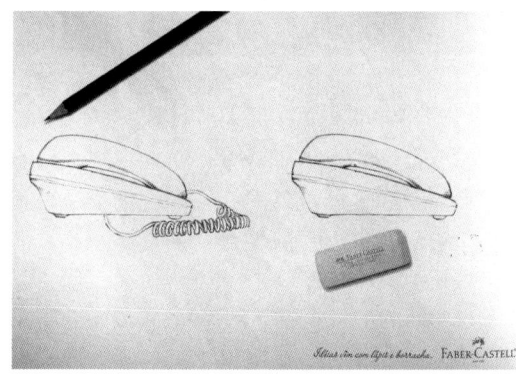

图5-23 "点子，随铅笔和橡皮而来"

---

[1] Richard W Lewis: *ABSOLUT BOOK-The Absolut Vodka Advertising Story*, Tuttle Publishing 1996.

灵感源自于瑞典的一种药瓶[1]，曾一度引起争议。更为独创的是，圆雕饰标志被蚀刻在瓶颈之下，品牌文字则直接彩印在瓶身上（图5-25）。而在此之前的400多年，伏特加的酒标均为纸质材料贴于瓶身。"在广告界有一种说法：如果你能卖掉产品，那么你就卖掉产品；如果你不能卖掉产品，那么你就要卖掉产品的包装"[2]，绝对伏特加因其个性化设计的瓶子——一种形而上学的包装——而成为经典，在15年中销售额增长14000%，由此显现出绝对伏特加广告艺术中"绝对"原创的价值。

绝对伏特加的广告创意深藏着策略性思考的艺术，直接为品牌创造了持续性的竞争优势，而绝对伏特加自身无与伦比的品质以及品牌所体现的完美境界和

图 5-24 "为老年而设计"主题海报，杨颖（设计 2007 级）

"Pure Vodka"为打入美国市场注册商标，但因为"absolute"和"pure"都是常用的形容词不允许注册，所以只能将"absolute"的 e 去掉变成"absolut"，始料未及的是，这反而有了一种更浓的瑞典味道。伏特加作为烈性酒，通常装在长颈方肩的酒瓶里，而绝对伏特加的瓶型却一反常态为短颈圆肩，材料则选择透明玻璃，瓶型设计的

无穷创造力更是为世界所首肯。TBWA 的广告团队为绝对伏特加制定广告战略，首先需要解决的问题是：诉求重点？如何表述？最终，Geoff Hayes 和 Graham Turner 的创意被采用并以之为基础逐渐形成绝对伏特加一贯的创意路线和表现风格。

Geoff Hayes 和 Graham Turner 一致认为，广告必须揭示绝对伏特加与市场上其他品牌的异质

---

[1] 设计出自瑞典设计师 Gunnar Broman 和 Lars Borje Carlsson，他们为绝对伏特加的酒瓶和酒标设计了很多方案，最满意的这款药瓶造型曾引起争议，但最终胜在外观的别具一格。
[2]〔美〕詹姆斯特·B·威切尔：《震撼世界的 20 例广告》，上海人民美术出版社 2003 年版，第 138 页。

图 5-25 "绝对识别"

图 5-26 "绝对完美"

点。什么能证明这是一个强势品牌？只渲染产品本身的质量远远不够，要制造出人人想喝的形象！他们的创意思路力攻"absolut"这个具有双重意思"绝对"或"完美"的字眼，但直截了当地炫耀产品的"绝对"容易导致凌驾于消费者之上的错觉。一个偶然的灵感，Geoff Hayes 勾画了一只罩着光环的绝对伏特加的瓶子，并写下："Absolut. It's the perfect vodka"。草图得到了 Graham Turner 的认同，并将广告语改得更为简洁："Absolut Perfection"（图 5-26）。

从此，围绕瓶子展开，广告语有两个词构成：Absolut 和另一个赞美词，采用诙谐、幽默的手法来表现产品的优异——绝对伏特加的广告表现模式得以明确。不标榜任何特定的生活方式，不受时间的束缚，不失时机地把艺术、时尚、公关、市场、广告等巧妙糅合在一起。以瓶子特写为中心，配与视觉关联的标题措词，广告创意引发奇想、奥妙无穷。消费者购买绝对伏特加不是因为口味，而是因为广告"所说的话"！没有必要讲述任何产品的故事，产品的独特由广告形象的独特准确地反映出来（图 5-27）。

绝对伏特加的广告总在策划新的主题，从"绝对产品"系列开始，由物品、城市、艺术、节假日、口味、时装、主题艺术、欧洲城市、电影与文学、时事新闻衍生出许许多多的系列主题广告。虽然"格式"不变，但瓶子总是若隐若现、千变万化，

大胆借势，善诠内涵，广告表现屡屡惊人。

绝对伏特加的广告战略就是不断寻求突破，"瓶子"是其特有的符号，广告编制符号暗藏玄机，受众破译符号解读快感，不同阶段的广告"瓶子"的形态经历了由显性到隐形的过渡，直到更大的突破——瓶子的消失。波普艺术大师安迪·沃霍尔（Andy Warhol）以他标志性流行语汇"Absolut Warhol"手绘了绝对伏特加的瓶子，对品牌作出强有力的图解，自此绝对伏特加与前卫艺术结缘。时至今日，越来越多的绝对伏特加广告跳脱了瓶子的束缚，更艺术、更自由。Absolut Vodka 的广告策动是如此成功，以至在不到 20 年的时间里，几乎所有的人都能翻译它们，而且也能想象出广告中缺少的那部分（如瓶子的隐身），"因为它更能激起公众感兴趣的那些令人回味的内容。"[1] 每一个打动人心的卖点和每一个石破天惊的创意都直接转化为绝对伏特加从一个知名度为零的产品成长为一个卓越品牌的能量（图 5-28）。

---

[1]〔美〕詹姆斯特·B·威切尔：《震撼世界的 20 例广告》，上海人民美术出版社 2003 年版，第 136 页。

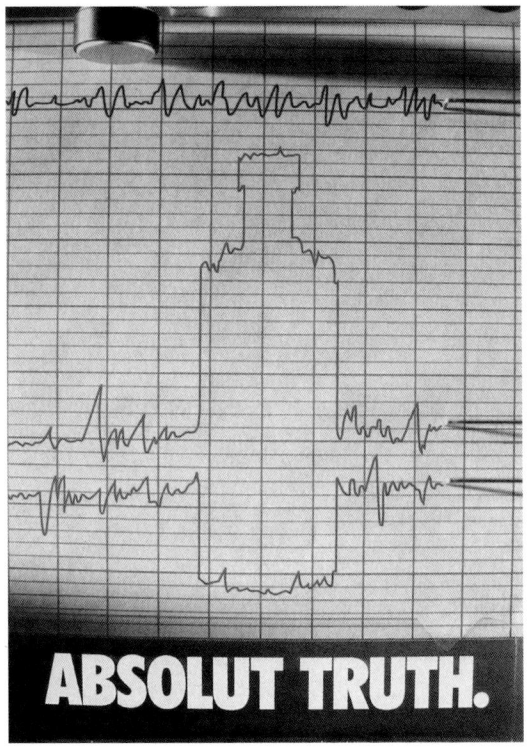

图 5-27 "绝对主题"系列广告

图 5-28 "绝对艺术"系列广告

网络时代带来了发展数字营销的契机，绝对伏特加不会错失网络新生代的消费群体，唤起他们参与的兴趣继而将其培养为绝对品牌的忠实拥趸，利用互联网的凝聚力把绝对伏特加塑造成年轻人个性化生活的标签，这就是"福音传播"的秘密。绝对伏特加在网站上推出"完美音乐主持人"（Absolut DJ）计划，访问者可以把 DJ Spooky 等著名音乐节目主持人提供的舞蹈片断同音乐样品混编在一起，体验"完美"音乐创作的乐趣；网站后又分设了一个"完美的导演"（Absolut Director）计划，它将使用户能够剪辑自己的"完美"录像带，参与度越高，关注度也越大，影响力传播越广，品牌的好感度、凝聚力就越强。可见，品牌不是名词，而是动词，品牌唯有行动才有力量。绝对伏特加的行动见诸广告，广告创意不只是一个简单的概念，也不尽是某种抽象意图的视觉表现，它关乎生意、关乎生存。

讲述这个品牌的成长，它如何用视觉演绎策略，其顽皮的想象，从未枯竭也从不枯燥。仅是以城市为主题的系列——用海报呈现世界的样子就显得其乐无穷。写实的、写意的，Absolut 的瓶子犹如施了魔法般变幻莫测，两个词的广告语像"芝麻芝麻，开门吧"一样灵验。每一张海报都犹如瞬间的浮世绘，维也纳的乐谱、里斯本的航海船模，明尼苏达的湖泊、日内瓦的钟表零件，苏格兰裙的别针，分水岭般的柏林墙，威尼斯圣马可广场的鸽群，巴黎地下铁入口的吉玛德（Hector Guimard）设计的海贝棚顶、罗马假日里派头克载着赫本畅游的韦斯帕（Vespa）摩托车，巴塞罗那的安东尼·高迪留下的居尔公园墙上的镶嵌画，同城竞技的国际米兰和 AC 米兰，京都的禅寺里戏水的金鱼、伊斯坦布尔艾哈迈德清真寺"蓝色之光"——所有这些大大小小的片断细节，为人们勾勒了风情万种的异域他城，惊喜之余，人们还感知了一种呈现世界的特殊方法，一种极为特别的观看之道（图 5-29）。

忍不住想，若是换一个角度，Absolut 会如何定格"中国"呢？我让学生们来一次创意尝试"Absolut China 绝对中国"，没有客户要求、没有市场目标、没有创作标准，甚至一半多的学生专业不是学设计。能否找出某种"绝对"的表征，在这些刚刚 20 岁的年轻人看来，中国究竟什么样？究竟是什么感觉？他们会选择什么来呈现中国？传统、现代、国情、文化、民俗、百姓日常？让人充满好奇。

中国到底啥样？他们看到的、想到的、理解的、误读的、经验的、刹那间感受的，都被捕捉到画面中，而这种"刹那"才是创作中真正让人欣喜的。他们确有自己的看法和玩法，通行自己的词汇、逻辑和语境（图 5-30），看似异想天开却有章可循，顽皮的想象引出无邪的幽默。原本只想通过一次创作延长对一个品牌的广告解读，用一个或许感兴趣的命题来发现他们的创意潜能。不成想，他们的表现如此活泼，思维如此灵敏，出人意料。再次确信，眼力、脑力远比笔力更要紧。绝对年轻的一代，有的是未来。总是蠢蠢欲动，难免感情用事，却这么的乐观好奇，充满元气。

四、消费的鼓噪

今天的人们生活在由媒介构成的世界中，我们诸多的行为都是媒介作用的结果。原本要靠我们"亲历"的世界，正日益地变成一个由传播媒介构成和被转述的世界，而非现实本身，我们依据媒介逐步提供的"参考架构"来编织生活，就这样，被人类创造出来的媒介又反过来控制了人类，这意味着社会在整体上形成了一种"媒介偏倚"，并必然导致文化的形象化。在信息社会，人们出售的是符号，是象征，是形象。

"和文学、神学相反，广告是彻头彻尾地通过注释别的东西来形成自己的存在的。"[1] 做广告是用来刺激消费的，其目的就是争取更多的顾客。因此，广告通常被解释和判定为一种竞争性的媒介，它的反复鼓噪把我们原本的理智和意识"马赛克"掉了，"用消费来兑现自我"的诱惑被广告诠释得

---

[1]〔美〕詹姆斯特·B·威切尔：《震撼世界的 20 例广告》，上海人民美术出版社 2003 年版，第 3 页。

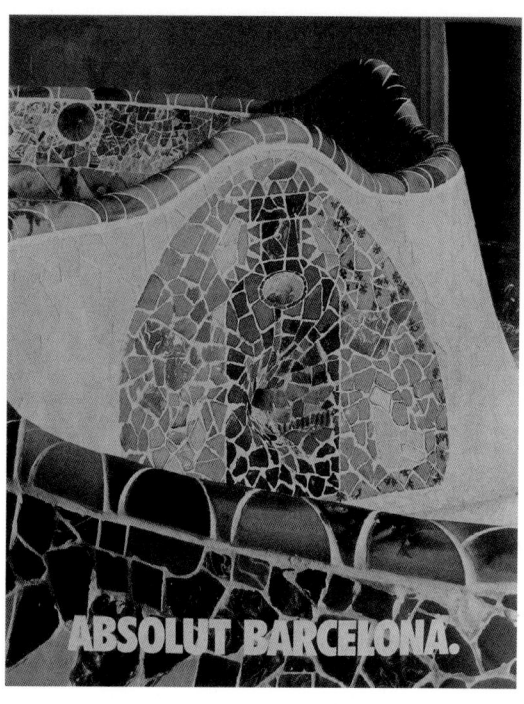

图 5-29 "绝对城市"系列广告

设计：范雪兰（设计研究生 2004 级）

设计：范雪兰（设计研究生 2004 级）

设计：廖霁雯（广告学 2003 级）

设计：刘肖男（设计 2003 级）

设计：宋麒（设计 2003 级）

设计：宋麒（设计 2003 级）

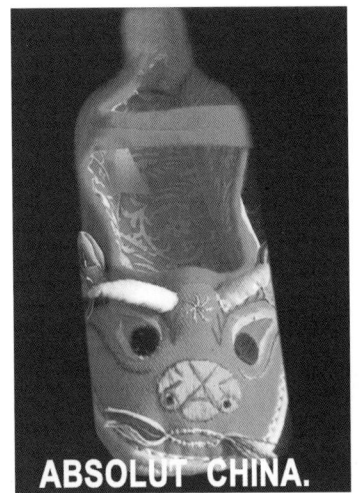
设计：袁东（广告学 2003 级）

图 5-30　"绝对中国"系列广告

设计：宋麒（设计 2003 级）

设计：范雪兰（设计研究生 2004 级）

栩栩如生。在丹尼尔·贝尔看来，广告才是"社会学上的创新"，是解密现代生活的玄机。

因为大众传播与受众的互动关系绝不是简单外在地提供受众所需要的选择信息，而是要通过各种各样的方式去内在地影响受众生命空间的形式和变化，所以广告所产生的影响效应就涉及到受众的思维习惯、生活方式和文化格局等方方面面。从某种意义上说，我们对广告信息的注意和理解更接近一种选择性的行为。选择性理解意味着一个人依据自己的思维方式及价值观念对所接触的信息作出独特的个人解释，使之与思想中固有的认识或记忆协调起来对符号信息进行再加工。

当广告将某种符号引入传播空间，它预期达到一种符号放大的效应进而成为某种象征的内驱力，符号所携带的信息能够刺激人们产生意义，意义是人的内心状态或内在体验，其结果就有了对广告内容的主观意象，即受众内心对广告信息的主观解读。如果我们对广告的反应达到广告预期的效应，那么这种符号的社会性放大便成为一种谋略性的操作，我们称之为广告策划。

2010年"凡客诚品"的广告在中国创造了不凡的印象，"凡客体"成为热议话题，由韩寒、王珞丹版"我是凡客"的广告（图5-31）在民间引爆追风效应。"凡客诚品"的广告无孔不入，在地铁站、在网络上，总是能遭遇凡客们青春靓丽的广告面孔，"凡客"可以不凡，"诚品"二字又提示着货品所给予的"品质与诚意"，在广告上明码标价的做法对普罗大众产生强烈的震动，通过"价格宣言"，凡客把自己的优势发挥到了极致。

要说品牌吸引力的根基还在产品本身，否则广告也是白做。概括凡客诚品的特点就两个词：潮、便宜。这正是凡客能够给出的"诚意"，即品牌的亲和力所在。谁不想紧跟潮流？但这需要资金投入。如果既潮又价格适宜，那就是美事，ZARA、H&M、MNG不都是这个意义上的"快时尚"么？凡客若想在设计上跟这些进口牌子争个高下并非明智之举，因为人力和时间都是不可忽视的成本，先在价格上笼络了"大多数"，发展设计可以是市场份额稳定后的第二步棋，因为降低风险即是降低成本。从这方面判断，凡客是有战略眼光的。

凡客赢的是"流量"，这里指的是比"销量"更厉害的数量级。凡客的眼光不仅体现在战略上，还体现的战术上，具体地说，就是它在销售通路和广告投放的媒体选择上都有自己的准确定位和考量，所以，它才能把握市场、锁住目标消费群，并不断吸引和扩大潜在的购买群体。凡客的广告无处不在，尤其是网络上的banner广告，对于成天趴在网上淘宝的人，根本无法回避它，惹眼的低价码就像难以抗拒的诱惑，再次通吃了更大数量的消费群。这就是所谓"流量"。

如果说模仿和恶搞是对"凡客体"的一种活灵活现的民间喝彩，那么，它必然会加速和扩展凡客的品牌传播。作为大众消费品，可以肯定的是，凡客诚品已经实现了网络营销最梦寐以求的反响，它们从不同的层面刺激和追加了凡客诚品的终极"流量"。

广告将"劝说的艺术"贯穿始终，把借助鼓噪确立自身形象的原理推向极端。广告对大众生活的普遍渗透性颇不寻常，它展示新的生活方式，是新价值观的预告。广告建议我们每个人以多购买来改变自我或生活，而作为一个体系，广告只提供了

图5-31-1　凡客诚品广告王珞丹版（2010）

图5-31-2　凡客诚品广告李宇春版（2011）

一种信息："我们只要消费，就会更富有！"[1] 这里的"富有"是心理层面的满足感。广告首先作用于人们追求享受的本性，它向尚未得益的买主推销产品或机会，但它并不等于那种产品或机会。如鲍德里亚（Jean Bandrillard）所说：物品要想转化为消费品，就必须成为一种符号。为此，橱窗、广告、商标都起着符号化的作用，"好似一条链子、一个几乎无法分离的整体，它们不再是一串简单的商品，而是一串意义，因为它们相互暗示着更复杂的高档商品，并使消费者产生一系列更为复杂的动机。"[2] 这就是诱惑，因为消费者追求的除了作为物质的商品，更有商品的符号化意义，即："我消费，我存在"（图5-32）。

事实上，符号只是一种人为的、虚拟的意义陈述单位。人们通过解读广告中的符号，得到了商品之外的信息，领悟到广告形象的深层意义。"现代社会的消费是一种'能动的关系结构'，其对象不仅是被消费的物品而且有针对消费者周围集体和周围世界的意义。所以，'消费'是一种'系统活动形式'，一种'整体性的反应'，而我们的文化就是建立在这样一种整体性的反应之上。"[3] 广告所编制的符号在人们的主观解释中一经确认，便可能产生影响我们思想和行动的作用，广告形象就是对符号意义的主动构设，从而提示给人们一种判断标准和行为方式，影响着人们的价值取向。所以说，"符号操纵"和"形象魅惑"是广告不可低估的张力，马歇尔·麦克卢汉曾经尖锐地指出"广告的作用与洗脑程序完全一致"。

确切来说，广告形象是一种现实的虚拟化。原本是物质的商品形式被广告赋予了一些观念性的东西，使人们在消费商品时，不光是"使用"对象——同时也购得了一个观念，而且对这个观念进行了奇怪的处理。这意味着在人与商品之间，被加入了人为制造出来的视觉经验，人们的"观看"发生了扰动，出现了偏移。"广告只不过是一种意义双关的哄骗（punning gag）"[4]，它制造的形象、虚拟的现实让人们相信了一种意义的独特，相信了商品具有某种强烈的精神性内容，他们可以从商品中获得某种特殊的东西，从而获得陶醉和满足。"一切似乎都在乌托邦式的冲动状态下变形了，广告正在悄无声息地告诉你，难道你所渴望的不正是这种乌托邦式的对世界的改造吗？如果是这样，何不用我们的产品？虽然我们不能许诺任何东西，但这些产品起码含有改变精神状态的成分。"[5] 然而，真正的革命不可能在"想象"里进行，广告正是把那些最深层的欲望通过虚拟现实的广告形象引入到消费中去。

广告总在极力揣度人们的最爱，然后竭尽全力将其宣传的商品与消费大众所欣赏或向往的事物联系在一起，向人们展示一个似乎可以通过购买而获得的新世界。广告形象刻意渲染理想体验与现实体验之间的差异，不断制造一种匮乏感，一种让人们因为缺失而产生的对现状的不满，继而按广告形象的暗示进行购买，以缓解匮乏的焦虑。如瘦身产品广告"逃离超大码，光临小码"中的形象以及

图5-32 "我消费，我存在"，Barbara Kruger

---

[1]〔英〕约翰·伯格：《观看之道》，广西师范大学出版社2005年版，第142页。
[2]〔法〕让·鲍德里亚：《消费社会》，南京大学出版社2008年版，第3页。
[3] 盛宁：《人文困惑与反思》，生活·读书·新知三联书店1997年版，第270页。
[4]〔美〕杰姆逊：《后现代主义与文化理论》，北京大学出版社1997年版，第223页。
[5]〔加〕马歇尔·麦克卢汉：《理解媒介》，商务印书馆2000年版，第286页。

Postiche 包的广告中被嫉妒的形象（图 5-33）都可说明一点：广告许诺的快乐其实是由外界来判断的快乐。广告形象为消费者提供了种种消费选择的最佳理由，消费者也在为自己接受广告制造各种理由。广告的"真实性并不取决于它的许诺是否兑现，而是取决于广告推销的幻想同观赏者——买主的幻想之间的关系"[1]，广告作用于幻想，最终的结果便是："获取"（即消费）取代了其余的一切行为，"拥有"的满足把其余一切感觉悉数湮没。

广告是消费社会的文化，通过图像传播当时社会对自身的信仰。麦克卢汉认为，广告的目标，是实现人的一切冲动、愿望和努力的程序化的和谐。当一切生产和消费与一切欲望和努力都被纳入一种预先建立的和谐状态之后，广告业就会因为它自身的成功而被清算。

图 5-33-1 "欢迎光临小码"

图 5-33-2 "从她那儿只能得到两样东西：要么手包，要么嫉妒"

五、品牌形象力

在广告形象不断渗透和强化的过程中，产品不仅仅是产品，它还有生命、有文化，产品后面更有故事和情感，这些构成了产品的文化附加值。当商品成为某种形象的象征时，人们的消费心理即从商品消费转向形象消费。人们对商品的选择随之成为一种表征活动，一种对于自身的生存方式、身份地位、社会形象的选择行为。于是人们通过消费选择的方式来塑造自己的生命形象，从而将自己生命中潜在的可能性予以"实现"，购买活动便转化为一种自我定性的"仪式"。

实际上，广告提供和许诺的"未来"是充满魅力的幻想，幻想则有赖于形象力在受众心目中产生的预期。而形象的价值是无法估价的，形象的作用发生在比天空还要宽广的心灵，而行销战场上胜利者的旗帜总是抢先插在心灵的山岳上。以 DIESEL 的 "WORK HARD"（努力工作）系列广告为例，看它们演绎怎样"投入"成功生活，突显出极端不羁的品牌形象（图 5-34）。

在消费者看来，品牌是产品和广告留下的综合印象。在接触产品对质量好坏有所认知之前，他看到的品牌形象来自广告的诉求与表现。广告怎么说？对谁说？这分别决定了创意的科学化（对谁说？）和创意的艺术化（怎么说？），两者共同作用于策略的推行。

简单来说，创意科学化包含真实性、计划性和现实性的三重考量：真实性是指科学化的市场调查研究，以量化和定性分析为基础，进行整体策划，制定广告目标，找出目标消费者，确定广告战略和主题。计划性是指创意须有与广告整体策划相统一的计划，以便更好地塑造产品或企业的形象。现实性的考虑指创意产生后，能否禁得起现实的检验，会不会受到媒体条件、市场环境、时机、竞争者等多方面因素的制约和限制。创意的艺术化指的是将广告传达的信息以艺术化的视觉形象表达出来，而非作抽象的解说，视觉样式首先应当是恰当的、不

---

[1]〔英〕约翰·伯格：《观看之道》，广西师范大学出版社 2005 年版，第 160 页。

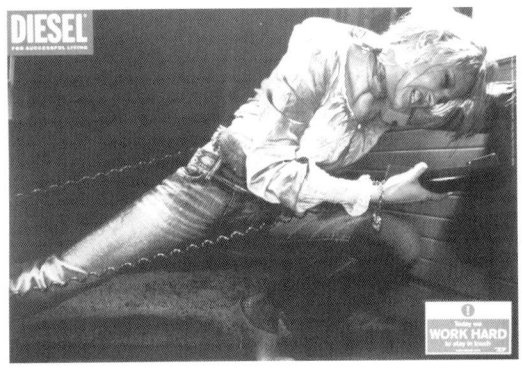
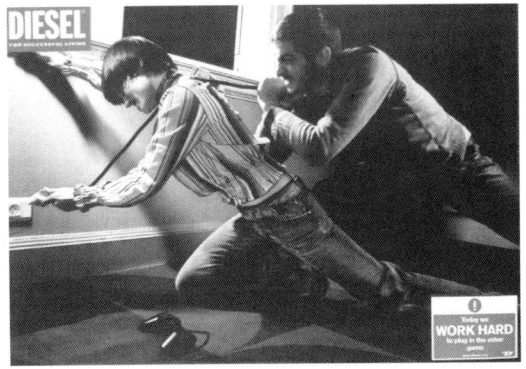

图 5-34　DIESEL 广告 "WORK HARD" 系列

至于产生误解的，还应当是创造性的、具有文化价值的、好看的、有趣的。通过广告把产品与消费者连接起来，使得企业、产品、广告与消费者、市场、社会共同构成一个动态的整体关系。

"广告之父"大卫·奥格威认为：品牌是一种错综复杂的象征。它是品牌属性、名称、包装、价格、历史、声誉、广告方式的无形总和。品牌同时也因消费者对其使用的印象，以及自身的经验而有所界定。所以，先有产品/服务，才有品牌。每个品牌中必定有一种产品/服务，但不是所有的产品/服务都可成为品牌。品牌与消费者之间有着更强劲的关系，那么，产品/服务如何变品牌？

以有形的商品为例，产品是品牌的重要根本，产品好，品牌才会好。产品是工厂生产的东西，品牌是消费者所购买的东西。产品极易过时落伍，但成功的品牌却能持久不衰。产品是具象的，可以触摸和感觉，有符合消费者期望的功能与价值，但这一切还不能够形成品牌。产品的个性、消费者对产品是否信任、产品是否是他生活中的一位朋友、他与这个产品有无共享的经验等等都是构成品牌的影响因素。比较两款饮料的广告形象，哭和笑的表情都足以证明被产品所打动（图 5-35）。

再以不提供具体产品的服务为例，服务分多种，有的服务人们感受比较直接，印象较深。比如快递，在物流业如此发达的今天，似乎人人对快递都有话说，以"无所不达"为服务宗旨的 FedEx（联邦快递）正是通过每一单业务哪怕要铤而走险也在所不辞的信念和行动来树立自己的品牌形象（图 5-36）。然而，有的服务并不被人们注意到，比如技术支持。2011 年方正 IT 推出品牌形象广告，从地铁系统和医疗系统来表现 IT 技术的无处不在，以此作为诉求重心。其实技术大抵可分两类，一类是显形的，即所谓新锐技术的化身产品，我们以把玩甚至炫耀的方式感知技术的物化形态与功能变幻得不可思议，因显形技术的升级换代，我们从不间断地歆享到"新工具主义"的无穷乐趣，对掌中各种技术变身之物满怀高昂的崇拜情绪。另一类技术却是隐形的，如方正 IT 技术，它提供服务和支撑，以帮助那些"看不见"的系统运转，维系社会机能的高效、安全和便利。然而技术服务一旦"隐形"

第五章　视觉创意与设计表现　157

图 5-35-2　Saxbys 姜啤广告，爽口陶醉的笑容

就变得平淡无奇，我们受之无心又视若无睹，对其不可或缺的功能毫无意识。当方正 IT 广告揭示出这类隐形技术的存在，我们才思考：原来，受惠于技术的恩泽，我们的生活才有了隐形的翅膀。

无论是看得见的产品，还是看不见的技术，品牌形象离不开卓越的产品/技术本体和品牌人格化的塑造。品质优异是品牌形象的坚实基础，积极运用视觉比喻赋予品牌相应的人格特征，是品牌形象力的活性因素。

日本电通（DENTSU）是世界上最大的单体广告公司，创建于 1898 年，是老字号的企业，总在追求创造性突破，如 2002 年电通策划了国际上首例在宇宙空间站实拍的电视广告 POCARI SWEAT（宝矿力水特）的"去太空"篇，由俄罗斯宇航员担任摄像师和演员，举世瞩目（见第一章图 1-21）。2003 年电通迁址，新的电通大厦被评为日本年度最具创意的建筑设计，与此同时，电通彻底更换了原有的企业形象识别系统，推出新的 CIS，再一次震惊广告界。原有的电通标志是由 COMMUNICATIONS（沟通），EXCELLENCE（优秀），DENTSU（电通）三个词斜向组成的 CED 为主体的图形，企业的责任、信念和追求清晰明确。新启用的标志可谓"有收有放"，"收"的是标准字，缩减为一个字母小写的企业名 dentsu，字形单纯而简练；"放"的是标准色，竟然有 100 种色彩！每个不同的部门用一种特定的色彩识别。这套企业形象设计是绝无仅有的（图 5-37），它反映出电通这样一个百年老品牌的丰富性和从未改变

5-35-1　Ribena 饮料广告"就像妈妈做的"

的团队精神。100种色彩共同构成了电通的品牌形象，每一种色彩有自己的独立性格和不同的工作担当，而电通的辉煌却又离不开任何一种色彩。这样大胆的突破令所有的人惊叹，这套CI的创意和它折射出的企业精神也让人深深折服。

"当今的市场是关于创造能围绕产品形成一种氛围，并付诸品牌以人们能够感知其价值及强大的非物质价值和服务的时代。"[1] 消费者在选择品牌时也在选择一种观念和态度，品牌建设之所以困难，其原因在于它的价值决定于人对事物的主观理解和观念。谁能说消费者的品位和偏好导致其钟情于一种品牌而非其他？只有当该品牌的人性化特征真正迎合个体消费者时，这种愿望才会产生。因此，决定品牌力的有5P和5I，它们分别代表着优秀广告的五个条件（Pleasure——给消费者愉悦之感；Progress——首创、革新、改进；

图5-36　FedEx快递广告："不开玩笑，我们为快递而生"

图5-37　日本电通（dentsu）企业形象中的100种标准色

---

[1]〔丹〕杰斯帕·昆得：《公司精神》，云南大学出版社2002年版，第9页。

Problem——能为消费者解决问题；Promise——有承诺；Potential——有潜在的推销力）和五个要素（Idea——明确的主题；Immediate Impact——直接的感观印象；Interest——生活的趣味；Information——完整的信息；Impulsion——强烈的推动力）。所以，品牌的建立以及品牌文化的形成是长期的持续性投资，品牌价值准确说来是非物质的和情感化的价值。

耐克（NIKE）正是清楚地意识到了这样的事实——人们不会为一个原始的实物产品投入他们的感情。因此，耐克将自己的形象树立为"胜利者的品牌"，也通过赞助体育界的"超级英雄"（乔丹、阿姆斯特朗、费德勒、纳达尔）来打造品牌的传奇色彩（图5-38、39）。在精神口号"NIKE—JUST DO IT"的感召下，激励它的目标群体立即行动："这鞋子十分漂亮，这鞋子简直是神圣的，这鞋子展示了男孩们对生活的感悟，他们已经神话般地将其根深蒂固地融入了他们神秘的渴望与憧憬之中。"[1] 就像在刘翔因伤退出奥运赛场、李娜夺得法网冠军之后，耐克都会抓住"事件"时机，策动"立

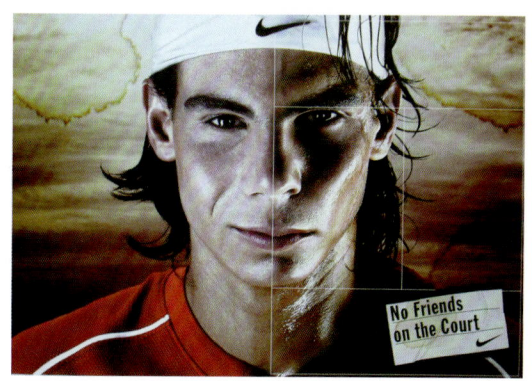

图5-39 耐克广告"场上无朋友"

竿见影"的广告，以传播耐克的行动理念。

品牌精神的创造在于丰富的想象和独特的创意，这才是消费者真正想购买的东西。品牌形象的强化可提升品牌价值，而形象力（image power）取决于品牌知觉优势（stature）及品牌活力（vitality）两大要素。其中，品牌知觉优势是由消费者认知并熟悉品牌所产生的亲近感（familiarity），以及由好感而来的尊重（esteem）所决定；而品牌活力是由品牌对消费者生活之意义所带来的适切度（relevance）及品牌所能发挥的特征，即差别化（differentiation）所构成。因此，形象力最强的品牌是指消费者知觉中市场地位高而且最有活力的品牌。如果说知名度是品牌的外在表现，美誉度是品牌的内在升华，那么知名度和美誉度累积的真正价值则在于品牌背后的忠实群体对它的持久信赖。

图5-38 耐克广告中的环法七冠王：兰斯·阿姆斯特朗

---

[1]〔丹〕杰斯帕·昆得：《公司精神》，云南大学出版社2002年版，第97页。

第三节 视觉营销与设计传播

视觉营销是针对人的视觉需求，利用视觉形式的设计效应，以促进商品宣传、销售、树立品牌形象为目的，实现与消费者沟通的营销及传播活动。作为营销说服手段的视觉符号传播并不仅仅局限于广告、包装等直接可视的宣传方式，而是贯穿了从产品的开发到消费者的购买、消费的整个过程，并通过销售终端的视觉刺激、诱导、最终作用于消费者的心理层面，影响其休闲、购买行为。

一、消费之变：网络营销的视觉策略

随着消费成为生活、生产的主导动力和目标，视觉符号被广泛应用于市场营销中，并贯穿于营销说服的诸多环节。因此，视觉营销的核心内涵是"营销"，即以人的视觉为前提，以视觉元素为载体，以视觉语言为促销手段的营销方式，比其他营销手段更直观、更形象。同时，视觉营销也是一项传播活动，其视觉语言就是讯息。

视觉营销是随着大批量销售时代的到来而出现的，最先是在食品行业，为了满足"提高自选式货架陈列的有效性"这一需求，进而产生了技术性的视觉营销。接着，服装行业对视觉营销发生浓厚兴趣，并将相关技术加以改造，使之适合了服装商品的特点。如今无论是品牌制造商还是零售商，都强烈地意识到了视觉营销在市场营销战略中举足轻重的地位（图5-40）。

20世纪90年代，唐·E·舒尔茨（Don E. Schutz）提出了整合营销传播（Intergrated Marketing Communication）的概念，主张以消费者行为为核心，整合各种营销方式的优势进行营销传播活动。以消费者体验为中心进行视觉营销，已成为整合营销传播的重要组成部分，视觉渗透到营销的每一个环节，它成为我们进行整合营销资源、创建营销组合的基础。

根据营销4P的核心概念——Product（产品）、Price（价格）、Place（渠道）和Promotion（促销），视觉营销不仅重视产品自身的形象设计以提高视觉附加值，而且利用销售终端的环境设计和各式的促销手段来拉动"情境"体验，强化现场参与度，以便使消费者在最直观的视觉效应中感受到商品和氛围的吸引力，最终被"唤起"产生消费意识。

一般说来，视觉营销主要针对购物环境设计、

图5-40　John Lewis百货圣诞节广告"无论你想找什么"

商品陈列展示、品牌形象符号化、色彩识别设计来展开。然而,销售终端在 Web2.0 时代发生了变化,商家的形态不一定是传统意义上的实体店,它们依托互联网来创建网上店铺。在网络商店虚拟的购物环境中,消费者的购买动机、决策过程、影响因素等都与在传统实体店卖场有较大的差异,价格因素和便利性都成为网络购物的吸引力。各大购物网站愈益开始注重营造网络购物环境和氛围,以求在与传统商业形态的竞争中获得更多的市场份额,并在同业竞争中打造独特的品牌形象,突出丰富多样的购物体验,而这一切努力的目的,最终、必须、也只能通过视觉形象去传达(图 5-41)。

网络购物这一商业形态,几乎将所有传统商业卖场中的促销手段和感官体验,浓缩于网页这一平面之中,必须依托视觉传达设计来传播信息,如何通过有效的视觉设计展示商品、营造购物氛围、增强网络浏览的观看兴趣,促成消费者的购买行为,成为网络销售的商业链中至关重要的环节,也是视觉传达设计中功能与美学能否有机结合的完美阐释。

在面向终端购买者的网络交易中,销售者为了更好地展示商品和提供服务,在网络平台上搭建独立的、完整的销售活动空间,并在这一空间内完成全部交易环节。因此在一个充满限制的平面(网络商店的特征:消费空间平面化、环境氛围单一化、商业关系虚拟化、购买选择多元化、消费群体圈子化)之上,须通过视觉设计将网站功能发挥到最大化。消费空间平面化是网络商店区别于传统实体店的最大特征,消费者购买决策过程的全部环节都只能通过电脑、手机、PDA 等电子产品的屏幕——纯粹平面化的媒介形式来进行。网络商店浏览的空间逻辑关系只能通过各个页面的链接结构来实现,商品信息只能通过视觉——几乎是唯一的感官途径来传达,对商品展示的效果体验显然也趋于平面化。

目前,网络商店的商品展示大多是依靠图文传达信息,文字通常用于商店的理性信息诉求,图片展示更多地诉诸于商品的感性介绍,使得消费者通过图片中商品展示的状态,获得对商品信息更多的空间想象。传统实体店在环境氛围的搭建中,会通过各种渠道向消费者的全部感官体验传递商品功能之外的"意义"价值,而网络商店的购买环境被压缩在二维平面中,营造商业活力和美学感受的渠道只能通过视觉形式去建构,设计需传递商品的价值意义。

网络消费空间的平面化、虚拟化使得传统实体卖场的空间区域感必须通过网页设计中的区域划分来实现,网络商店的界面构图成为各个销售空间精心计算的关键设计点。特别是首页设计,要在

图 5-41
酒品网络广告
"店内 650 种,
网上 1300 种"

一个宽度恒定在 1024px 以内,高度相对自由设定的平面之内,吸引消费者的注意力,同时还要清晰地划分页面结构和商品陈列区域,不仅要考虑到商店的功能结构,还要利用视觉层次、视觉流程等设计原理将页面结构信息清晰地传达给消费者。店面框架基本由结构系统(页面布局设计、区域框架形式设计、分类导航标签组设计)、色彩系统、文字系统、商品展示系统(图片、视频、模拟类)、用户交流系统所组成。

在使用功能上,"网络技术带来消费者与商家交互方式的变迁,传统零售环境中以人为媒介的界面向以技术为媒介界面的迁移逐渐明朗。"[1] 信息架构和视觉流程的"清晰易懂",能够使受众准确无误地进行界面操作,这已成为生意成功的必备条件和设计的基本要求。通过视觉设计强调其功能性,以便使消费者更便捷、更准确地接受信息并掌握操作方法,从而形成设计系统内部的有机联系、外部和谐完整的美感形态。

网络商店作为特殊的电子媒介,其功能性可以随时调整、变化、发展、创新,以更快的速度和灵活性来满足消费者的需求,因此,网络营销的视觉策略不仅立足于对信息的传达功能、使用操作的语义表现的研发,也要强化视觉效果对购买行为的刺激这些实际性功能方面的考虑。如淘宝商城(更名为"天猫",Tmall.com)地铁广告(图 5-42),将网上购物流程图用漫画形式展现出来,利用相对封闭的空间和候车时相对无聊的时段,投放信息给目标群,力求抓住更多的潜在受众。

信息革命和网络狂潮已将视觉营销演变为一种参与式,设计的当务之急就是要睁眼看看这个世界真正在发生什么,看看它们的"同谋",才能明白在网络技术的支持下,周遭充满了互动式的信息潮流。

二、界面之变:交互体验与阅读转型

Web2.0 是信息共享的时代,在网络空间中,

图 5-42 漫画版淘宝商城(Tmall.com)地铁广告

---

[1] 〔美〕拉菲·默罕默德:《网络营销》,中国财政经济出版社 2004 年版,第 131 页。

每个人都不是孤立的，信息由个人创造，群体共享，又互相反馈。拥有 8 亿用户的 Facebook，把交流平台扩展至无限可能，我们可以和朋友，以及朋友的朋友交流。如果说互联网的 Web1.0 时期，用户的需求和期望就是获取大量资讯，那么 Web2.0 时期，获取资讯降级为用户的基本需求，因为用户的期望值提升了，大家希望获取个性化的资讯，还期望网络能够提供娱乐、通讯及商机。Web2.0 从根本上颠覆了网络中心而成为以用户为中心的新概念。

交互设计（Interaction Design）就是建立在界面上的，以信息传达和与用户沟通为目标的一种新的设计方式，人机交互设计要考虑用户的背景、使用经验以及在操作过程中的感受，从而确保设计符合要求，使得最终用户在使用时感到愉悦，有效且高效地完成使用。用户界面（User Interface，简称 UI）通指人机交互时展现给用户的图形应用界面，从用户的需求和用户的感受出发，围绕以用户为中心设计产品，而不是让用户去适应产品，无论产品的使用流程、信息架构、人机交互方式等，都需要考虑用户的使用习惯、预期的交互方式、视觉感受等，这就是以用户为中心的设计。

实际上，交互设计可以分成用户使用流程的交互和界面呈现的交互两种，在进行设计时从用户需求和用户感受出发，考虑用户的使用习惯、预期的交互方式、视觉感受等因素。衡量一个好的以用户为中心的交互设计，有三个指标：有效性（effectiveness）、效率（efficiency）、用户满意度（satisfaction）。用户体验是一种在用户使用一个产品（服务）的过程中建立起来的心理感受，因为它是纯主观的，就带有一定的不确定因素。个体差异也决定了每个用户的真实体验是无法通过其他途径来完全模拟或再现的，但是对于一个界定明确的用户群体来说，其用户体验的共性是能够经由良好的设计的实验来认识到。

"交互体验"是用户浏览和界面操作过程的感受，是对界面设计和功能安排的认知和体会，它包括感官体验、情感体验、思考体验、行为体验四个方面。视觉设计对用户体验的影响在于它能够提升可浏览性，这有赖于信息结构的良好表现；能够精确与高效地传递信息：视觉流所决定的信息导引良好，信息符号准确直观；能够贴合用户的心智模型，增强用户的认知熟悉度和适应性，能让用户感受到无缝而舒服的用户体验。

因此，对于界面设计来说，通过各种手段应对用户需求、满足用户期望值远比信息呈现和释放更重要。用户体验改变了内容聚合的结构，吸引用户参与、互动、体验和分享成为界面设计关注的重点，而虚拟现实技术进一步提升了用户体验的峰值。

界面之变还体现在阅读载体和阅读方式的转型，从传统纸质书刊到如今的 iPad 阅读，一种是依托于网络技术和数字媒体实现了内容载体的转变，如电子杂志和电子书；另一种是阅读工具对内容体验的影响，如 iPad 带来的改变。

电子杂志（electronic magazine 或 ezine）自 1994 年诞生至今，因其内容与形式的多样性与创新性，吸引了大量读者。同时，由于特殊的呈现形式，如视觉的流动性、多媒体的介入、视觉与听觉的结合、读者之间以及读者与作者之间在线互动与交流，创造出了一种不同于纸质媒介的阅读方式。这种阅读方式的改变，也带来了一系列的效应，如读者对于图像与文字的新的认知，对于内容的新的需求，对于广告接受的心理变化等。概括而言，信息在电子杂志中更能有效地进行交互体验传播，实现即时效应。

传统纸质书刊的阅读遵照的是线性的纸上顺序，由于文法规则的限制必须具有逻辑性，读者的注意力集中，书页翻动由前往后，页面内容自上而下排列。网络阅读则遵照一种电子顺序，很多方面都与纸上顺序相反。在电子顺序中，信息和内容是沿着一个网络运行的，介入行为本质上说是公共的，它在一个较大的、开放的连接范围内发生，网络的庞大信息始终存在，即使它们并不急于要求人们去交流。电子屏幕上的内容会给人一种容易消失的感觉，阅读时每次点击或触屏，都可以将内容改变，印象和图像起主要作用，逻辑和概念的细节以及线性的有序性已经退居其次。

因此，从纸质印刷媒介向网络电子媒介的转变，几乎重新编织了整个社会和文化网络，新的传播模式带来的是不一样的阅读体验。电子阅读的文化感和历史连续感在消失,而纸质书的阅读中,人们对过去的时间所形成的画面是一个不断沉积的沉淀物,对历史产生的是一种深度感和立体感(图5-43)。网络带来的信息资源,庞大而丰富,但它删除了年代的顺序感,使人们进入了一个没有轻重的次序。因此,从纸质书到电子书的变化,被斯文·伯克茨称为"读书的挽歌"[1]。

在线电子杂志的预热,已经让我们体验到资讯电子化所带来的阅读快感。以 iPad 为代表的新资讯载体的出现,更是在改变人们的阅读习惯,资讯越来越多地离开了纸张,而是以一种鲜活的方式呈现在人们眼前。苹果公司推出 iPad 受到了不同年龄层用户的喜爱,连维珍集团(Virgin Group)的老板理查德·布兰森(Richard Branson)都亲自上阵在纽约苹果旗舰店前为 iPad 做宣传(图5-44)。乔布斯说过:上帝赐给了我们灵巧的双手,在开发 iPhone、iPad 方面,我真正花心思研究的正是我们这双手,手研究明白了,就知道该怎么设

图 5-44　Richard Branson 在纽约苹果旗舰店前为 iPad 做宣传

计了。从设计者的角度来说,产品体验的关键要素在于"惊喜—迅速接受—纳入行为模式",iPad 将视觉清新的界面设计和诸多人性化的触感、声感的细微环节浓缩于流畅的操作体验中,共同构成了新载体的魅力。

从电子杂志到 iPad,阅读方式的转型方便了信息交换和传播,无论是阅读的内容、载体,还是阅读工具,设计都将结合文字以外的声音、影像、气味、触感,提供给受众一种全新的认知感受和阅读体验,让人类获得多重感官的意象延伸。相信未来还会有更多令人惊喜和愉悦的信息载体,研究现在和未来信息载体的视觉显现和交互方式的创新,将逐步改进人们的生活体验。

三、传播之变:信息设计的动态叙述

信息设计是一种"认知的艺术",它也是一个庞大、充满多变性的领域。简单来说,信息设计

图 5-43　海报"阅读的意义",王上(设计 2005 级)

---

[1] 参见〔美〕斯文·伯克茨:《读书的挽歌——从纸质书到电子书》,中国对外翻译出版公司 2001 年版。

就是将抽象信息转化成视觉形式，准确有序地加以呈现。

早在18世纪就已有人开始了对特殊的文本信息进行视觉化处理的探索，他们将一些有碍于理解效率并且适合被视觉化的文字信息，转换成清晰的图文形式，以便更好地对事物进行整体分析；或有助于为将问题线索凸显出来，从中获得启示性的解读。1786年，苏格兰工程师、政治经济学家威廉·普莱费尔（William Playfair）发表的文章《商业与政治的图谱》《The Commercial & Political Atlas》里首次使用柱状图来说明每500磅小麦的单价和劳工的周薪在不同时期下数据的变化，而图表式的信息使这位经济学家所要表达的问题清晰明了。

信息设计通过图示、表格等形式把抽象的数据所包含的意义、概念传达得更加直观、清晰，使读者解读数据并接收信息的效率得以提高。有人把信息设计师称为"信息建筑师"（information architect），并把信息的组成归纳为五种基本方式：地点（地图），字母，时间（时间线、时间表），类别（包括色彩与材料的组织），层次（从大到小、从暗到亮）。[1]

信息设计将大量的数据或信息之间的关联进行整合，通过单幅或一组图表囊括大量的信息内容，有效地推进了信息传播。20世纪50年代末，由于技术的发展以及计算机的出现和普及，信息的传播速度空前加快，导致发生爆炸式增长，而迅速产生、数量庞大的信息又使人们亟须提高获取信息的效率。信息设计以其直观而有效的优点，开始得到重视和发展，在读图时代更是被广泛采纳。

另一方面，当电视屏幕和计算机屏幕取代纸质媒介成为信息传播媒介的主流，信息的传播方式也随之发生变化。屏幕媒介的信息是大量且分散的，主要以碎片式的点状信息传达给受众，处在社会节奏如此之快的人们已经无暇思考信息与信息之间的关联。因此，信息更需要被"加工"、整合传递给受众。抽象的数据、概念或者文本，在转换为直观的图形图像、影像之后，大大增强了信息传递的清晰度和效率。借助于屏幕媒介，信息设计可以挣脱静态图形、图表的束缚，以动态二维、三维的视觉形象语言传递生动、具体的信息。

单纯的文本信息由于它呈现的抽象性，使得人们必须依靠自我的高度关注和自觉投入，才能理解文本的内容。因此，静态图表信息的非直观性需要信息的接收者进行转换思考，需要将有些抽象概念转为具体形象进行理解和记忆。动态的信息设计，其表现形式更加直观明了，易于让受众对信息内容的解读一目了然，使受众简化或者免去了转化思维的过程。同时，动态信息设计还可以加入影像、音效，通过视觉效果的变化或音乐节奏，对观看者产生一种带入感。

在当下视频文化的影响下，动态信息设计不再是平面信息设计的动态化表达，它还拥有自己独特的语言，即：在信息视觉化的形式之上，运用符号、图表等元素，通过动态影像语言，配以声效，以视频的形式传达信息或者解释概念。动态影像拥有变化多端、稍纵即逝的特点，以迅速变化的、概括的、展示整体为主要目的，在有限时间内阐释信息的整体概貌，同时也是线性的、流动的，长时间的静止画面会让动态影像失去意义。所以，动态信息不适合表现精密的数据信息，通常情况下动态信息的视频时间也不会很长。相较而言，静态信息则无法拥有动态信息变化多端的视觉效果，它适合接收者多次重复地比对阅读。

动态信息设计通过图形、图像等符号语言，同时配有解说和音效，完成视觉化的叙述。在叙述上它具有双重特征：首先，基于信息传播，它所传递的是视觉化的具体信息；其次，通过动态影像叙事，它又拥有部分影像语言的叙事特征。因此，动态信息设计需要一种叙述性思维，即有一个叙述主体贯穿始终，带有讲故事的意味，情节须有趣味点，信息叙述才可能吸引观看的兴趣。

以下的例子来自对北京房价的具体分析所做的信息设计，动静结合，既呈现了大量的数据整理和透视，也把房价的"意味"即问题作了动态的诠释（图5-45、46）。设计者介绍创作中的思考时说：

---

[1]〔美〕昆廷·纽瓦克：《什么是平面设计？》，中国青年出版社2006年版，第128页。

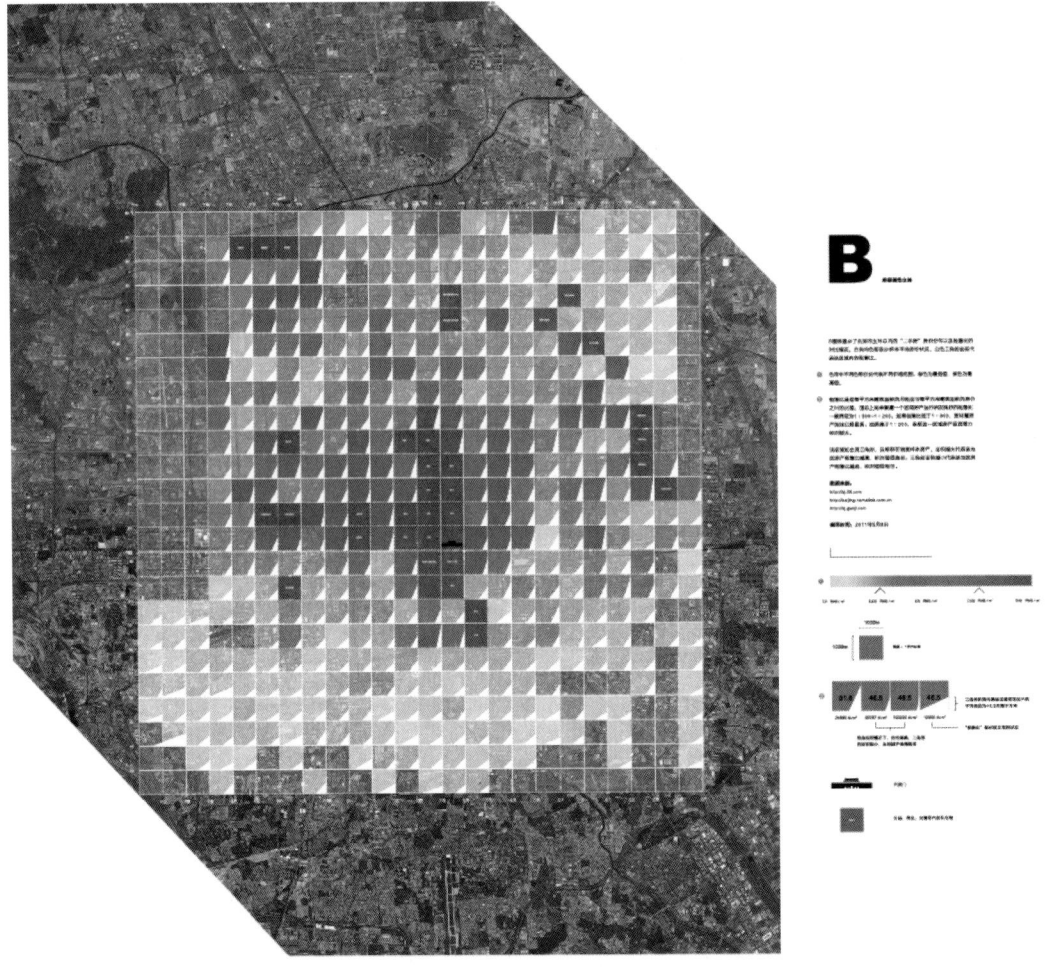

图 5-45 《北京@房事》信息图表设计（局部），李雨（设计 2007 级）

房价是一个与人息息相关的问题。北京的高房价一直受到广泛关注，但动态信息设计《北京@房事》的视频[1]却希望用通俗幽默的形象语言和叙述方式，将这个问题带有调侃意味地表达出来。信息叙述建立在来源有据的数据之上，收集整合了一些有关房子的历史、居住地面积、居高的房价以及房子的生态环境几个方面的信息，通过主体的声音叙述，由我们的"现在"与古代的先民对比、"我们"与国外情况的对比、买房和卖房的对比等，层层表明我们当下并不美好的居住环境。整个视频叙述有一种与观看者的对话感，以拉近视频所要提供的信息本身与观众之间的距离。

信息设计的基本原则是要使复杂的数据易于被受众理解，理性的数据分析一旦被赋予生动有趣的形式，信息就会自动浮现，受众就会主动关注。《北京@房事》这个作品作了大规模的调研，将偌大的京城划为数百格信息单元，并逐一清查所有房价才累积到所有数据，而对于信息设计的动态传播和创意，设计者则表现出媒介新思维的灵敏和活跃。也许在专业人士看来，他们的洞察思路还不缜密、数据分析还不够精确周到，但值得赞赏的是，他们最终借由一种专业的自觉性，介入到了对社会生态和现实问题的观察与思考中。房子那点事儿，在北京，就是大事。

---

[1] http://v.youku.com/v_show/id_XMjY4MTk2MDYw.html

第五章　视觉创意与设计表现　167

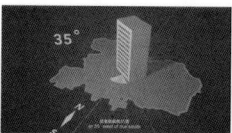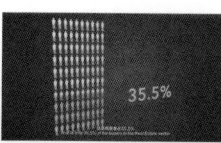

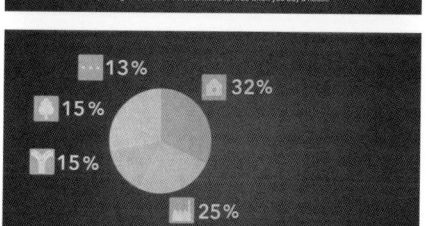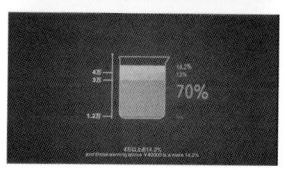

图 5-46　动态信息设计《北京 @ 房事》视频截图，设计：魏婷婷（设计 2007 级）

动静态信息在传达上各有所长，动态信息可以采用趣味叙述的方式，展现信息的整体概貌，使受众快速地了解信息的主干，或者引发受众对信息的兴趣。静态的信息图表则针对有需要的受众，进一步了解更详细的数据信息，两者可谓相得益彰。

四、空间之变：环境作为复合媒介

美国设计批评家迈克尔·别拉特（Michael Bierut）曾说："设计师要面对的最大挑战不是求新、求奇，而是要了解我们设计的内容大多乏善可陈。"面对这些乏善可陈的内容，设计师如何在二维平面里制造出三维的空间效应？如何利用开放性的媒介思维化平常事物为奇特创意？如何发挥新锐的数码技术、感应技术和投影艺术等各自不同的造型力去重构体验空间？对于这些问题的思考和回答让我们看到视觉延伸的可能性和无穷魅力。

2001 年，设计师 Ji Lee 在纽约发起了"泡泡项目"（Bubble Project），可视为是对公共空间的沉闷广告所做的一种回应。项目旨在对遍布曼哈顿商业中心的图像广告进行戏谑式的攻击，Lee 在电话亭、公共汽车、广告栏和地铁站等处粘上空白的"说话泡泡"，希望人们意识到这些空白的平面是一个可以写下感想的地方，然后 Lee 将人们的回应拍下来（图 5-47）。从中可以看到各种各样的"泡泡"文字，从政治观点、幽默笑话到清晰有力的文化短评。最重要的是，Lee 发现平面设计作为一种媒介所产生的公众之间的互相影响和信息交流，这些黏附的"泡泡"一旦被放置在广告上，就会"鼓励任何人用任何的自我表现方式去填满它们"[1]，独白也因此转换为一种开放式的对话。通过"泡泡项目"，可以了解到民众的心声何以被采集、并善用为设计的素材。设计需要了解大众，需要以调查研究，保证设计的可行性。

---

[1]〔美〕艾莉丝·特姆罗：《平面设计为什么？》，中国青年出版社 2006 年版，第 77 页。

图 5-47-1 "泡泡"项目收集民众心声

图 5-47-2 电话亭的空"泡泡"

2002年夏天，位于日本东京银座四丁目的和光百货进行老建筑维护修缮，在它的周围竖起了一圈围板，以免内部施工的景象影响干净繁华的市容。但是，人们意想不到的是，这一圈围板被利用为展示和光百货40多年橱窗艺术的看板，每一年的橱窗设计都以圆形图片印在展板上，高低起伏，错落有致，让途经此地的人们驻足欣赏时尚变迁，从而感悟到和光百货的历史美感。

2002年冬天，纽约的列克星顿大道的布鲁明戴尔百货公司的（Blooming Dales）橱窗设计则另有一番景致。一件由Antenna创作的作品"能量之花"（POWER FLOWER）被安置在橱窗前，当行人经过时，运动传感器会触发一排32枝1.5米高的霓虹灯随着灯光和声音而开放。一旦有人注意到自己的行为所产生的效果，就会有兴趣在橱窗前重新走一遍，这个作品就像在行人身后洒下的一串灯花和美妙旋律，而所有感应技术装置都被隐藏在人们不可见处。

可见，空间的视觉创新可以是以平面设计的想法去进行空间处理，反之亦然，广告可以借助环境的空间关系来进行创意，从而引起戏剧化感受，以"身临其境"的现场体验加深对广告信息的解读，如治头疼的药品（图5-48）。又如Adidas的杂志广告，利用杂志的开本结构，跨页式印刷，使放在平面上的静态图片在翻页过程中产生动感，令人联想到画面中人的肢体运动，这种视觉参与所带来的趣味性不仅让人把玩不已，还易于感受到广告信息的核心，说不定还能提示自己该做运动了（图5-49）。

图 5-48 "头疼如裂"

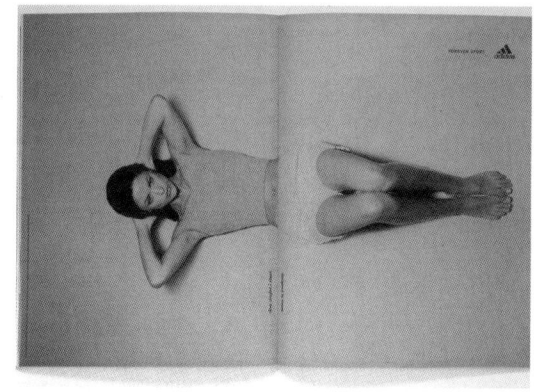

图 5-49　Adidas 的杂志跨页广告"在翻看中做运动"

通常我们把这类以灵活多样的物质形态作为依托，重新建构"空间"关系并传递广告信息的独特创意称为"环境媒体广告"，它能够充分利用传统媒体进行创新并且积极挖掘其中的潜在优势，借助环境道具制造虚实相生的视觉互补，使受众透过"关系组构"明了广告主题。

如街头的转角墙壁上展现出诙谐的瞬间：相向而行的两个人，一人手执油漆桶，另一人穿着干净时髦，谁也不知道在拐角会撞见谁（图 5-50）。最精彩的时刻不在于故事的发生，而是临近发生的那一刻，广告利用人们内心强烈的危机预示所做的视觉创意，把空间中即将不期而遇的事物放在形成"冲突"的两个平面中表达，制造戏剧化的视觉张力，从而对广告诉求投以会心一笑。

户外广告常运用夸张表现的艺术手法把广告信息视觉形象化，以期令人过目难忘。悬挂在大厦上的巨型海报上，形象在空间中获得了奇妙的延展：油漆不仅"倾倒"下来，还"浇"在停车场上，两台汽车也被油漆覆盖。这种将平面和空间、虚与实相连接的设计，让广告信息在"视错觉"中得以巧妙演绎（图 5-51）。因为环境媒体广告的区域性比较强，在与观众接触的短时间内，它的空间转

图 5-50　碧浪洗衣粉广告"不期而遇的想象"

图 5-51 油漆广告中"倾泻而下"的环境效果

换效应能立刻抓住观众的好奇心，欣赏解读广告形态的奥妙，并感知到其中包含的信息。比如纽约时报广场建筑物上的广告牌通过植入视频部分产生动静结合的"魔方九宫格"般的奇特效果（图 5-52）。

近年来，随着投影艺术和高科技手段相结合，利用建筑空间做大型投影视频类的广告创意逐渐增多，它震撼人心的视觉体验，让平面与空间的游戏效果达到极致。2006 年世界杯，法国队在决赛时刻由于齐达内那愤怒的一"顶"而被红牌罚下，最终没能使法国夺冠，但在球迷心中，齐祖仍是国家英雄，在欢庆亚军队伍凯旋之际，齐达内的头像被投影在凯旋门上，引来球迷的狂欢热潮（图 5-53）。在 2011 年 3 月 16 日 Adidas 全面启用新广告语 "Adidas is all in"（阿迪达斯全倾全力）。阿迪达斯为了塑造前所未有的新形象，在有史以来"最昂贵"的营销运动中，运用户外投影艺术与广告创意的结合，其变幻莫测的视觉景

图 5-52 纽约户外广告牌，视频与平面设计相结合

信息化的变革之后所面临的新现实。现代科技已成为一种无所不在、流动不居的力量，在相当大的程度上控制和决定了社会、经济、文化及其未来。几乎所有的媒介均可数字化，数字媒介进入现实生活，使人们对时间和空间的想象进入了更神奇的境界。所有的感觉均可在数字世界里有一一对应的媒介，数字技术可以超越时空地虚拟出现实世界中的任何事物：从人直到时间，它甚至模糊了未来与现在、想象与现实的界限。不可否认，数字技术给我们创造了一种扩展性文化，"即是一种人类在其中能够扩展自身能力以支配自我及所在环境的文化。"[2] 然而，数字时代的人一方面可以被技术解放并实现"无限"的延伸，另一方面又因为这种延伸的不确定性和难以把握的未知数陷入了困境。

人们以信息化的方式去认知外在世界，并以此建立个人的知识网络。个人的生活和工作犹如被置于一个巨大的坐标系中，因网络的联系而成为与外界其他事物相关联的部分。一个新的"人体外的"神经系统正如此在当代社会中建立起来。畅通的信息流带来了新的社会形态，信息的同步接收带来了超时空知识接受的宽广性；人类实践成果在快速分享后产生的外延和巨大扩散的可能性；地域间文化不同层面的接触更为密切与频繁所呈现的不可分离性。因此，人们的偏好更容易随着信息的快速传播而凝聚成为流行，并使之演变成更加快速而不确定的时代。人类社会自身所创造的网络空间正在彻底重塑着人类社会未来的生活空间，社会的信息化正在根本性地改变信息化的社会。

但是从根本上讲，网络或者说高科技从来就不承认给人类的一个新的伊甸园，相反，它一再地告诫人们，无数的新问题将随之而诞生，就像"潘多拉的盒子"——心理困境无非是其中的一种。它或许也提供给我们一个契机，让我们去思考在这样一个年代里，大家如何去寻找一种寄托，那应该是一种更加宽容、更能够让人们的心灵得到平静的东西。

图5-53　2006年世界杯期间，齐达内的头像被投影在凯旋门上，摄影：陈铮

观让观众无不叹为观止。

也许，"功能追随梦想"（function follows fiction）的时代已经来临，这里所谓的"功能"已非传统意义的古典功能，而是指设计对观看、使用、体验的人以及环境所产生的整体影响。正如伊雷特·罗戈夫（Irit Rogoff）所说："当视觉竞技场被开辟为种种文化意义得以建构的竞技场时，我们也就随之把对于听觉的、空间的以及对于旁观心态的精神动力学的分析和阐释等整个范围与此竞技场紧密联系起来。"[1] 当受众在生活中越来越多地遇见环境媒体广告时，从中所获的意义以及对"媒体空间"中的广告信息的主观反应都会具有不断增生的层面，从而对不断创造和改造"观看"的创意形态具有更快、更深的理解力。

结语

"数字化生存"是人类经历了工业化、电气化、

1　罗岗、顾铮主编：《视觉文化读本》，广西师范大学出版社2003年版，第2页。
2　〔美〕F.J.戴森：《全方位的无限》，生活·读书·新知三联书店1998年版，第293页。

对于设计师而言,在现实中抽离出来,旁观与反思"技术物化"对人的作用力,保持冷静判断,保持责任意识,应该成为设计师的一种自觉。与此同时,那种对新生事物的热情,那种发现时的愉悦和好奇心,是创造的动因,两者兼具,未来才可能被实实在在地抓住,创造才可能成为设计师的信仰。

创作训练 D:叙述性设计

D-1-1　叙述性设计思维训练,手绘及摄影:张学伟(广告学 2001 级)

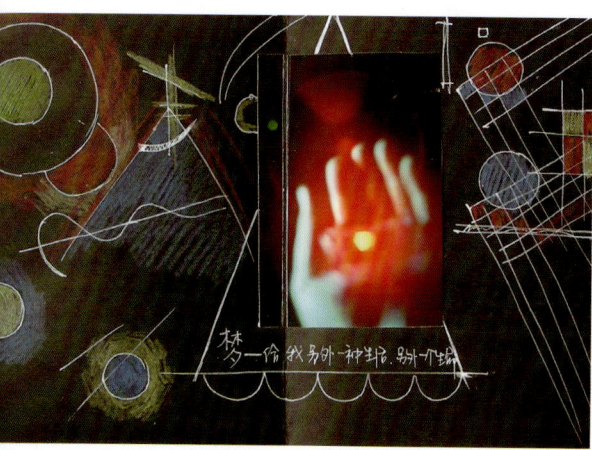

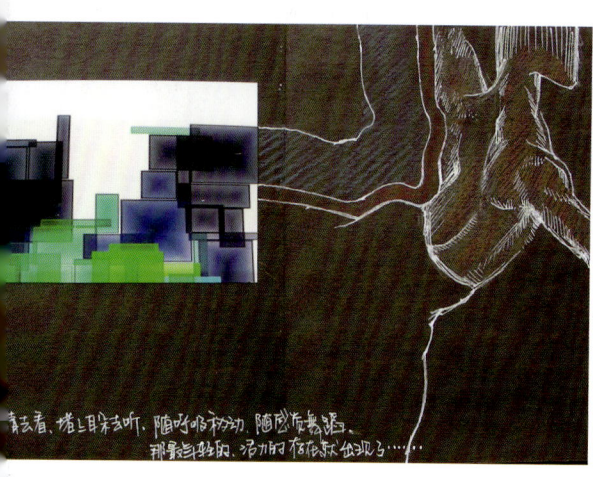

D-1-2
叙述性设计思维训练，手绘及摄影：张学伟（广告学 2001 级）

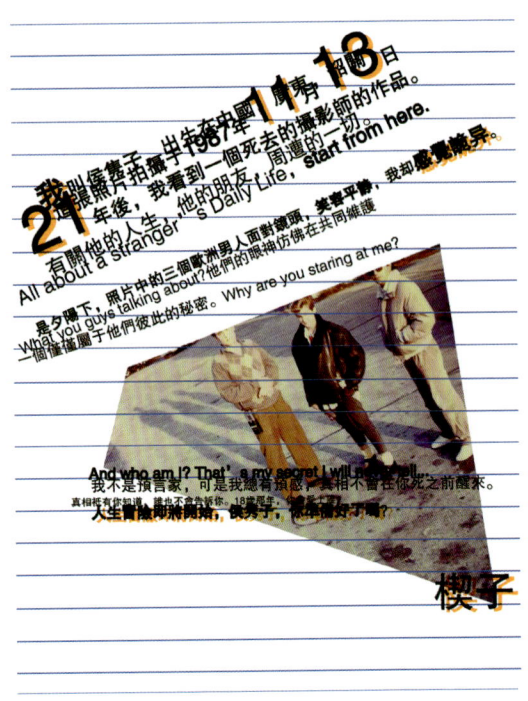

D-2 "生命中的重要时刻",创作:马莎(设计 2006 级)

D-3 "生命中的重要时刻",设计:侯隽子(设计 2006 级)

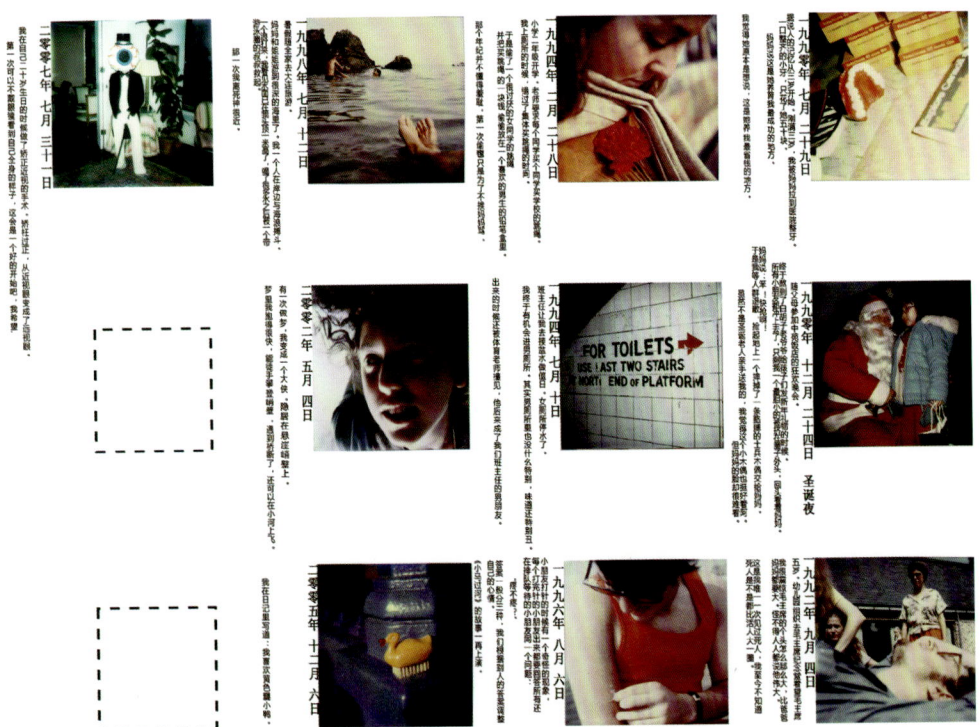

D-4 叙述性设计"生命中的重要时刻",创作:狄与菲(设计 2006 级)

D-5　叙述性设计"生命中的重要时刻"，创作：杨思禹（设计 2006 级）

D-6-1　叙述性设计"喜力品牌故事"，编排设计：陈珏（广告学 2002 级）

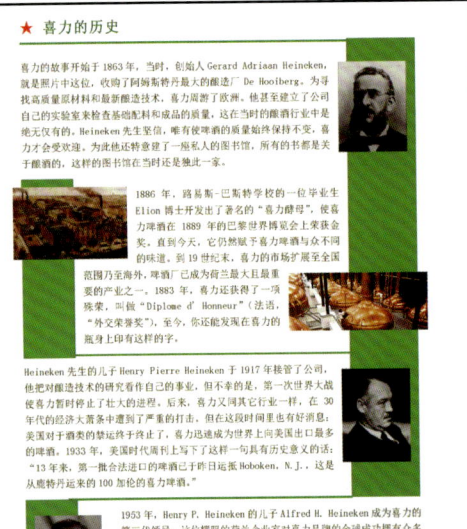

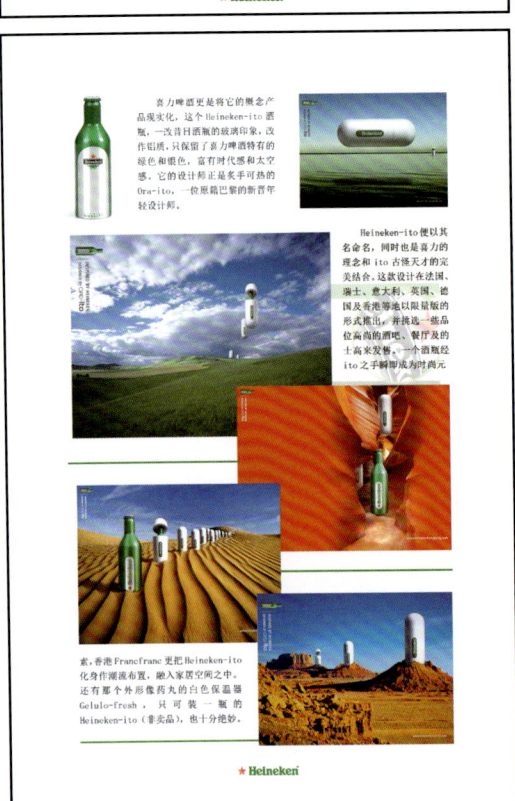

D-6-2 叙述性设计"喜力品牌故事"，编排设计：陈珏（广告学2002级）

第五章 视觉创意与设计表现 177

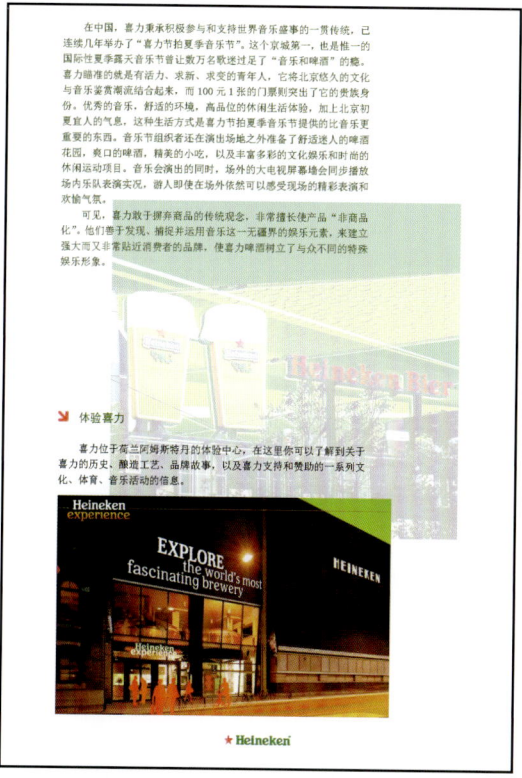

D-6-3 叙述性设计"喜力品牌故事",编排设计:陈珏(广告学 2002 级)

命题说明：

阅读卡尔唯诺的小说《看不见的城市》，解析每一座城市名称与其对应的标题之间的关联和意味，从设计的角度观察和思考城市现实问题，收集素材进行创作。

D-7 《看不见的城市》图谱，设计：田振（设计 2007 级）

D-8 《看不见的城市》图谱，设计：杨颖（设计 2007 级）

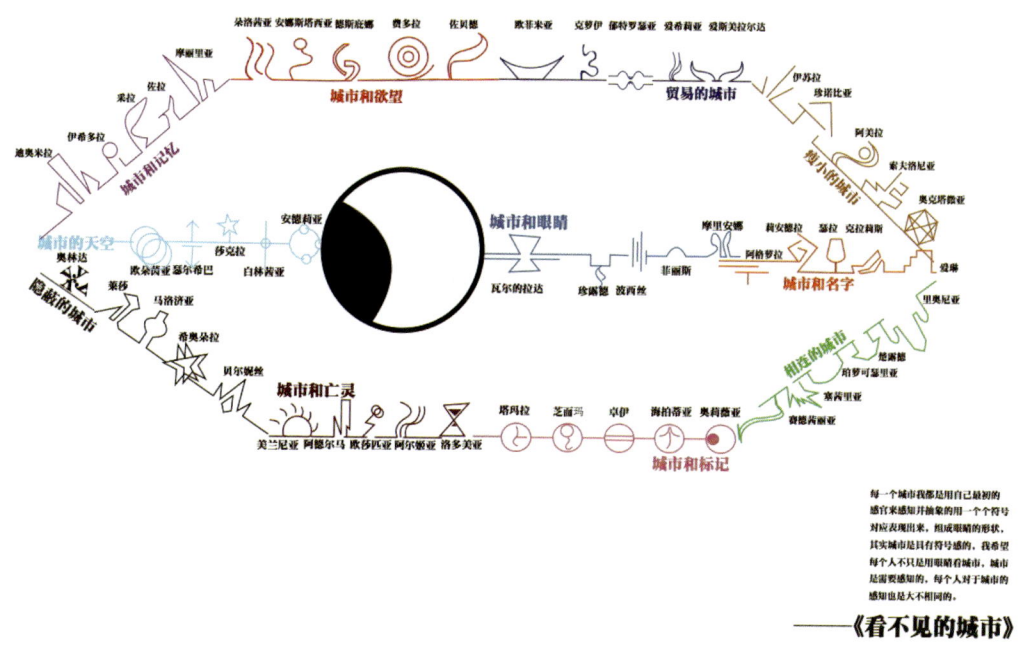

D-9 《看不见的城市》图谱，设计：杨立国（设计 2007 级）

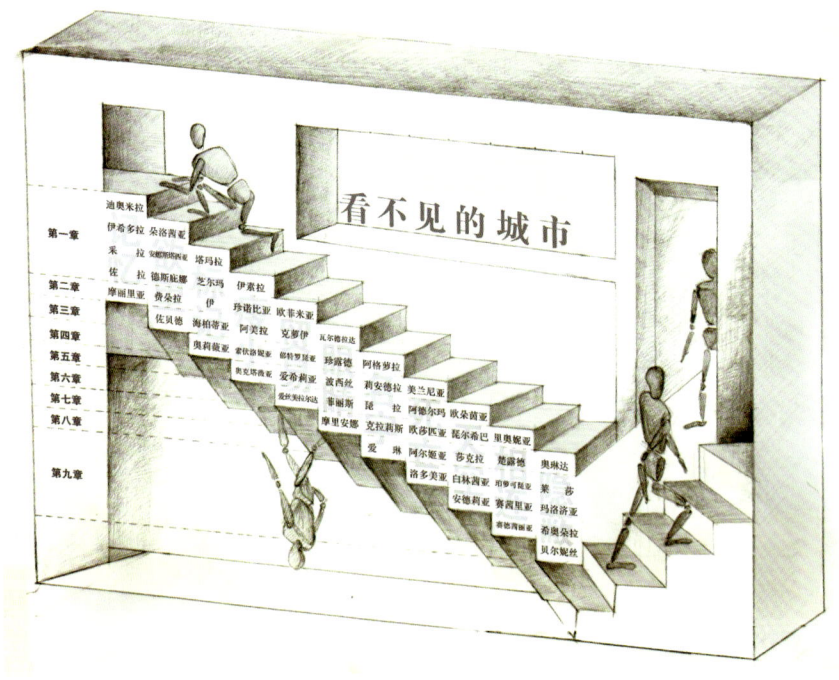

D-10 《看不见的城市》目录,设计:魏婷婷(设计 2007 级)

D-11 再现城市"波西斯",创作:薛博涵(设计 2007 级)

第五章 视觉创意与设计表现 181

D-12 再现城市"洛多美亚",创作:关睿（设计 2007 级）

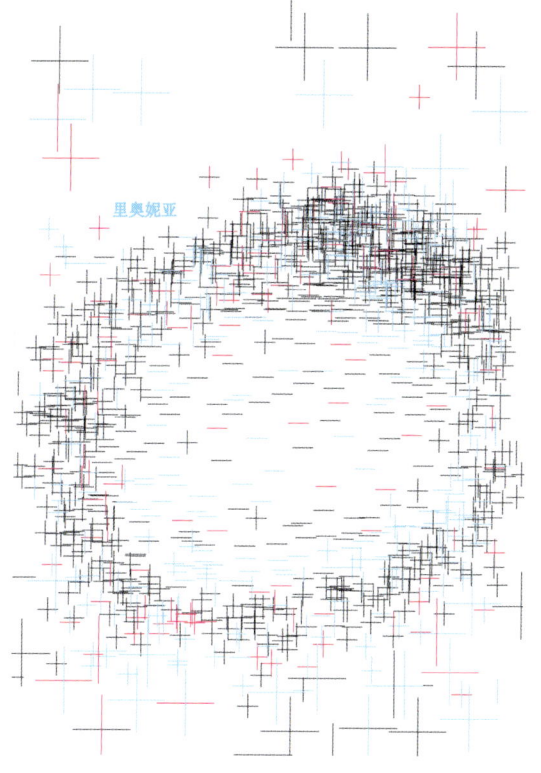

D-13 再现城市"里奥妮亚" 创作:吴潇（设计 2007 级）

D-14 再现城市"奥琳达",创作:侯瑞璇（设计 2007 级）

D-15　再现城市"索伏洛妮亚"，创作：胥娓（设计 2007 级）

D-16　再现城市"奥塔维亚"，创作：杨颖（设计 2007 级）

D-17　发现城市的问题"拥堵"，设计：关睿（设计 2007 级）

D-18 发现城市"杭州记忆",创作:朱怡(公关 2007 级)

D-19 发现城市的问题"蜗居",设计:薛博涵(设计 2007 级)   D-20 发现城市的问题"建筑冷漠",设计:侯瑞璇(设计 2007 级)

主要参考书目

〔美〕昆廷·纽瓦克:《什么是平面设计?》,中国青年出版社,2006

〔美〕艾莉丝·特姆罗:《平面设计为什么?》,中国青年出版社,2006

〔英〕约翰·伯格:《观看之道》,广西师范大学出版社,2005

〔美〕鲁道夫·阿恩海姆:《视觉思维——审美直觉心理学》,四川人民出版社,1998

〔日〕原研哉:《设计中的设计/全本》,广西师范大学出版社,2010

〔日〕原研哉:《引人兴趣的媒介》,广西师范大学出版社,2011

〔日〕黑川雅之等:《世纪设计提案——设计的未来考古学》,上海人民美术出版社,2003

〔美〕尼尔·波兹曼:《技术垄断》,北京大学出版社,2009

〔美〕尼尔·波兹曼:《童年的消逝》,广西师范大学出版社,2011

〔美〕尼尔·波兹曼:《娱乐至死》,广西师范大学出版社,2011

〔美〕马歇尔·麦克卢汉:《理解媒介》,商务印书馆,2000

〔美〕詹姆斯·B·特威切尔:《震撼世界的20例广告》,上海人民美术出版社,2003

〔美〕维克多·马格林等:《设计问题——历史·理论·批评》,中国建筑工业出版社,2010

〔美〕唐纳德·A·诺曼:《设计心理学》,中信出版社,2010

〔美〕唐纳德·A·诺曼:《情感化设计》,电子工业出版社,2006

〔美〕迈克尔·别拉特:《设计随笔79》,上海人民美术出版社,2010

〔法〕罗热–保尔·德罗亚:《物类最新消息》,湖南文艺出版社,2005

罗岗、顾铮主编:《视觉文化读本》,广西师范大学出版社,2003

吕胜中:《造型原本》,生活·读书·新知三联书店,2002

后记：理论的意义

转眼间，从教已然 20 年。严格说来，我教的《设计概论》、《视觉传达设计》、《设计专题研究》都是理论性质的课。但是，在我看来，理论终究不该是纸上谈兵，它是生动的，智慧的，它启迪的是创造力和思辨力，因而从未有过试卷那种僵化的形式。理论课的作业，也是创作，是设计的"初体验"。

作为基础课，设计理论关注的是头脑，触动的是观念。它引导观看、理解、判断……进而影响到设计思维和设计观。理论的学习，应该让人产生冲动——想做设计，并且懂得思考：设计为什么？怎么做？

因而设计理论课常常是由一系列的关键词构成：热爱、边界、好奇、欲求、体验、启蒙、思维、想象、图示、冒险、文案、影像……它们是每一讲的主题，也因时间之变而继续衍生出新的子题。所有的知识点都被消化吸收在创作体验中，理论绝非教条，悟性至为重要。

值得一提的是，我的授课对象不仅有设计专业，还有广告学和公共关系专业，课程内容自然要考虑到不同专业的需求，兼顾各专业学生的求知兴趣，设计理论课的知识构成也因此产生了跨界、交叉的新融合。与此同时，设计理论还涉及研究思路、方法和学术前沿的探索，在内容更新上应反映出设计的时效性，以回应设计赖以生存的媒介、营销和社会环境的变化。

这本书中所呈现的学生创作，设计表达可能并不充分，完稿也不算精美，这些作品以一种"灵感发芽"的真实状态，验明了创意的无限可能。它们更像必经的草创阶段，去衔接其他的专业课程。理论课因此才像树木一样，有了生长的意义。

感谢广告学院和设计系，没有这一方学术自由的沃土，理论课怎么可能实现其创新和突破。也感谢这些年"破土而出"的学生创作，他（她）们的精彩想象以持久的活力让人对未来满怀憧憬。

芦　影
2012 年 3 月末

【作者简介】

芦　影，毕业于清华大学美术学院，现任教于中国传媒大学广告学院设计系，硕士生导师。近十年，游历欧美亚非二十多国六十多城，以城市为单位进行设计史研究和博物馆考察。
主要著作：《视觉传达设计的历史与美学》、《平面设计艺术》、《设计史》
代表论文：《关于设计批评之身份焦虑》、《批评与向善》、《中国设计的批评式启蒙》
科研成果：《声音设计与城市声态研究》、《博物馆营销中的展览策划及设计传播》

图书在版编目(CIP)数据

视觉思维与设计创意 / 芦影编著 . -- 北京 : 中国传媒大学出版社 , 2012.7（2021.9 重印）
ISBN 978-7-5657-0506-9

Ⅰ . ①视… Ⅱ . ①芦… Ⅲ . ①视觉设计 Ⅳ . ① J062

中国版本图书馆 CIP 数据核字 (2012) 第 144834 号

视觉思维与设计创意
SHIJUE SIWEI YU SHEJI CHUANGYI

编　　著	芦　影
责任编辑	蔡开松　范明懿
责任印制	李志鹏
封扉设计	齐　鲁
出版发行	中国传媒大学出版社
社　　址	北京市朝阳区定福庄东街 1 号　　邮　编　100024
电　　话	86-10-65450528　65450532　　传　真　65779405
网　　址	http://cucp.cuc.edu.cn
经　　销	全国新华书店
印　　刷	艺堂印刷（天津）有限公司
开　　本	787mm×1092mm　1/16
印　　张	12
字　　数	346 千字
版　　次	2012 年 10 月第 1 版
印　　次	2021 年 9 月第 3 次印刷
书　　号	ISBN 978-7-5657-0506-9/J・0506　　定　价　49.00元

本社法律顾问:北京李伟斌律师事务所　郭建平
版权所有　翻印必究　印装错误　负责调换